Kai-Klemens Wehlage

Die Anforderungen an den Sorgfaltsmaßstab von Vorstandsmitgliedern und Aufsichtsratsmitgliedern bei der Einholung externer Beratung

utzverlag

Neue Juristische Beiträge

herausgegeben von
Prof. Dr. Klaus-Dieter Drüen (Ludwig-Maximilians-Universität München)
Prof. Dr. Georg Steinberg (Universität Potsdam)
Prof. Dr. Fabian Wittreck (Westfälische Wilhelms-Universität Münster)

Band 134

Zugl.: Diss., Marburg, Univ., 2020

Bibliografische Information der Deutschen
Nationalbibliothek: Die Deutsche
Nationalbibliothek verzeichnet diese Publikation in
der Deutschen Nationalbibliografie; detaillierte
bibliografische Daten sind im Internet über
http://dnb.d-nb.de abrufbar.

ISBN 978-3-8316-4899-3 (gebundenes Buch)
ISBN 978-3-8316-7623-1 (E-Book)

Printed in EU
utzverlag GmbH, München
089-277791-00 · www.utzverlag.de

Vorwort

Die vorliegende Arbeit wurde im Sommersemester 2020 von der Rechtswissenschaftlichen Fakultät der Phillips-Universität Marburg als Dissertation angenommen. Literatur und Rechtsprechung konnten bis November 2020 berücksichtigt werden.

Mein Dank gilt meinem Doktorvater Professor Dr. *Michael Kling*, mit dem ich zusammen das Thema erarbeitet habe und der die Fertigstellung dieser Arbeit in mannigfaltiger Weise insbesondere durch zahlreiche Anregungen und neue Aspekte gefördert hat. Bedanken möchte ich mich zudem bei Herrn Prof. Dr. *Markus Roth* für die zügige Erstellung des Zweitgutachtens.

Auch möchte ich mich bei den Herausgebern der Schriftenreihe „Neue Juristische Beiträge" Herrn Prof. Dr. *Klaus-Dieter Drüen*, Herrn Prof. Dr. *Georg Steinberg* und Herrn Prof. Dr. *Fabian Wittreck* für die Aufnahme in diese Schriftenreihe bedanken.

Ein besonders herzlicher Dank gilt meiner Ehefrau *Susanne* für ihre unentwegte Unterstützung sowie ihr Verständnis und ihre Geduld sowie die umfassenden Korrekturhilfen.

Weiterhin möchte ich mich herzlich bei meiner *Mutter* für ihre uneingeschränkte Unterstützung im Rahmen meiner Ausbildung sowie den andauernden Ansporn zur Fertigstellung dieser Arbeit bedanken.

Starnberg, 8. Februar 2021

Kai-Klemens Wehlage

Inhaltsübersicht

Inhaltsverzeichnis

Abkürzungsverzeichnis

a.A.	anderer Affassung
a.a.O.	am angegebenen Orte
Abs.	Absatz
AG	Aktiengesellschaft
AG	Die Aktiengesellschaft
AktG	Aktiengesetz
BaFin	Bundesanstalt für Finanzaufsicht
BAG	Bundesarbeitsgericht
BB	Betriebsberater
Bd.	Band
BGB	Bürgerliches Gesetzbuch
BGH	Bundesgerichtshof
BGHZ	Entscheidungen des Bundesgerichtshofes in Zivilsachen
BGBl.	Bundesgesetzblatt
BJR	Business Judgement Rule
BKR	Zeitschrift für Bank- und Kapitalmarktrecht
BR-Drs.	Drucksachen des Bundesrates
BT-Drs.	Drucksachen des Bundestages
BVerfG	Bundesverfassungsgerichts
BVerfGE	Sammlung der Entscheidungen des Bundesverfassungsgerichts
bzgl.	Bezüglich
ca.	Circa
CCZ	Corporate Compliance Zeitschrift
dass.	Dasselbe
DB	Der Betrieb
ders.	Derselbe
d.h.	das heißt
dies.	Dieselbe(n)
DrittelbG	Drittelbeteiligungsgesetz
DSL	Drittschadensliquidation
DStR	Das deutsche Steuerrecht
ebd.	Ebenda
etc.	et cetera
EuGH	Gerichtshof der Europäischen Gemeinschaft
f./ff.	folgende Seite(n)
Fn.	Fußnote
FS	Festschrift
GA	Generalstaatsanwalt
GroßkommAktG	Aktiengesetz: Großkommentar

UMAG	Gesetz zur Unternehmensintegrität und Modernisierung des Anfechtungsrechts
v.	Vom
VersR	Versicherungsrecht (Zeitschrift)
vgl.	vergleiche
WM	Zeitschrift für Wirtschafts-und Bankrecht
z.B.	Zum Beispiel
ZGR	Zeitschrift für Unternehmens- und Gesellschaftsrecht
Ziff.	Ziffer(n)
ZHR	Zeitschrift für das gesamte Handelsrecht und Wirtschaftsrecht
ZIP	Zeitschrift für Wirtschaftsrecht

A. Einleitung

Spätestens seit der Aufarbeitung der Finanzkrise rückt die Frage nach der persönlichen Verantwortung der handelnden Organmitglieder einer Aktiengesellschaft immer stärker in den Fokus der öffentlichen Diskussion. Führten in der Vergangenheit Regressansprüche gegen Vorstandsmitglieder von Aktiengesellschaften insbesondere in der Öffentlichkeit ein Schattendasein, so hat sich dies – nicht zuletzt wegen der Ereignisse in der Finanzkrise als auch durch eine Gesetzesänderung und der damit einhergehenden Pflicht von Aufsichtsratsmitgliedern, derartige Ansprüche zu verfolgen –[1] geändert.

So werden insbesondere die Rufe nach der zivilrechtlichen Inanspruchnahme von handelnden Organmitgliedern immer lauter, wenn es darum geht, Verantwortliche für Unternehmenskrisen und die daraus resultierenden Wertverluste ausfindig und haftbar zu machen.[2]

So konsequent dies auch erscheinen mag, wenn zunehmend steigende Vergütungen von Vorständen u.a. auch damit begründet werden, dass diese wachsenden Haftungsrisiken ausgesetzt seien, so hat nicht zuletzt auch der Gesetzgeber erkannt, dass erfolgreiches unternehmerisches Handeln unter dem „Damoklesschwert" der persönlichen Haftung kaum möglich ist.[3]

De lege lata gilt dies aber in Abgrenzung zur Einhaltung gesetzlicher Pflichten nur hinsichtlich unternehmerischer Entscheidungen i.S.d. § 93 Abs. 1 S. 2.[4] Sieht man jedoch die stets anwachsende Zahl an gesetzlichen Pflichten, die Organe von Aktiengesellschaften bei ihrer täglichen Arbeit auf Grund der unbeschränkt geltenden Legalitätspflicht einzuhalten haben, so ist unbestritten, dass insbesondere von einem Vorstandsmitglied gerade nicht verlangt werden kann, dass er diese alle kennt bzw. stets selbst wissen muss, ob eine konkrete Entscheidung zu einem Gesetzesverstoß führt, aus welchem er gemäß § 93 Abs. 2 AktG ggf. persönlich haftbar gemacht werden kann.

Es ist in Literatur und Rechtsprechung daher anerkannt, dass die Organmitglieder im Rahmen ihrer Tätigkeit fachkundige Berater hinzuziehen können, um die sie und/oder die Aktiengesellschaft treffenden gesetzlichen Pflichten einzuhalten.[5]

Fraglich ist allerdings, ob auch ein fehlerhafter Rat eines Beraters unter Umständen das jeweilige Organmitglied von seiner Haftung exkulpieren kann. Der BGH hat dies in mehreren, in jüngerer Vergangenheit ergangenen Entscheidungen unter

---

[1] Müko/*Spindler*, AktG, § 93, Rn. 2.
[2] Vgl. bspw. BGH, AG 2011, S. 876 (877) - ISION; LG Heidelberg, Urt. v 21.03.2017 – 11 O 11/16 KfH – Gelita AG; *S. Iwersen/V. Votsmeier*, Artikel im Handelsblatt vom 14. Februar 2019 bzgl. der Inanspruchnahme des ehemaligen Vorstands von Bilfinger.
[3] Gesetz zur Unternehmensintegrität und Modernisierung des Anfechtungsrechts (UMAG) v. 22.09.2005, BGBl. I, Nr. 60, S. 2802
[4] Vgl. § 93 Abs. 1 S. 2 AktG.
[5] Vgl. hierzu unter B.III.3.

bestimmten Voraussetzungen bejaht.[6] Auch wenn der BGH insoweit begrüßenswerter Weise bestimmte Eckpfeiler eingeschlagen hat, die eine Beratung erfüllen muss, damit sich die Organmitglieder auf diese später exkulpierend berufen können, so herrscht seitdem insbesondere eine lebhafte Diskussion darüber, (i) wer diese Beratung überhaupt erteilen darf, (ii) wie diese Beratung im Detail ausgestaltet werden muss und (iii) welche Pflichten die beratenden Organmitgliedern hinsichtlich des erteilten Rats treffen, damit sie sich im Nachhinein hierauf – auch wenn sich die Beratung im Nachhinein als fehlerhaft herausstellt – enthaftend berufen können.

Die nachstehende Arbeit fokussiert sich auf die Frage, welche Sorgfaltspflichten die Organe und hier insbesondere der Vorstand einer Aktiengesellschaft bei der Hinzuziehung eines Beraters insbesondere auch in den verschiedenen Stadien der Beratung – Auswahl und Unterrichtung des Beraters sowie die Prüfung des Ergebnisses der Beratung – konkret einzuhalten haben.

Hieran anschließend soll der Frage nachgegangen werden, ob sich diese Sorgfaltspflichten hinsichtlich des jeweiligen Sachverhalts bzw. der Art der Entscheidung, zu dem/der ein Rat eingeholt wird, unterscheidet.

Abschließend wird die Frage untersucht, ob die für den Vorstand entwickelten Grundsätze auf Aufsichtsratsmitglieder einer Aktiengesellschaft übertragen werden können bzw. ob es gewichtige Gründe dafür gibt, hiervon ggf. abzuweichen.

---

[6] Vgl. unten B.III.3.b.

B. Die Sorgfaltspflichten des Vorstands bei der Hinzuziehung eines organexternen Beraters

Um die Frage zu klären, welchen Sorgfaltsmaßstab der Vorstand einer Aktiengesellschaft zu erfüllen hat, wenn er organexterne Dritte im Rahmen seiner Aufgabenerfüllung hinzuzieht, wird zunächst der gesetzlich zugewiesene Aufgabenbereich des Vorstands vorab kurz umrissen. Dieser gesetzlich zugewiesene Aufgabenbereich ist der Ausgangpunkt für die Bestimmung, welche Anforderungen bei der Hinzuziehung Dritter an den Vorstand vernünftigerweise gestellt werden können. Der kraft Gesetzes zugewiesene Aufgabenbereich des Vorstands ist dabei insbesondere von den Aufgabenbereichen der beiden anderen Organe der Aktiengesellschaft – dem Aufsichtsrat und der Hauptversammlung – abzugrenzen.

I. Der gesetzlich zugewiesene Aufgabenbereich des Vorstands in Abgrenzung zu den Aufgabenbereichen der anderen Organe der Aktiengesellschaft

Der Vorstand, der Aufsichtsrat und die Hauptversammlung bilden die durch das Aktiengesetz vorgezeichnete dreigliedrige Organisationsstruktur der Aktiengesellschaft.[7]

Der Vorstand und der Aufsichtsrat werden dabei als die Verwaltung der Gesellschaft bezeichnet. Beide sind jedoch eigenständige und voneinander unabhängige Organe. Sie entscheiden in ihrem jeweils gesetzlich zugewiesenen Zuständigkeitsbereich eigenverantwortlich.[8]

Die Verwaltung der Aktiengesellschaft unterliegt nach dem AktG einem dualistischen System. Hiernach gilt grundsätzlich das sog. Trennungsprinzip zwischen dem Vorstand und dem Aufsichtsrat.[9] Danach sind beide Organe sowohl in personeller (vgl. § 105 AktG)[10] als auch grundsätzlich in sachlicher Hinsicht (vgl. § 111 Abs. 4 S. 1) klar voneinander zu trennen.[11]

Das Trennungsprinzip manifestiert sich in der Praxis grundsätzlich dadurch, dass ausschließlich dem Vorstand die Führung der laufenden Geschäfte durch das AktG zugewiesen ist (vgl. § 77 Abs. 1). Demgegenüber weist das AktG dem Aufsichtsrat die Kontrolle des Vorstands kraft Gesetzes zu (vgl. § 111 Abs. 1).[12]

Das AktG weist der Hauptversammlung als drittem Organ der Aktiengesellschaft in § 119 Abs. 1 die Entscheidung über die Entsendung der Aktionärsmitglieder in den Aufsichtsrat, die Verwendung des Bilanzgewinnes, die Entlastung der Vor-

---

[7] Münch Hdb. GesR IV/*Wiesner*, § 19, Rn. 1.

[8] Münch Hdb. GesR IV/*Wiesner*, § 19, Rn. 1.

[9] Münch Hdb. GesR IV/*Wiesner*, § 19, Rn. 2.

[10] §§ ohne Gesetzesbezeichnung sind solche des AktG.

[11] *Scheffler*, ZGR 1993, S. 63 (64).

[12] OLG Stuttgart, DB 1979, S. 884 (885); OLG Frankfurt a.M., ZIP 1981, S. 988 (989), für den Aufsichtsrat einer GmbH.

stands- und der Aufsichtsratsmitglieder, die Bestellung des Abschlussprüfers, Satzungsänderungen, Maßnahmen der Kapitalbeschaffung und -herabsetzung sowie die Auflösung der Gesellschaft zu.[13]

Auf Grund der Kompetenzverschiebung seit dem AktG 1937 spricht man nicht mehr davon, dass der Hauptversammlung im Verhältnis zu den anderen beiden Organen der Aktiengesellschaft eine in gewissermaßen exponierte Stellung eingeräumt ist.[14] Zwar kann die Hauptversammlung durch ihre Rechte Einfluss auf die personelle Zusammensetzung der anderen beiden Organe nehmen. Gemäß § 119 Abs. 1 Nr. 1 bestimmt die Hauptversammlung die (Aktionärs-) Mitglieder des Aufsichtsrats. Der Aufsichtsrat bestellt wiederum gemäß § 84 Abs. 1 die Mitglieder des Vorstands. Weiterhin stellt es einen wichtigen Grund i.S.d. § 84 Abs. 3 S. 2 Alt. 2 dar, wenn die Hauptversammlung einem Vorstandsmitglied das Vertrauen entzieht. Dieser wichtige Grund berechtigt den Aufsichtsrat, die Bestellung des jeweiligen Vorstandsmitglieds zu widerrufen. Zudem steht der Hauptversammlung auf Grund ihrer Satzungskompetenz gemäß § 119 Abs. 1 Nr. 5 zu, bestimmte Arten von Geschäften unter einen Zustimmungsvorbehalt zu Gunsten des Aufsichtsrats zu stellen. Sie verfügt jedoch insbesondere nicht über die Kompetenz, die Geschäftsführungsbefugnis des Vorstands zu beschneiden.[15]

Grundsätzlich obliegt nämlich dem Vorstand die Geschäftsführung, womit ihm de facto zumindest im gängigen Tagesgeschäft eine hervorgehobene Stellung zukommt. Daher lässt sich nicht ableiten, dass die Hauptversammlung den anderen beiden Organen übergeordnet ist.[16] Vielmehr weist das Gesetz allen Organen ihre eigenen Rechte und Befugnisse im Wege eines Ausgleichs der Zuständigkeiten und Kompetenzen zu. Grundsätzlich sind daher die Rechte und Befugnisse des Vorstands und des Aufsichtsrats auch vor einem Zugriff durch die Hauptversammlung geschützt.[17]

Dem Vorstand in seiner Gesamtheit ist daher im Vergleich zu den anderen Organen der Aktiengesellschaft zwingend insbesondere die laufende Geschäftsführung nach § 77 Abs. 1 zugewiesen. Diese kann ihm auch nicht durch Satzungsänderungen oder sonstige Gestaltung zu Gunsten eines anderen Organs der Gesellschaft entzogen werden.

Der Vorstand ist kraft Gesetzes gemäß §§ 77 Abs. 1, 78 Abs. 1 zur Geschäftsführung und Vertretung der Aktiengesellschaft berufen.[18] Darüber hinaus weist § 76 Abs. 1 dem Vorstand die *„Leitung der Gesellschaft unter eigener Verantwortung"* zu. Das AktG definiert allerdings nicht näher, was unter den Begriffen

---

[13] Münch Hdb. GesR IV/*Bungert*, § 35, Rn. 10ff.

[14] Münch Hdb. GesR IV/*Bungert*, § 35, Rn. 4.

[15] MüKo/*Kubis*, AktG, § 119, Rn. 17; *Mülbert* in: GroßkommAktG, § 119, Rn. 61.

[16] BVerfG, NJW 2000, S. 349 (350); Hüffer/Koch/*Koch*, § 118, Rn. 4.

[17] Münch Hdb. GesR IV/*Bungert*, § 35, Rn. 4; *Goette*, AG 2006, S. 522 (523).

[18] *K. Schmidt*, § 28 II 1 a, S. 804.

„*Leitung*" und „*Geschäftsführung*" zu verstehen ist bzw. wie sich diese Begriffe zueinander verhalten.[19] Dieses Verhältnis ist insbesondere für die Frage maßgeblich, welche Maßnahmen durch die Mitglieder des Vorstands selbst durchzuführen sind und welche Maßnahmen an einzelne Mitglieder des Vorstands bzw. nachgeordnete Unternehmensebenen übertragen werden können.[20]

1. Der Begriff der „*Leitung*" gemäß § 76 Abs. 1

Der Vorstand einer Aktiengesellschaft ist gemäß § 76 Abs. 1 „*zur Leitung der Gesellschaft unter eigener Verantwortung*" berechtigt und verpflichtet.

Als „*Leitung*" versteht man „*ein*[en] *Prozess, der eine Fülle von Entscheidungen umfasst und die strategische Führungsfunktion des Unternehmens bezeichnet*".[21] Eine genauere abstrakte Konkretisierung des Begriffs „*Leitung*" ist hingegen nicht möglich. Dies folgt aus den unterschiedlichen Erscheinungsformen von Aktiengesellschaften im Einzelfall. So ist der Vorstand einer großen Publikums-AG schon auf Grund der Größe und gesetzlichen Anforderungen mit anderen Aufgaben konfrontiert, als der Vorstand einer kleinen nicht börsennotierten Aktiengesellschaft.[22]

Auch bringt die Verwendung des Begriffs „*Leitung*" an anderer Stelle des AktG keine weiteren Erkenntnisse. Das AktG verwendet den Begriff der „*Leitung*" zudem noch in Zusammenhang mit dem Konzernbegriff in § 18 Abs. 1 S. 1 sowie der Leitungsmacht im Rahmen von Beherrschungsverträgen (vgl. §§ 291 Abs. 1 S. 1, 308 Abs. 1 S. 1).

Diese Begriffsverwendungen beziehen sich allerdings auf die „einheitliche Leitung" in Zusammenhang mit der Führung eines Konzerns und den Einflussmöglichkeiten der Muttergesellschaft auf die von ihr abhängigen Gesellschaften.[23] Diese unterschiedlichen Anwendungsbereiche schließen etwaige Rückschlüsse für die Bestimmung des Leitungsbegriffs im Rahmen des § 76 Abs. 1 daher aus.[24] Auf Grund der Vielfältigkeit der Aufgaben ist daher anerkannt, dass eine abstrakte Definition des Begriffs „*Leitung*" i.S.d. § 76 Abs. 1 nicht möglich ist. Vielmehr versucht die Literatur anhand von typologischen Umschreibungen, den Begriff der „*Leitung*" näher zu bestimmen.[25]

---

[19] Hdb VorstandsR/*Fleischer*, § 1, Rn. 9.
[20] Vgl. untern B.IV.1.b.
[21] MüKo/*Spindler*, AktG, § 76, Rn. 16.
[22] MüKo/*Spindler* AktG, § 76, Rn. 16.
[23] *Semler*, Leitung und Überwachung der Aktiengesellschaft, Rn. 3.
[24] *Semler*, Leitung und Überwachung der Aktiengesellschaft, Rn. 3.
[25] Hüffer/Koch/*Koch*, AktG, § 76, Rn. 9; *Henze*, BB 2000, S. 209 (210); Hdb.VorstandsR/*Fleischer*, § 1, Rn. 15.

a. Die Konkretisierung des Begriffs der „Leitung" entsprechend der betriebswissenschaftlichen Typologie

Teilweise wird die Typisierung anhand der betriebswirtschaftlichen Organisations- und Managementlehre vorgenommen.[26] Hiernach sind die Planung des Unternehmens, seine Koordination und Kontrolle sowie die Besetzung der dem Vorstand nachgeordneten Führungspositionen von dem Begriff der „Leitung" umfasst.[27]

Andere Autoren richten die Typisierung stärker an dem modernen Verständnis der Unternehmensführung aus. Hiernach sei vom Begriff der „Leitung" der dem Vorstand nicht entziehbare Kernbereich der Unternehmensleitung umfasst. Dieser Kernbereich schließe insbesondere die Planungs- und Steuerungs-, Organisations- sowie Finanz- und Leitungsverantwortung mit ein.[28]

Die hierdurch aufgeworfenen Unterscheidungen hinsichtlich der Abgrenzungsbereiche sind marginal und grundsätzlich nur begrifflicher Natur. Sie setzen lediglich andere Schwerpunkte. Inhaltlich lassen sich hingegen keine erheblichen Unterschiede zu der herkömmlichen Ansicht erkennen.[29]

Insoweit ist der Vorstand durch die Planungs- und Steuerungsverantwortung gehalten, den strategischen Rahmen und die langfristigen Unternehensziele zu definieren. Bei eventuellen Störungen muss der Vorstand entsprechend steuernd eingreifen. Dies erfordert u.a. die Einrichtung eines effektiven Kontrollsystems.[30] Die alltägliche Durchführung des Kontrollsystems kann jedoch auf einzelne Mitarbeiter delegiert werden.[31]

Zudem umfasst die Pflicht zur „Leitung" stets die Pflicht, das Unternehmen in funktionsfähige Teilbereiche zu untergliedern. Dies garantiere, dass auf entsprechend veränderten Rahmenbedingungen durch strukturelle Anpassungen besser reagiert werden könne.[32]

Ein Gegenstück hierzu bildet die personelle Besetzung innerhalb dieser Rahmenstruktur. Diese sei delegierbar, sofern es sich nicht gerade um die dem Vorstand unmittelbar nachgeordnete Führungsebene handelt.[33]

---

[26] *Wöhe*, Einführung in die Allgemeine Betriebswirtschaftslehre, S. 52ff.; *Jung*, Allgemeine Betriebswirtschaftslehre, S. 163ff.

[27] MüKo/*Spindler*, AktG, § 76, Rn. 16; KK-AktG/*Mertens/Cahn*, § 76, Rn. 5; *Henze*, BB 2000, S. 209 (210).

[28] *Fleischer*, ZIP 2003, S. 1 (5f.); Hdb VorstandsR/*Fleischer*, § 1, Rn. 15; *Turiaux/Knigge*, DB 2004, S. 2199 (2201).

[29] Vgl. hierzu KK-AktG/*Mertens/Cahn*, § 76, Rn. 5; MüKo/*Spindler*, AktG, § 76, Rn. 16; *Wettich*, Vorstandsorganisation in der Aktiengesellschaft, S. 62.

[30] *Fleischer*, ZIP 2003, S. 1 (5).

[31] *Turiaux/Knigge*, DB 2004, S. 2199 (2201).

[32] *Fleischer*, ZIP 2003, S. 1 (5).

[33] *Turiaux/Knigge*, DB 2004, S. 2199 (2201).

Aus der Finanzverantwortung folge, dass der Vorstand selbst für eine vorausschauende Finanzplanung und plausible Finanzkontrolle sorgen müsse.[34] Dagegen könne die einzelne Umsetzung dieser Finanzplanung und -kontrolle aber an nachgeordnete Stellen in der Gesellschaft delegiert werden.[35] Zudem sei der Vorstand verpflichtet, den ausreichenden Austausch von Information innerhalb des Unternehmens sicherzustellen.[36] Die technische Ausgestaltung dieses Austauschs sei aber nicht vom Leitungsbegriff umfasst.[37]

b. Die berichtspflichtigen Geschäfte i.S.d. § 90 Abs. 1 S. 1 Nr. 4

Ferner wird eine Leitungsaufgabe i.S.d. § 76 Abs. 1 angenommen, wenn das zugrunde liegende Geschäft eine Berichtspflicht des Vorstands gegenüber dem Aufsichtsrat gemäß § 90 Abs. 1 S. 1 Nr. 4 auslöst.[38] Eine solche Berichtspflicht wird ausgelöst, wenn Entscheidungen von besonderer Bedeutung oder mit einem besonderen Risiko für die Gesellschaft vom Vorstand zu treffen sind.[39] Grund hierfür sei die Einheitlichkeit der Funktionen des § 90 und dem Erfordernis der Gesamtleitung i.S.d. § 76 Abs. 1.[40] Beide Vorschriften bezwecken eine möglichst effektive Kontrolle der Geschäftsleitung durch den Vorstand.[41] Hinter dem Prinzip der Gesamtleitung gem. § 76 Abs. 1 steht die Idee einer (vorgeschalteten) gegenseitigen, innerorganschaftlichen (Selbst-) Kontrolle durch die einzelnen Vorstandsmitglieder. Dies folgt daraus, dass der Vorstand in seiner Gesamtheit der Mitglieder mit den entsprechenden Geschäften befasst ist.[42] § 90 Abs. 1 statuiert eine umfassende Informationspflicht des Vorstands gegenüber dem Aufsichtsrat. Hierdurch soll der Aufsichtsrat in die Lage versetzt werden, seinen Kontrollaufgaben gegenüber dem Vorstand hinsichtlich aller wichtigen Angelegenheiten der Gesellschaft in Form einer (weiteren) organexternen Prüfung nachzukommen.

c. Die Leitungsaufgaben auf Grund ausdrücklicher gesetzlicher Zuweisung

Der nicht delegierbare Kernbereich der „*Leitung*" i.S.d. § 76 Abs. 1 umfasst weiter die Aufgaben, die in Abgrenzung zu den anderen Organen der Aktiengesellschaft oder im öffentlichen Interesse – vornehmlich dem Interesse der Gläubiger

---

[34] *Fleischer*, ZIP 2003, S. 1 (5).
[35] *Turiaux/Knigge*, DB 2004, S. 2199 (2201).
[36] *Fleischer*, ZIP 2003, S. 1 (5).
[37] *Turiaux/Knigge*, DB 2004, S. 2199 (2201).
[38] *Kort*, in GroßkommAktG, § 76, Rn. 36; *Martens*, in: FS Fleck (1988), S. 191 (197f.).
[39] KK-AktG/*Mertens/Cahn*, § 76, Rn. 5; *Henze*, BB 2000, S. 209 (210); *Kort*, in: GroßkommAktG, § 76, Rn. 36.
[40] *Martens*, in: FS Fleck (1988), S. 191 (197).
[41] *Martens*, in: FS Fleck (1988), S. 191 (196ff.).
[42] *Martens*, in: FS Fleck (1988), S. 191 (194.); im Ergebnis auch: *Kort*, in: GroßkommAktG, § 76, Rn. 36.

– kraft Gesetzes dem Gesamtvorstand ausdrücklich zugewiesen sind.[43] Hierzu zählen insbesondere die Aufgaben aus §§ 83, 90, 91, 92, 110 Abs. 1, 118 Abs. 2, 121 Abs. 2, 124 Abs. 3 S. 1, 170, 245 Nr. 4.[44]

2. Die Geschäftsführung

Das AktG enthält auch für den Begriff der „*Geschäftsführung*" i.S.d. § 77 Abs. 1 keine Legaldefinition. Nach allgemeinem Verständnis ist diese aber sehr weit auszulegen.[45] Danach sind hiervon alle vom Vorstand für die Gesellschaft wahrgenommenen Tätigkeiten umfasst; gleichgültig, ob sie tatsächlicher oder rechtsgeschäftlicher Natur sind.[46] Auch sind Maßnahmen gegenüber Dritten erfasst, für deren Wirksamkeit es im Außenverhältnis jedoch auf die Vertretungsmacht des Vorstands gemäß § 78 ankommt.[47]

Die Differenzierung zwischen der Geschäftsführung und der Vertretung führt demzufolge nicht zu einer unterschiedlichen Einteilung der Maßnahme. Vielmehr betrifft die Geschäftsführungsbefugnis das rechtliche „Dürfen" und die Vertretungsbefugnis demgegenüber das rechtliche „Können" im Außenverhältnis.[48]

Im Unterschied zur Leitung gemäß § 76 lässt § 77 Abs. 1 S. 2 allerdings eine Abweichung vom Grundsatz der Gesamtgeschäftsführung bei mehrgliedrigen Vorständen durch die Satzung oder die Geschäftsordnung zu.[49] Daraus folgt, dass es nicht stets erforderlich ist, dass alle Vorstandsmitglieder gemeinsam handeln bzw. dem Handeln eines Mitglieds zustimmen müssen. Obwohl diese Zustimmung auch durch eine Zustimmung zu mehreren gleichartigen Geschäften erfolgen kann, erweist sich diese Vorgehensweise oft als sehr impraktikabel. Insoweit wird hiervon insbesondere bei großen Aktiengesellschaften oft durch entsprechende Regelungen in der Satzung bzw. Geschäftsordnung abgewichen.[50]

Dem Aufsichtsrat obliegt gemäß § 77 Abs. 2 S. 1 grundsätzlich die Kompetenz, das Erfordernis der Gesamtvertretung abzubedingen. Nur wenn die Satzung die Erlasskompetenz dem Aufsichtsrat nicht ausdrücklich zuweist und dieser sie auch nicht tatsächlich in Anspruch nimmt, ist der Vorstand berechtigt, sich einen entsprechenden Geschäftsplan samt Aufteilung der Geschäftsführungsfelder zu geben.[51]

---

[43] *Henze*, BB 2000, S. 209 (210); Hüffer/Koch/*Koch*, § 76, Rn. 9; KK-AktG/*Mertens/Cahn*, § 77, Rn. 24; *Schiessl*, ZGR 1992, S. 64 (67); BGH, NJW 2002, S. 1128 (1128), zu §§ 124 Abs. 3 S. 1 und 121 Abs. 2 AktG.

[44] *Henze*, BB 2000, S. 209 (210); Hüffer/Koch/*Koch*, § 76, Rn. 9; KK-AktG/*Mertens/Cahn*, § 77, Rn. 24; *Schiessl*, ZGR 1992, S. 64 (67); BGH, NJW 2002, S. 1128 (1128), zu §§ 124 Abs. 3 S. 1 und 121 Abs. 2.

[45] Münch Hdb. GesR IV/*Wiesner*, § 22, Rn. 1.

[46] KK-AktG/*Mertens/Cahn*, § 77, Rn. 2; Münch Hdb. GesR IV/*Wiesner*, § 22, Rn. 1; Hüffer/Koch/*Koch*, § 77, Rn. 3; Hdb VorstandsR/*Kort*, § 2, Rn. 82; *Kort*, in: GroßkommAktG, § 77, Rn. 3; *Baumbach/Hueck*, § 77, Rn. 1; Grigoleit/*Vedder*, § 77, Rn. 2.

[47] Spindler/Stilz/*Fleischer*, § 77, Rn. 3; Hüffer/Koch/*Koch*, § 77, Rn. 3.

[48] Spindler/Stilz/*Fleischer*, § 77, Rn. 5; Hüffer Koch/*Koch*, § 77, Rn. 3.

[49] Münch Hdb. GesR IV/*Wiesner*, § 22, Rn. 3.

[50] Spindler/Stilz/*Fleischer*, § 77, Rn. 10; *Rieger*, in: FS Pelzer (2001), S. 339 (346).

[51] Münch Hdb. GesR IV/*Wiesner*, § 22, Rn. 3.

3. Das Verhältnis von Unternehmensleitung und Geschäftsführung

Umstritten ist jedoch, wie das Verhältnis zwischen Leitungsaufgaben i.S.d. § 76 und Aufgaben der Geschäftsführung zu verstehen ist.

a. Leitungsaufgaben als besondere Geschäftsführungsmaßnahmen

Ausgehend von der allgemeinen Definition des Begriffs der Geschäftsführung umfasst die Geschäftsführung nach der überwiegenden Auffassung im Schrifttum auch Maßnahmen der Unternehmensleitung.[52] Jedoch besteht bei diesen Leitungsaufgaben die Besonderheit, dass sie entgegen § 77 Abs. 1 S. 2 nicht an einzelne Mitglieder des Vorstands delegiert werden können.[53]

b. Ein synonymes Verständnis der Begriffe „Leitung" und „Geschäftsführung" im Aktienrecht

Andere Teile der Literatur meinen hingegen, dass die Begriffe „Leitung" und „Geschäftsführung" hinsichtlich des Innenverhältnisses der Gesellschaft deckungsgleich wären.[54] Grund hierfür sei, dass das Aktiengesetz von 1965 keine Hinweise enthalte, dass der Gesetzgeber ein unterschiedliches Verständnis dieser beiden Begriffe beabsichtigt habe. Vielmehr sei der Begriff „Leitung" nur der Oberbegriff für die Maßnahmen der „Geschäftführung" und „Vertretung".[55] Dies würde sich aus dem systematischen und dem teleologischen Zusammenhang der §§ 76 und 77 ergeben. § 77 ergänze nämlich, trotz der unterschiedlichen Begriffe, § 76 „eindeutig". Insoweit lasse sich aus der unterschiedlichen Begriffsverwendung kein unterschiedlicher Inhalt ableiten.[56]

c. Stellungnahme zu dem Verständnis der Begriffe „Leitung" und „Geschäftsführung"

Zunächst spricht das Wortlautargument gegen eine Deckungsgleichheit der Begriffe „Leitung" und „Geschäftsführung". Insoweit wäre nämlich eine unterschiedliche Begriffsverwendung unverständlich.
Weiter spricht gegen das Verständnis, dass beide Begriffe deckungsgleich zu verstehen sind, der weitere Wortlaut der Vorschriften. § 76 Abs. 1 statuiert mit den Worten „hat ... zu leiten" eine Pflicht des Vorstands zur Leitung.[57] Nach

---

[52] So auch: MüKo/*Spindler*, AktG, § 77, Rn. 5; *Wettich*, a.a.O. (Fn. 29) S. 7; *Kort* in: GroßkommAktG, § 77, Rn. 3; KK-AktG/*Mertens/Cahn*, § 76, Rn, 4, § 77, Rn.3; Grigoleit/*Vedder*, § 77, Rn. 10.

[53] MüKo/*Spindler*, AktG, § 77, Rn. 5; Grigoleit/*Vedder*, § 77, Rn. 10; *Wettich*, a.a.O. (Fn. 29), S. 8; *Kort*, in: GroßkommAktG, § 77, Rn. 31; KK-AktG/*Mertens/Cahn*, § 77, Rn. 22.

[54] *Semmler*, Leitung und Überwachung der Aktiengesellschaft, Rn. 5f; *ders.*, ZGR 1983, S. 1 (12); *Steinbeck*, Überwachungspflichten und Einwirkungsmöglichkeiten des Aufsichtsrats in der Aktiengesellschaft, S. 81; *Tieves*, Der Unternehmensgegenstand der Kapitalgesellschaft, S. 139, Rn. 7.

[55] *Semmler*, Rn. 5f.; *ders.*, ZGR 1983, S. 1 (12); *Steinbeck*, a.a.O. (Fn. 54), S. 81; *Tieves*, a.a.O. (Fn. 54), S. 139, Rn. 7.

[56] *Steinbeck*, a.a.O. (Fn. 54), S. 81.

[57] *Fleischer*, ZIP 2003, S. 1 (2); Grigoleit/*Vedder*, § 76, Rn. 4; *Hommelhoff*, Die Konzernleitungspflicht, S. 44; *Raiser/Veil*, § 14, Rn. 12; *Dreuy*, in: FS Zöllner (1998), S. 129 (136f.).

§ 77 Abs. 1 ist der mehrgliedrige Vorstand einer Aktiengesellschaft nur zur Geschäftsführung „*befugt*". Hier unterscheidet das Gesetz erneut durch eine unterschiedliche Terminologie zwischen den Begriffen der „*Leitung*" und der „*Geschäftsführung*". Diese Unterscheidung erscheint nicht plausibel, wenn beide Begriffe im Innenverhältnis deckungsgleich verstanden werden sollen.[58]

Für die Einordnung der „*Leitung*" als Oberbegriff für die Geschäftsführung und Vertretung spricht, dass diese systematisch in § 76 Abs. 1 unmittelbar vorangestellt ist. Hieraus könnte man abgleiten, dass der Gesetzgeber beabsichtigt hat, den Grundsatz des gemeinschaftlichen Handels voranzustellen. Systematisch spricht hiergegen allerdings, dass es nicht verständlich ist, dass der Gesetzgeber die Leitung – und damit eingeschlossen die „Unterkategorien" Geschäftsführung und Vertretung – erst dem Vorstand in seiner Gesamtheit zuweist, um dann jedoch in beiden Vorschriften hiervon eine Ausnahme durch Satzung zu zulassen (vgl. § 77 Abs. 1 S. 2 Alt. 1 und § 78 Abs. 2 S. 1). Sinnvoller und gesetzesökonomischer wäre insoweit, allein eine Ausnahme unmittelbar in § 76 Abs. 1 selbst zu statuieren.[59]

Vielmehr lässt sich die systematische Stellung des „Teilbereichs" Leitung vor der Geschäftsführung auch anders erklären. Die Leitung hat signifikante Bedeutung im Rahmen der im Ersten Abschnitt des Vierten Teils des Aktiengesetzes geregelten Tätigkeiten des Vorstands. Hierdurch erklärt sich auch die zwingende Zuweisung an den Gesamtvorstand im Unterschied zu der Geschäftsführung und Vertretung in §§ 77 und 78.

Zudem erfasst der Begriff „*Leitung*" nach allgemeinem Sprachverständnis vor allem Grundentscheidungen, die von besondere Bedeutung für die Aktiengesellschaft sind sowie die Repräsentation der Aktiengesellschaft gegenüber der Öffentlichkeit (z.B. ggü. der Presse). Insoweit kann hierunter weniger das allgemeine Tagesgeschäft subsumiert werden.

Die Meinung, welche die Begriffe „*Leitung*" und „*Geschäftsführung*" deckungsgleich versteht, müsste außerdem konsequenterweise die Delegation an einzelne Mitglieder des Vorstands zulassen. Dies würde aber wiederum der Bedeutung solcher Leitungsaufgaben und dem Sinn und Zweck des § 76 Abs. 1 unterlaufen.[60]

Auch die Gesetzesmaterialien enthalten keine zwingenden Hinweise auf eine etwaige Gleichbedeutung von „*Geschäftsführung*" und „*Leitung*".[61] Insoweit ist der h.M. zuzustimmen, wonach die Unternehmensleitung ein besonders exponierter und nicht delegierbaren Teil der Geschäftsführung ist.

---

[58] So auch *Wettich*, a.a.O. (Fn. 29), S. 7.
[59] *Wettich*, a.a.O. (Fn. 29), S. 7ff.
[60] Vgl. hierzu *Martens*, in: FS Fleck (1988), S. 191 (195).
[61] Vgl. RegBegr. Vorbemerk. zu § 70 AktG von § 1939, abgedruckt bei: *Klausing*, S. 56ff.

II. Der vom Vorstand zu beachtende Sorgfaltsmaßstab im Rahmen von gesetzlich gebundenen Entscheidungen

1. Der gesetzliche Anknüpfungspunkt in § 93 Abs. 1 S. 1

Der grundsätzliche gesetzliche Anknüpfungspunkt für den zu beachtenden Sorgfaltsmaßstab des Vorstands ist § 93 Abs. 1 S. 1. Hiernach hat der Vorstand die Sorgfalt „*eines ordentlichen und gewissenhaften Geschäftsleiters*" anzuwenden. § 93 Abs. 1 S. 1 statuiert einerseits einen Verschuldensmaßstab, der speziell auf den Aufgabenbereich des Vorstands abgestimmt ist.[62] Gleichzeitig umschreibt § 93 Abs. 1 S. 1 als Generalklausel selbst Verhaltenspflichten des Vorstands.[63] Maßgeblich für diesen objektiven Haftungsmaßstab ist der Geschäftsleiter einer Aktiengesellschaft, die vergleichbar groß, in einem identischen Geschäftsfeld tätig ist und sich in einer vergleichbaren wirtschaftlichen Lage befindet.[64] Die Bestimmung des jeweiligen Haftungsmaßstabs ist daher im Einzelfall abhängig von vielen Einzelfaktoren wie bspw. der Zahl der Mitarbeiter, der Konjunkturlage sowie den, den Vorstandsmitgliedern zugedachten Aufgaben.[65] Dieser Maßstab entspricht funktionell den Sorgfaltsmaßstäben aus § 276 BGB und § 347 HGB. Er geht aber über diese hinaus. An ein Vorstandsmitglied einer Aktiengesellschaft sind daher höhere Anforderungen hinsichtlich seiner Sorgfalt zu stellen.[66] Dies folgt daraus, dass der Vorstand vergleichbar einem Treuhänder selbständig, treuhänderisch fremde Vermögensinteressen wahrnimmt.[67] Um dieser Stellung gerecht zu werden, müssen die Vorstandsmitglieder daher die erforderlichen Fähigkeiten und Kenntnisse mitbringen, um die sich ihnen stellenden Aufgaben pflichtgemäß zu erfüllen.[68] Weitere gesetzliche Konkretisierungen dieses Sorgfaltsmaßstabs finden sich nur fragmentarisch im AktG. § 93 Abs. 3 statuiert zwar verschiedene Haftungstatbestände. Jedoch lässt sich weder aus diesen noch aus § 76 Abs. 1 eine Konkretisierung des Sorgfaltsmaßstabs ableiten, der an die Vorstandsmitglieder zu stellen ist.[69] Grundsätzlich hat der Vorstand im Rahmen der Geschäftsführung für die Aktiengesellschaft die Vorteile zu sichern und Schäden abzuwenden.[70]

---

[62] Müko/*Spindler*, AktG, § 93, Rn. 22; Fleischer/*Fleischer*, Hdb VorstandsR, § 7, Rn. 1; *Bürgers/Ismael*, in: Bürgers/Körber, § 93, Rn. 2.; KK-AktG/*Mertens/Cahn*, § 93, Rn. 10.

[63] Hüffer/Koch/*Koch*, § 93, Rn. 5; KK-AktG/*Mertens/Cahn*, § 93, Rn. 10; Müko/*Spindler*, AktG, § 93, Rn. 21.

[64] OLG Jena, NZG 2001, S. 86 (87), für den Sorgfaltsmaßstab nach § 43 Abs. 1 GmbHG; MüKo/*Spindler*, AktG, § 93, Rn. 24; Raiser/Veil, § 14, Rn. 87.

[65] MüKo/*Spindler*, AktG, § 93, Rn. 24; *Hopt*, in: GroßkommAktG, § 93, Rn. 80.

[66] MüKo/*Spindler*, AktG, § 93, Rn. 24; *Bürgers/Ismael*, in: Bürgers/Körber AktG, § 93, Rn. 3.

[67] BGHZ 129, S. 30 (34).

[68] *Henze*, HRR AktienR, Rn. 544; MüKo/*Spindler*, § 93, Rn. 24; *Bürgers/Ismael*, in Bürgers/Körber AktG, § 93, Rn. 3.

[69] Spindler/Stilz/*Fleischer*, § 93, Rn. 11.

[70] MüKo/*Spindler*, AktG, § 93, Rn. 25; Spindler/Stilz/*Fleischer*, § 93, Rn. 12 m.w.N.

Einigkeit besteht weiterhin darüber, dass die Sorgfalt eines ordentlichen und gewissenhaften Geschäftsleiters das Einhalten der durch das AktG, die Satzung, eine etwaige Geschäftsordnung begründeten Pflichten sowie der die Aktiengesellschaft treffenden Rechtsvorschriften des Zivil-, Straf- und öffentlichen Rechts umfasst (sog. Legalitätspflicht).[71] Weiterer Bestandteil dieser Sorgfalt ist zudem, die Wahrnehmung der vertikalen und horizontalen Überwachung.[72]

2. Die Abweichung vom gesetzlichen Sorgfaltsmaßstab durch satzungsmäßige oder vertragliche Vereinbarungen

In der Bestrebung, die im Zuge der Finanzkrise immer mehr in den Vordergrund getretene Haftung von Mitgliedern der Unternehmensleitung zu begrenzen, wurde in der Literatur u.a. vorgeschlagen, eine Enthaftung durch Absenkung des Sorgfaltsmaßstabs zu erreichen. Insoweit besteht bereits Uneinigkeit, ob dies *de lege lata*[73] oder nur *de lege ferenda* möglich ist.[74]

Gegen die satzungsmäßige Absenkung des Sorgfaltsmaßstabs spricht bereits der aus § 23 Abs. 5 resultierenden Grundsatz der Satzungsstrenge in der Aktiengesellschaft.[75]

Mit Blick auf den Sinn und Zweck dieses Grundsatzes[76] – Sicherstellung der Verkehrsfähigkeit der Aktie – erscheint auch die Zulässigkeit der Herabsetzung des Sorgfaltsmaßstabs im Anstellungsverhältnis kaum vereinbar.[77] Daher ist der Haftungs- und Sorgfaltsmaßstab gemäß § 93 Abs. 1 S. 1 als zwingende Vorschrift anzusehen.[78]

3. Eine Ausnahme gemäß § 93 Abs. 1 S. 2?

Eine Besonderheit hinsichtlich des zu beachtenden Sorgfaltsmaßstabs könnte sich jedoch aus § 93 Abs. 1 S. 2 ergeben. Nach diesem liegt eine Pflichtverletzung nicht vor, wenn das Vorstandsmitglied bei einer unternehmerischen Entscheidung vernünftigerweise annehmen durfte, auf der Grundlage angemessener Informationen zum Wohle der Gesellschaft zu handeln.

Hierdurch wird dem Vorstand nach allgemeinem Verständnis ein gewisser Beurteilungsspielraum eingeräumt. Das Vorstandsmitglied muss lediglich belegen,

---

[71] Spindler/Stilz/*Fleischer*, § 93, Rn. 11; Hüffer/Koch/*Koch*, § 93, Rn. 6 m.w.N.

[72] *Bürgers/Ismael*, in: Bürgers/Körber AktG, § 93, Rn. 5; Spindler/Stilz/*Fleischer*, § 93, Rn. 94.

[73] Vgl. *G. Hoffmann*, NJW 2012, S. 1393 (1394ff.); *Semler*, in: FS Goette (2011), S. 499 (510); *Peltzer*, in: FS Hoffmann-Becking (2013), S. 861 (865); wohl auch *Seibt*, NZG 2016, S. 1097 (1102).

[74] *Habersack*, ZHR 177 (2013), S. 782 (803); *Spindler*, AG 889 (895f.); *Bachmann*, Reform der Organhaftung? - Materielles Haftungsrecht und seine Durchsetzung in privaten und öffentlichen Unternehmen, Gutachten R zum 70. Deutschen Juristentag 2014.

[75] *Bayer*, NJW 2014, S. 2546 (2550); *Hopt*, ZIP 2013, S. 1793 (1803); *Fleischer*, ZIP 2014, 1305 (1311f.).

[76] Vgl. hierzu Müko/*Pentz*, AktG, § 23, Rn. 158; Hüffer/Koch/*Koch*, § 23, Rn. 34.

[77] Deren Zulässigkeit bejahend: *Seibt*, NZG 2016, S. 1097 (1102); *G. Hoffmann*, NJW 2012, S. 1393 (1395).

[78] H.M.: *Habersack*, NZG 2015, S. 1297 (1299), Spindler/Stilz/*Fleischer*, § 93, Rn. 3; *Hopt*, in: GroßkommAktG, § 93, Rn. 23; Müko/*Spindler*, AktG, § 93, Rn. 27.

dass er sich innerhalb der Grenzen des § 93 Abs. 1 S. 2 (sog. Business Judgement Rule) bei seiner Entscheidung gehalten hat.[79] Im Unterschied hierzu soll es im Rahmen von gesetzlich gebundenen Entscheidungen bei den allgemeinen Haftungsgrundsätzen des § 93 Abs. 1 S. 1 bleiben.

4. Die Hintergründe für die Haftungsprivilegierung von Vorstandsmitgliedern im Rahmen von unternehmerischen Entscheidungen

Ausweislich der Gesetzbegründung zum Regierungsentwurf zum Gesetz zur Unternehmensintegrität und Modernisierung des Anfechtungsrecht[80] hat § 93 Abs. 1 S. 2 zunächst Klarstellungsfunktion.[81] § 93 Abs. 1 S. 2 soll nämlich verdeutlichen, dass es im Innenverhältnis zwischen Gesellschaft und ihren Vorstandsmitgliedern keine Erfolgshaftung gibt.[82] Dies erschien dem Gesetzgeber notwendig, da mit dem UMAG gleichzeitig die Verschärfung der Verfolgungsrechte von Aktionärsminderheiten intendiert wurde.[83] Hieraus folgt, dass bei vertretbaren unternehmerischen Entscheidungen keine persönliche Haftung des Vorstands gemäß § 93 Abs. 2 besteht. Dies gilt selbst dann, wenn sich die Entscheidung später als nicht erfolgreich erweist, sofern die in § 93 Abs. 1 S. 2 genannten Kriterien bei der Entscheidungsfindung beachtet wurden.[84]

Die daraus folgenden Unterschiede zum Haftungsregime des Einzelkaufmanns werden mit den unterschiedlichen Interessenlagen begründet, die der Vorstand bei der Ausübung seiner Tätigkeit zu berücksichtigen hat. Der Einzelunternehmer investiert grundsätzlich sein eigenes Vermögen und kann sich daher allein an seinen eigenen Interessen bei der Entscheidungsfindung orientieren. Der Vorstand einer Aktiengesellschaft verwaltet hingegen fremdes Vermögen. Neben den Interessen der grundsätzlich kapitalgebenden Aktionäre hat der Vorstand darüber hinaus auch noch oft die Interessen der Arbeitnehmer und der Allgemeinheit zu berücksichtigen. Diese Interessen stimmen ggf. nicht überein, so dass sich die Entscheidungsfindung insoweit oft erheblich von derjenigen des Einzelkaufmanns unterscheidet und insoweit die unterschiedlichen Haftungskriterien gerechtfertigt sind.[85]

Zudem kann eine Erfolgshaftung dazu führen, dass der Vorstand insbesondere in Krisenzeiten aus Angst vor der persönlichen Haftung bei der Entscheidungsfindung gehemmt würde. Die Vorstandsmitglieder könnten insoweit versucht sein, ihre persönliche Verantwortung in Form eines Regresss durch die Aktiengesellschaft vermeiden zu wollen und daher eher zurückhaltend handeln. Dies kann aber gerade in Krisensituationen kontraproduktiv sein, da in solchen Situationen oft

[79] *Holle*, AG 2011, S. 778 (779); Spindler/Stilz/*Fleischer*, § 93, Rn. 60.
[80] Gesetz zur Unternehmensintegrität und Modernisierung des Anfechtungsrechts (UMAG) v. 22.09.2005, BGBl. I, Nr. 60, S. 2802.
[81] BT-Drs. 15/5092, S. 11.
[82] BT-Drs. 15/5092, S. 11f.
[83] BT-Drs. 15/5092, S. 11.
[84] BT-Drs. 15/5092, S. 11.
[85] *Bosch/Lange*, JZ 2009, S. 225 (226).

eine Entscheidungsfreudigkeit sowie ein schnelles Handeln erforderlich sind, um den Bestand der Gesellschaft zu sichern.[86] Der Gesetzgeber befürchtete daher, dass ohne eine entsprechende Regelung sich Vorstände allein auf ein „*Verwalten nach Vorschrift*" beschränken würden, ohne notwendige, unternehmerische Risiken einzugehen.[87] Zudem verhindere der Ausschluss einer Erfolgshaftung, dass Gerichte, aus einer ex post Perspektive in (späterer) Kenntnis über den Erfolg oder Misserfolg der unternehmerischen Entscheidung, übertrieben hohe Maßstäbe an die Sorgfaltspflicht der Vorstände stellen (sog. *hind sight bias*).[88] Zudem sollte durch den in § 93 Abs. 1 S. 2 geschaffenen haftungsfreien Beurteilungsspielraum („*safe habour*") ein Anreiz für besonders fähige Personen geschaffen werden, die Vorstandspositionen zu übernehmen.[89]

a. **Die unternehmerische Entscheidung des Vorstands i.S.d. § 93 Abs. 1 S. 2**

Nach § 93 Abs. 1 S. 2 liegt eine Pflichtverletzung nicht vor, wenn das Vorstandsmitglied bei einer unternehmerischen Entscheidung vernünftigerweise annehmen durfte, auf der Grundlage angemessener Information zum Wohle der Gesellschaft zu handeln.

Wenn das Gesetz in § 93 Abs. 1 S. 1 u. 2 das Nichtvorliegen einer Pflichtverletzung bei Einhaltung gewisser Voraussetzungen im unternehmerischen Bereich ausschließt, könnten sich hieraus für diesen Bereich abweichende Anforderungen hinsichtlich des zu beachtenden Sorgfaltsmaßstabs bei der Hinzuziehung Dritter ergeben. Insoweit wird nachfolgend kurz der Anwendungsbereich der BJR gem. § 93 Abs. 1 S. 2 näher dargelegt.

Wann diese Voraussetzungen im Einzelnen vorliegen, ist weder in der Rechtsprechung noch in der Literatur abschließend geklärt. Jedoch lässt sich ein gewisses Grundverständnis hinsichtlich der einzelnen Voraussetzungen erkennen. Daher ist zunächst der Begriff der unternehmerischen Entscheidung i.S.d. § 93 Abs. 1 S. 2 näher zu umreißen.

aa. **Das Tatbestandsmerkmal der „unternehmerischen Entscheidung"**

Als erstes Tatbestandsmerkmal nennt § 93 Abs. 1 S. 2 eine unternehmerische Entscheidung. Hierdurch soll das unternehmerische Ermessen geschützt werden.[90] Insoweit soll das unternehmerische Ermessen aus dem Tatbestand der Sorgfaltspflichtverletzung nach § 93 Abs. 1 S. 1 herausgenommen werden.[91] Daher

---

[86] BT-Drs. 15/5092, S. 12; *Bosch/Lange*, JZ 2009, S. 225 (226);
Hopt/Roth, in: GroßkommAktG, § 93 Abs. 1 S. 2, 4 n.F., Rn. 8.
[87] *Bosch/Lange*, JZ 2009, S. 225 (226); *Goette*, in: FS 50 Jahre BGH (2000), S. 123 (126) m.w.N.
[88] Spindler/Stilz/*Fleischer*, § 93, Rn. 60; *Fleischer*, in: FS Wiedemann (2002), S. 827 (831f.);
Hopt/Roth, in: GroßkommAktG, § 93 Abs. 1 S. 2,4 n.F., Rn. 8.
[89] *Hopt/Roth*, in: GroßkommAktG, § 93 Abs. 1 S. 2,4 n.F., Rn. 8.
[90] *Krieger/Sailer-Coceani*, in: K. Schmidt/Lutter, § 93, Rn. 12.
[91] BT-Drs. 15/5092, S. 11.

unterscheidet die Gesetzesbegründung zwischen fehlgeschlagenen unternehmerischen Entscheidungen und Pflichtverletzungen, wie etwa Treuepflichten, Informationspflichten und sonstigen allgemeinen Gesetzes- und Satzungsverstößen.[92] Bei derartigen Pflichtverletzungen soll § 93 Abs. 1 S. 2 nach dem Willen des Gesetzgebers gerade nicht eingreifen.[93]

Weiterhin soll der Anwendungsbereich der BJR nicht gegeben sein, wenn gesellschafts- und kapitalrechtliche Fehlinformationen durch die Vorstandsmitglieder veröffentlicht werden.[94] Eine unternehmerische Entscheidung i.S.d. § 93 Abs. 1 S. 2 liegt nur dann vor, wenn das Handeln oder Unterlassen der Vorstandsmitglieder im Bewusstsein der unternehmerischen Entscheidung erfolgt.[95] Unterlassen die Vorstandsmitglieder eine Chance oder verkennen ein Risiko einer Situation auf Grund ihrer Unkenntnis, so unterfällt dieses Unterlassen nicht dem Anwendungsbereich des § 93 Abs. 1 S. 2.[96]

Unternehmerische Entscheidungen sind dadurch gekennzeichnet, dass sie nicht rechtlich gebunden sind. Insoweit sollen daher rechtswidrige Entscheidung § 93 Abs. 1 S. 2 nicht unterfallen.[97] Eine positive Umschreibung des Begriffs ist hingegen schwierig. Eine Bezugnahme auf die Definition in § 14 BGB wird ebenso abgelehnt, wie eine Anlehnung an die handelsrechtliche Beurteilung des Begriffs Unternehmer als Gewerbetreibender.[98]

Dies resultiert aus der unterschiedlichen Funktion des Vorstands gegenüber einem Kaufmann. Im Unterschied zu jenem übt der Vorstand nicht seine eigenen Geschäfte aus. Er wird zwar weisungsfrei tätig,[99] handelt aber für die Aktiengesellschaft. Insoweit unterliegt der Vorstand im Verhältnis zu der Aktiengesellschaft (und nicht zu den Anteilseignern)[100] gewissen organschaftlichen Treuepflichten.[101] Diese gehen über die den Kaufmann treffenden Treuepflicht aus § 242 BGB hinaus.[102]

Hieraus entsteht eine in der Ökonomie als „Prinzipal-Agent-Verhältnis" bezeichnete Konstellation.[103] Der Unterschied zum Kaufmann im handelsrechtlichen Sinne wird deutlich, wenn man sich dabei vergegenwärtigt, dass in diesem „Prinzipal-Agent-Verhältnis" unterschiedliche Interessen vorliegen.

---

[92] BT-Drs. 15/5092, S. 11.
[93] BT-Drs. 15/5092, S. 11.
[94] *Baums*, ZHR 167 (2003), 139 (175); *Mülbert*, JZ 2002, S. 826 (832).
[95] BT-Drs. 15/5092, S. 11.
[96] S. *Schneider*, DB 2005, 707 (709); *Bosch/Lange*, JZ 2009, S. 225 (230).
[97] BT-Drs. 15/5092, S. 11.
[98] *Langebucher*, DStR 2005, S. 2083 (2085).
[99] Vgl. § 76 Abs. 1 AktG „unter eigener Verantwortung"; *Goette*, in: FS 50 Jahre BGH (2000), S. 123 (126).
[100] BGHZ 83, S. 122 (133f.); BGHZ 110, S. 323 (334), für den Verein.
[101] KK-AktG/*Mertens/Cahn*, § 93, Rn. 95f.; *Hopt*, in: GroßkommAktG, § 93, Rn. 72.
[102] *Hopt*, in: GroßkommAktG; § 93, Rn. 72; *Fleischer*, WM 2003, S. 1045 (1046).
[103] *Baums*, ZIP 1995, S. 11 (11); *Richter/Furubotn*, Neue Institutionsökonomie, S. 163ff.

Der Vorstand hat eigene Interessen, die den Interessen der Aktionäre entgegenlaufen können. Dies kann wiederum (Mehr-)Kosten verursachen. Diese sog. *agency costs* umfassen neben der Bezahlung auch die Aufwendungen, welche die Gesellschaft für die Überwachung des Managements aufbringen muss.[104] Schon hieraus zeigt sich die deutliche Unvergleichbarkeit des Vorstands mit dem Kaufmann nach dem handelsrechtlichen Verständnis. Bei diesem fallen derartigen Überwachungskosten wegen der Personenidentität gerade nicht an. Insoweit kann seine Definition auch gerade nicht für den Begriff des Tatbestandsmerkmals der *„unternehmerischen Entscheidung"* herangezogen werden.[105]

bb. Der Begriff der „unternehmerischen Entscheidung" in der Rechtsprechung und Literatur

Das Bedürfnis für einen gewissen Haftungsfreiraum im unternehmerischen Bereich für die Vorstandsmitglieder einer Aktiengesellschaft wurde bereits vor der Kodifikation in § 93 Abs. 1 S. 2 auch in der Rechtsprechung gesehen. Als allgemein wegweisende Entscheidung in diesem Zusammenhang wird die sog. „ARAG-Garmenbeck"-Entscheidung des BGH aus dem Jahr 1997 angesehen.[106]

aaa. Der Ausgangspunkt der Diskussion: Die „ARAG/Garmenbeck"-Entscheidung (BGHZ 135, S. 244ff.)

Der BGH führt insoweit in der „ARAG/Garmenbeck"-Entscheidung aus, dass zu beachten sei, dass *„dem Vorstand bei der Leitung der Geschäfte des Gesellschaftsunternehmens ein weiter Handlungsspielraum zugebilligt werden muss, ohne den eine unternehmerische Tätigkeit schlechterdings nicht denkbar ist."*[107] Dies diente dem Gesetzgeber als Anknüpfungspunkt für die aufgestellten Tatbestandsmerkmale des § 93 Abs. 1 S. 2.[108]

bbb. Der Begriff der „unternehmerischen Entscheidung" in der Literatur

Anknüpfend an den Wortlaut der Rechtsprechung des BGH in der „ARAG/Garmenbeck"-Entscheidung wurde der Begriff der *„unternehmerischen Entscheidung"* in der Literatur weiter abgegrenzt.[109]
Der BGH führte in der Entscheidung aus, dass *„der Vorstand bei Leitung der Geschäfte des Gesellschaftsunternehmens"* einen weiten Beurteilungsspielraum hat.[110] Hieraus wird in der Literatur mit Blick auf den Wortlaut des § 76 Abs. 1

---

[104] *Jensen/Meckling*, Journal of Financial Economics 1976, S. 305 (311).
[105] *Bosch/Lange*, JZ 2009, S. 225 (229).
[106] BGHZ 135, S. 245 (253).
[107] BGHZ 135, S. 245 (253).
[108] BT-Drs. 15/5092, S. 11.
[109] *Langenbucher*, DStR 2005, S. 2083 (2085).
[110] BGHZ 135, S. 245 (253).

abgeleitet, dass zumindest alle Entscheidungen des Vorstands, die § 76 Abs. 1 unterfallen, als unternehmerische Entscheidungen i.S.d. § 93 Abs. 1 S. 2 AktG anzusehen seien.[111] Weitergehend wird aus dem Begriff „*Gesellschaftsunternehmen*" das Erfordernis abgeleitet, dass unternehmerische Entscheidungen i.S.d. § 93 Abs. 1 S. 2 nur solche seien, die den Unternehmenszweck realisieren.[112] Zudem sei kennzeichnend für unternehmerische Entscheidungen, dass sie auf Grund ihrer Reichweite in die Zukunft durch Prognosen und nicht durch justiziable Bewertungen zu charakterisieren seien.[113] Dies wird teilweise weitergehend dahin konkretisiert, dass nur solche Entscheidungen umfasst seien, die nach unternehmerischen Zweckmäßigkeitsgesichtspunkten getroffen werden und bei welchen sich der Vorstand für das eine oder andere Ergebnis entscheiden könne. Im Gegensatz hierzu seien gesetzlich oder satzungsmäßig gebundene Entscheidungen daher keine unternehmerischen Entscheidungen.[114] Vom Anwendungsbereich des § 93 Abs. 1 S. 2 seien daher die sog. Pflichtaufgaben des Vorstands (z.B. §§ 83, 90, 91, 92 Abs. 1 und 2, 124 Abs. 3, 131, 161, 170 Abs. 1 sowie § 34 Abs. 1 AO) auszunehmen.[115]

b. Die gesetzlich gebundenen Entscheidungen als Gegenstück zu unternehmerischen Entscheidungen

Gegenstück zu einer unternehmerischen Entscheidung i.S.d. § 93 Abs. 1 S. 2 sind gesetzlich gebundene Entscheidungen. Bei diesen folge der Vorstand einer rechtlich strikt vorgegebenen Pflichtenbindung (sog. Legalitätspflicht), ohne ein Entschließungs- oder Ausführungsermessen zu haben.[116] Hierzu zählen insbesondere die Vorstandspflichten hinsichtlich der Rechnungslegung und kapitalmarktrechtlichen Informationspflichten, der Einrichtung eines Risikoüberwachungssystems und den Informationspflichten gegenüber der Hauptversammlung.[117]

III. Der zu beachtende Sorgfaltsmaßstab bei der Einholung der organexternen Beratung bei gesetzlich gebundenen Entscheidungen

Auf Grund der fortschreitenden Komplexität und Mannigfaltigkeit der gesetzlich vorgegebenen Pflichten des Vorstands wird es zwingend immer wieder dazu kommen, dass auch das fachlich versierteste Vorstandsmitglied partiell nicht die not-

---

[111] *Langenbucher*, DStR 2005, S. 2083 (2085).
[112] *Langenbucher*, DStR 2005, S. 2083 (2085f.).
[113] BT-Drs. 15/5092, S. 11; *Brömmelmeyer*, WM 2005, 2065 (2066); *Dauner-Lieb*, in: FS Röhricht (2005), S. 83 (96); *Fleischer*, NJW 2005, S. 3525 (3528); *Schäfer*, ZIP 2005, S. 1253 (1255f.); *S. Schneider*, DB 2005, S. 707 (710); krit. hinsichtlich der Einschränkung: *Koch*, ZGR 2006, S. 769 (787f.).
[114] *Lutter*, ZIP 2007, S. 841 (843); *Krieger/Sailer-Coceani*, in: K.Schmidt/Lutter, § 93, Rn. 12; *Bosch/Lange*, JZ 2009, S. 225 (230); *Paefgen*, AG 2008, S. 761 (763).
[115] *Lutter*, ZIP 2007, S. 841 (843).
[116] *Ihrig*, WM 2004, S. 2098 (2103); KK-AktG/*Mertens/Cahn*, § 93, Rn. 19.
[117] *Ihrig*, WM 2004, S. 2098 (2103).

wendig Sach- und/oder Fachkenntnis aufweisen wird, die es benötigt, um die gesetzlich vorgeschriebenen Vorgaben zu erfüllen. Es ist daher allgemein anerkannt, dass sich der Vorstand in diesen Fällen dann der Sach- bzw. Fachkompetenz eines organexternen Beraters bedienen darf bzw. muss.[118]

Auch wenn im Ergebnis Einigkeit darüber besteht, dass der Vorstand in solchen Fällen eine organexterne Beratung in Anspruch nehmen kann bzw. muss, so bleibt zunächst zu untersuchen, woraus sich diese Pflicht dogmatisch ergibt. Um die Frage zu klären, ob und unter welchen Voraussetzungen sich der Vorstand bei rechtlich gebundenen Entscheidungen einer externen Beratung bedienen darf bzw. muss, ist dieses Recht bzw. die ggf. bestehende Pflicht dogmatisch einzuordnen. Insoweit ist kurz zu skizzieren, in welchen Situationen die Hinzuziehung eines Beraters relevant wird und in welchem rechtlichen Rahmen dies erfolgt.

1. Die dem Vorstand obliegenden Pflichten

Der Vorstand hat bei seiner Tätigkeit eine erhebliche Anzahl von Pflichten zu beachten. Diese können sich sowohl aus dem Gesetz, der Satzung, einer etwaigen Geschäftsordnung oder auch dem Anstellungsvertrag des jeweiligen Vorstandsmitglieds ergeben.[119] Dabei ist zu beachten, dass den Vorstand insbesondere die sog. Legalitätspflicht trifft, mithin die Einhaltung der anwendbaren Gesetze zu wahren ist.[120]

Im Rahmen einer etwaigen (Innen-)Haftung gemäß § 93 Abs. 2 sind jedoch nur solche Pflichten erheblich, die gegenüber der Gesellschaft bestehen. Insoweit ist stets auf den Schutzzweck der jeweiligen Pflicht abzustellen.[121] Derartige Pflichten sind auch solche, die dem Vorstand gegenüber den anderen Organen der Gesellschaft auferlegt sind. Ein Beispiel hierfür ist die Berichtspflicht des Vorstands gegenüber dem Aufsichtsrat gemäß § 90 oder die Verlustanzeigepflicht nach § 92 Abs. 1 gegenüber der Hauptversammlung.[122]

Die Pflichten des Vorstands werden im Gesetz nicht abschließend geregelt. Sie lassen sich jedoch systematisch in zwei Arten von Hauptpflichten unterteilen.[123] Hiernach treffen die Vorstandsmitglieder zum einen aus § 93 Abs. 1 S. 1 die sog. Sorgfaltspflichten. Auf der anderen Seite hat der Vorstand die Treuepflichten gegenüber der Gesellschaft und deren Aktionären einzuhalten.[124]

Weiter können die Vorstandspflichten danach unterteilt werden, ob sie sich allein auf die innere Beziehung zwischen dem Organ Vorstand und der Aktiengesellschaft beziehen (vgl. §§ 83, 88) oder ob sie Pflichten der Gesellschaft gegenüber

---

[118] BGH, AG 2011, S. 876 (877).
[119] MüKo/*Spindler*, AktG, § 93, Rn. 128; Hüffer/Koch/*Koch*, § 93, Rn. 40.
[120] Spindler/Stilz/*Fleischer*, § 93, Rn. 11; Hüffer/Koch/*Koch*, § 93, Rn. 6 m.w.N.
[121] MüKo/*Spindler*, AktG, § 93, Rn. 128.
[122] MüKo/*Spindler*, AktG, § 93, Rn. 128.
[123] Spindler/Stilz/*Fleischer*, § 93, Rn. 200; MüKo/*Spindler*, AktG, § 93, Rn. 129; KK-AktG/*Mertens/Cahn*, § 93, Rn. 64; Raiser/Veil, § 14, Rn. 65.
[124] Spindler/Stilz/*Fleischer*, § 93, Rn. 200; MüKo/*Spindler*, AktG, § 93, Rn. 129; KK-AktG/*Mertens/Cahn*, § 93, Rn. 64; Raiser/Veil, § 14, Rn. 65.

Dritten begründen. Deren Erfüllung obliegt dem Vorstand kraft seiner Organstellung aus § 76 Abs. 1.[125]

2. Der vom Vorstand einzuhaltende Sorgfaltsmaßstab gemäß § 93 Abs. 1 S. 1

Verletzt das Vorstandsmitglied eine ihm obliegende Pflicht, droht die persönliche Haftung gem. § 93 Abs. 2. Dafür müssen die Vorstandsmitglieder eine derartige Pflicht zudem vorsätzlich oder fahrlässig verletzt haben. Der maßgebliche Verschuldensmaßstab ergibt sich insoweit aus § 93 Abs. 1 S. 1.[126] Hiernach haben die Vorstandsmitglieder bei ihrer Geschäftsführung die Sorgfalt eines ordentlichen und gewissenhaften Geschäftsleiters anzuwenden.

Der Verschuldensmaßstab aus § 93 Abs. 1 S. 1 statuiert zunächst eine Haftung der Vorstandsmitglieder für *omnis culpa*. Das bedeutet, dass ein Verschulden bereits bei leichter Fahrlässigkeit gegeben ist.[127] Eine durch Satzung oder durch Vereinbarung getroffene Abweichung im Sinne einer Haftungsverschärfung bzw. -erleichterung dieses Verschuldensmaßstabs ist nicht möglich.[128] Maßgeblich für diesen objektiven Verhaltensmaßstab ist der Geschäftsleiter einer Aktiengesellschaft, die u.a. in Größe, Geschäftsfeld und Situation vergleichbar ist.[129] Der Sorgfaltsmaßstab ist von vielen Einzelfaktoren, wie beispielsweise der Zahl der Mitarbeiter, der Konjunkturlage sowie den, den Vorstandsmitgliedern zugedachten Aufgaben, abhängig.[130]

Dieser Sorgfaltsmaßstab entspricht funktionell den Sorgfaltsmaßstäben in §§ 276 BGB und 347 HGB. Er geht jedoch über diese insoweit hinaus, als dass an die Vorstandsmitglieder einer Aktiengesellschaft höhere Anforderungen hinsichtlich ihrer Sorgfalt zu stellen sind.[131] Dies begründet sich daraus, dass der Vorstand einer Aktiengesellschaft vergleichbar einem Treuhänder selbständig, treuhänderisch fremde Vermögensinteressen wahrnimmt.[132]

Entsprechend des hieraus resultierenden erhöhten Sorgfaltsmaßstabs müssen die Vorstandsmitglieder die für ihr Ressort und den Wirtschaftssektor, in dem die Aktiengesellschaft tätig ist, notwendigen Fähigkeiten und das hierfür erforderli-

---

[125] MüKo/*Spindler*, AktG, § 93, Rn. 129.
[126] MüKo/*Spindler*, AktG, § 93, Rn. 158; Spindler/Stilz/*Fleischer*, § 93, Rn. 205; KK-AktG/*Mertens/Cahn*, § 93, Rn. 136; *Bürgers/Israel*, in: Bürgers/Körber, § 93, Rn. 21b.
[127] *Hopt*, in: GroßkommAktG, § 93, Rn. 253; Fleischer/*Fleischer*, Hdb VorstandsR, § 11, Rn. 55.
[128] MüKo/*Spindler*, AktG, § 93, Rn. 26.
[129] OLG Jena, NZG 2001, S. 86 (87), für den Sorgfaltsmaßstab nach § 43 Abs. 1 GmbHG; MüKo/*Spindler*, AktG, § 93, Rn. 24; Raiser/Veil, § 14, Rn. 87.
[130] MüKo/*Spindler*, AktG, § 93, Rn. 24; *Hopt*, in: GroßkommAktG, § 93, Rn. 80.
[131] MüKo/*Spindler*, AktG, § 93, Rn. 24; *Bürgers/Israel*, in: Bürgers/Körber, § 93, Rn. 3.
[132] BGHZ 129, S. 30 (34).

che Wissen vorweisen können bzw. sich aneignen, damit sie die ihnen obliegenden Aufgaben sachgerecht erfüllen können.[133] Andernfalls haftet das Vorstandsmitglied bereits für die Übernahme des Vorstandsamts.[134] Diese Fähigkeiten beziehen sich aber nur auf solche Aufgaben, die *„normalerweise anfallende Geschäftsvorgänge"*[135] bzw. *„normalerweise zu verlangende Fähigkeiten"* betreffen.[136] Es herrscht Einigkeit, dass von den Mitgliedern des Vorstands nicht verlangt werden kann, dass sie in jedem erdenklichen Bereich, in dem sie eine Entscheidung zu treffen haben, die notwendige Sachkunde aufweisen.[137] So könne bei einem Vorstand, der aus mehreren Personen besteht, die jeweils einen unterschiedlichen beruflichen Hintergrund haben, von jedem Mitglied nur in dem jeweils entsprechenden Berufsfeld vertiefte Kenntnisse erwartet werden.[138] Den Vorstandsmitgliedern kann dementsprechend nicht vorgeworfen werden, wenn ihnen bei komplexen und schwierig gelagerten Entscheidungen aus einem ihnen nicht unmittelbar zugewiesenen Sachgebiet die notwendige Sach- bzw. Fachkenntnis fehlt.[139]

Gleichwohl verlangen sowohl die Rechtsprechung als auch die Literatur in derartigen Fällen einhellig, dass die Vorstandsmitglieder sich in derartigen Situationen durch fachkundige Dritte beraten lassen (müssen).[140] Die dogmatische Grundlage dieser Pflicht bleibt dabei aber (zumeist) unbeantwortet.

3. Der dogmatische Anknüpfungspunkt betreffend die Pflicht, sich beraten zu lassen

Das AktG normiert ausdrücklich keine derartige Pflicht des Vorstands, sich beraten zu lassen.[141] Jedoch finden sich im AktG für die Hinzuziehung organexterner Berater in §§ 109 Abs. 1 S. 2 und 111 Abs. 2 S. 2 Alt. 2 normierte Regelungen. Deren Anwendungsbereich betrifft allerdings unmittelbar allein den Aufsichtsrat. Dennoch sehen manche Stimmen in der Literatur hierin ein allgemeines Leitbild, welches auch als dogmatischer Anknüpfungspunkt für den Vorstand zu verstehen sei.[142]

---

[133] *Henze*, HRR AktienR, Rn. 544; MüKo/*Spindler*, AktG, § 93, Rn. 24; *Bürgers/Israel*, in: Bürgers/Körber, § 93, Rn. 3.

[134] MüKo/*Spindler*, AktG, § 93, Rn. 159; *Bürgers/Israel*, in: Bürgers/Körber, § 93, Rn. 21b; *Strohn*, ZHR 176, S. 137 (138); vgl. zum Übernahmeverschulden mangels ausreichender Kenntnis auch: BGH, NJW-RR 2003, S. 1454 (1455), hinsichtlich der Einstandspflichten eines Architekten für die notwendige Fachkenntnisse.

[135] Heidel/*Landwehrmann*, § 93, Rn. 103; BGHZ 85, S. 293 (297), für den Aufsichtsrat.

[136] MüKo/*Spindler*, AktG, § 93, Rn. 159.

[137] Vgl. BGHZ 126, S. 181 (199); *Strohn*, ZHR 176 (2012), S. 137 (138); *Fleischer*, KSzW 2013, S. 3 (3); *Binder*, AG 2012, S. 885 (890); *Krieger*, ZGR 2012, S. 496 (496).

[138] Vgl. Beispiele bei *Strohn*, ZHR (176), S. 137 (138).

[139] *Binder*, AG 2012, S. 885 (888).

[140] BGHZ 126, S. 181 (199); OLG Stuttgart, AG 2010, S. 133 (135); *Lutter*, DB 1994, S. 129 (135); *Krieger*, in: Krieger/U. H. Schneider, § 3, Rn. 8.

[141] *Hahn/Naumann*, CCZ 2013, S. 156 (158).

[142] *Sander/Schneider*, ZGR 2013, S. 725 (735).

a. Ein normiertes Leitbild im AktG?

Nach dem Wortlaut der §§ 109 Abs. 1 S. 2 und 111 Abs. 2 S. 2 Alt. 2 besteht keine Pflicht des Aufsichtsrats zur Einholung einer externen Beratung. Vielmehr statuiert § 109 Abs. 1 S. 2 seinem Wortlaut nach lediglich die Möglichkeit des Aufsichtsrats, Sachverständige und Auskunftspersonen zur Beratung hinzuzuziehen.[143] Auch § 111 Abs. 2 S. 2 Alt. 2 regelt unmittelbar lediglich, dass der Aufsichtsrat für bestimmte Aufgaben Sachverständige beauftragen kann. Hierbei ist sogar anerkannt, dass der Aufsichtsrat hierzu bemächtigt ist, wenn er selbst die entsprechende Sachkunde aufweist.[144]

Insoweit erweitern beide Normen in ihrem unmittelbaren Anwendungsbereich lediglich die Befugnisse des Organs Aufsichtsrat. Insoweit können Sie aber gerade nicht unmittelbar als gesetzlicher Anknüpfungspunkt für eine Pflicht des Vorstands zur Einholung externer Beratung herangezogen werden.

aa. §§ 109 Abs. 1 S. 2, 111 Abs. 2 S. 2 Alt. 2 als gesetzliches Leitbild für die Hinzuziehung organexterner Dritter

Allerdings wird in §§ 109 Abs. 1 S. 2, 111 Abs. 2 S. 2 Alt. 2 teilweise ein normiertes *„gesetzliches Leitbild"* gesehen. Dies müsse auf die Vorstandsmitglieder einer Aktiengesellschaft übertragen werden.[145] Nach diesem Leitbild sei grundsätzlich die fehlende eigene Sachkunde durch die Einholung externer Beratung zu ersetzen.[146] Daraus, dass dieses Leitbild wiederum eine Vielzahl von Fällen erfasse, könne auch geschlossen werden, dass die Einholung organexterner Beratung somit zum *„regulären Pflichtenkatalog"* der Vorstandsmitglieder einer Aktiengesellschaft gehöre.[147]

bb. Keine Übertragbarkeit der §§ 109 Abs. 1 S. 2, 111 Abs. 2 S. 2 Alt. 2 auf den Vorstand

Ob dieses *„Leitbild"* der §§ 109 Abs. 1 S. 2, 111 Abs. 2 S. 2 Alt. 2 allerdings überhaupt Anhaltspunkte für eine Beratungspflicht des Vorstands geben kann, erscheint fraglich.

Voraussetzung einer Übertragbarkeit eines solchen Leitbilds auf den Vorstand wäre eine Vergleichbarkeit der zu beratenden Organmitglieder.

An dieser Vergleichbarkeit bestehen aber schon auf Grund des Umstands Zweifel, dass die Aufsichtsratsmitglieder nebenamtlich tätig werden. Insoweit kann von ihnen gar nicht verlangt werden, dass sie sich sowohl fachlich als auch zeitlich entsprechend umfassend mit der in Frage stehenden Materie befassen, wie dies von hauptberuflich tätig werdenden Vorstandsmitgliedern zu verlangen ist. Inso-

---

[143] So auch *Hopt/Roth*, in: GroßKommAktG, § 109, Rn. 41.

[144] Vgl. unten C.III.1.

[145] *Sander/Schneider*, ZGR 2013, S. 725 (734f.), die hierin den gesetzlich vorgeschriebenen Vorrang der Einholung eines Rates gegenüber der Amtsniederlegung sehen.

[146] *Sander/Schneider*, ZGR 2013, S. 725 (735).

[147] *Sander/Schneider*, ZGR 2013, S. 725 (735).

weit erscheint es nur konsequent, dass das AktG den Mitgliedern des Aufsichtsrats insoweit qua Gesetzes die Befugnis(-erweiterung) zur Hinzuziehung externer Berater ausdrücklich einräumt.

Hiergegen ließe sich zwar einwenden, dass der Aufsichtsrat selbst bei seiner primären Aufgabe – der Überwachung des Vorstands[148] – oft mit fachfremden Problemen konfrontiert ist, so dass insoweit eine identische Situation vorherrsche, wie bei der Beratung des Vorstands.

Dies stützen auch § 76 Abs. 1 und § 111 Abs. 6. Diese statuieren jeweils für den Vorstand und den Aufsichtsrat die Pflicht zur eigenständigen Wahrnehmung der jeweils hierin zugewiesenen Aufgaben. Daraus lässt sich jedoch lediglich der Schluss ziehen, dass die Hinzuziehung Dritter der Ausnahmefall und nicht die Regel bleiben soll.

Gegen die Einordnung der §§ 109 Abs. 1 S. 2, 111 Abs. 2 S. 2 Alt. 2 als Erkenntnisquelle für eine etwaige Pflicht des Vorstands zur Hinzuziehung Dritter spricht aber, dass es sich bei § 109 nach allgemeiner Auffassung um eine reine ordnungsrechtliche Vorschrift handelt.[149]

Auch der Sinn und Zweck des § 111 Abs. 2 S. 2 Alt. 2 spricht gegen die Heranziehung als Erkenntnisquelle in Bezug auf eine Pflicht zur Rateinholung des Vorstands. Die Delegationsmöglichkeit in § 111 Abs. 2 S. 2 Alt. 2 trägt nämlich vornehmlich dem praktischen Umstand Rechnung, dass die alleinige Wahrnehmung der in § 111 Abs. 2 S. 1 geregelten Kontrollrechte durch den Aufsichtsrat in der Regel eine ausreichende Kontrolle in angemessener Zeit gar nicht sicherstellen kann.[150]

Eine derartige Einschränkung kann für den hauptberuflich tätig werdenden Vorstand, dessen Mitglieder verpflichtet sind, ihre vollständige Arbeitskraft und Arbeitszeit im Rahmen ihrer Organtätigkeit aufzuwenden (und die dafür dann auch entsprechend entlohnt werden) gerade nicht gemacht werden. Ist der Vorstand überlastet und kann daher seinen Pflichten nicht nachkommen, sind weitere Vorstandsmitglieder zu bestellen bzw. außerhalb des Leitungsbereichs des § 76 Abs. 1 eine verstärkte horizontale Delegation seitens der Mitglieder des Vorstands vorzunehmen. Eine derartige Delegation durch den Aufsichtsrat ist diesem schon mangels Weisungsbefugnis verwehrt. Die Befugnisse aus §§ 109 Abs. 1 S. 2, 111 Abs. 2 S. 2 Alt. 2 stellen daher vielmehr eine entsprechende Kompensation für die fehlende Delegationsmöglichkeit dar. Insoweit kann den §§ 109 Abs. 1 S. 2, 111 Abs. 2 S. 2 Alt. 2 hinsichtlich des Vorstands keine Leitbildfunktion zukommen.

Auch spricht die Gesetzessystematik gegen die Heranziehung der §§ 109 Abs. 1 S. 2, 111 Abs. 2 S. 2 Alt. 2 als gesetzliches Leitbild. Die Vorschriften zeigen, dass der Gesetzgeber die Hinzuziehung organexterner Dritter durch die Organe der Aktiengesellschaft gesehen hat. Hätte er insoweit ein gesetzliches

---

[148] Vgl. C.I.
[149] KK-AktG/*Mertens/Cahn*, § 109, Rn. 5; *Hopt/Roth*, in: GroßkommAktG, § 109, Rn. 8; MüKo/*Habersack*, AktG, § 109, Rn. 3 m.w.N.
[150] *Hopt/Roth*, in: GroßkommAktG, § 111, Rn. 423.

Leitbild im AktG statuieren wollen, so hätte dies sinnvoller Weise im Ersten Abschnitt des Vierten Teils des AktG, in welchem die Befugnisse des Vorstands statuiert sind, geregelt werden müssen. Da dann mit einem Erst-recht-Schluss ohne Weiteres die Übertragung vom Vorstand auf den nebenberuflich tätig werdenden Aufsichtsrat erfolgen hätte können. Insoweit spricht vieles dafür, dass sich der Rechtsgedanke der §§ 109 Abs. 1 S. 2, 111 Abs. 2 S. 2 Alt. 2 vielmehr lediglich auf eine Befugniserweiterung des Aufsichtsrats bei fehlender eigener Kapazität zur umfassenden eigenhändigen Wahrnehmung beschränkt. Daher scheidet eine Übertragung auf den Vorstand aus.

b. Die in der Rechtsprechung entwickelten konkreten Sorgfaltspflichten der Geschäftsleitung im Rahmen der Vorstandshaftung bei der Einholung einer externen Beratung

Mangels einer ausdrücklichen Regelung im AktG für die Einholung externer Beratung durch den Vorstand ist der gesetzliche Anknüpfungspunkt diesbezüglich umstritten. Erschwerend kommt hinzu, dass auch keine Einigkeit darüber besteht, ob diese Frage auf Ebene der Pflichtverletzung oder auf Ebene des Verschuldens dogmatisch anzuordnen ist. Im Folgenden wird zunächst die Entwicklung in der Rechtsprechung hinsichtlich der Anforderungen an die Beratung der Geschäftsleitung durch Dritte dargestellt. Im Anschluss hieran werden die gesetzlichen Rahmenbedingungen sowie die dogmatische Einordnung der Beratungspflicht sowie ihre konkreten Ausformungen diskutiert um anschließend hieran, die einzelnen Vorgaben der Rechtsprechung einer kritischen Würdigung zu unterziehen.

aa. BGH, Urt. v. 14.05.2007 - II ZR 48/06[151]

Im Rahmen der Frage der Haftung eines Vorstands wegen der Fortzahlung von Lohnsteuern und Zahlungen des Arbeitnehmeranteils zur Sozialversicherung trotz bilanzieller Überschuldung der Aktiengesellschaft verneint der BGH einen Haftungsanspruch wegen schuldhafter Verletzung der Insolvenzantragspflicht (§ 15 InsO) gegen den Vorstand. Der BGH begründet dies damit, dass das Vorstandsmitglied *„unabhängigen, fachlich qualifizierten Rat eingeholt"* habe, auf den er sich dann auch verlassen durfte,[152] da das Ergebnis für den Vorstand nach einer gebotenen Plausibilitätsprüfung nachvollziehbar war.[153]

Weiter führte der BGH hierin aus, dass es *„nicht zu rechtfertigen [wäre], einem organschaftlichen Vertreter abzuverlangen, unabhängigen, fachkundigen Rat zur Klärung des Bestehens einer Insolvenzlage einzuholen und es ihm gleichwohl als schuldhaften Verstoß gegen seine Sorgfaltspflichten anzulasten, wenn er sich – trotz fehlender eigener ausreichender Sachkunde – dem fachkundigen Rat entsprechend verhält."*[154]

---

[151] BGH, AG 2007, S. 548 (548ff.).
[152] BGH AG 2007, S. 548 (550), Rn. 14.
[153] BGH AG 2007, S. 548 (550), Rn. 14.
[154] BGH AG 2007, S. 548 (550), Rn. 18.

bb. „ISION"-Entscheidung, BGH, Urt. v. 20.09.2011 - II ZR 234/09[155]

In seiner sog. ISION-Entscheidung bestätigte der BGH seine bisherige Rechtsprechung zur Einholung einer Beratung im Rahmen der Innenhaftung von Vorstandsmitgliedern. Entsprechend seiner vorangegangenen Rechtsprechung thematisierte der BGH das Problem der Einholung fremden (Rechts-) Rats erst im Rahmen des Verschuldens unter dem Gesichtspunkt eines etwaigen unvermeidbaren Rechtsirrtums.[156]

So stellte der BGH im Einklang mit seiner bisherigen Rechtsprechung fest, dass an einen solchen Irrtum „strenge Maßstäbe" zu stellen seien.[157] Dies hieße im Fall einer unklaren Rechtslage, dass „der Schuldner die Rechtslage sorgfältig zu prüfen habe, soweit erforderlich Rechtsrat einholen und die höchstrichterliche Rechtsprechung sorgfältig beachten" müsse. Des Weiteren treffe den Vorstand das Risiko der Verkennung der Rechtslage.[158]

Überdies stellte der BGH weiter fest, dass eine organexterne Person, die in diesem Rahmen eine unrichtige Rechtsauskunft gibt, dabei nicht als Erfüllungsgehilfe i.S.d. § 278 BGB des Vorstands anzusehen sei.[159]

Im Folgenden legte der BGH dar, welche Kriterien ein Vorstand einhalten müsse, um den „strengen Anforderungen an die dem Vorstand obliegende Prüfung der Rechtslage und die Beachtung von Gesetz und Rechtsprechung zu genügen".[160]

Hierbei stellt der BGH unmissverständlich klar, dass hierfür eine bloße ungeprüfte Anfrage bei einer vom Vorstand für fachkundig gehaltenen Person nicht ausreiche.[161] Vielmehr sei hierfür erforderlich, dass der Vorstand sich „unter umfassender Darstellung der Verhältnisse der Gesellschaft und Offenlegung der erforderlichen Unterlagen von einem unabhängigen, für die zu klärende Frage fachlich qualifizierten Berufsträger beraten lässt und die erteilte Rechtsauskunft einer sorgfältigen Plausibilitätskontrolle unterzieht."[162]

cc. BGH, Urt. v. 27.03.2012 - II ZR 171/10[163]

In dieser Entscheidung nutzte der BGH die Chance, seine bisherige Rechtsprechung weiter zu erläutern. Er bejahte ein Verschulden des Geschäftsführers einer GmbH nach § 43 Abs. 2 GmbHG. Er stützt den Vorwurf der Schuld darauf, dass „der Geschäftsführer sich nicht rechtzeitig fachkundig hat[te] beraten lassen", obwohl er die Fachkunde zur Beurteilung über das Vorliegen der Insolvenzreife nicht hatte.[164]

---

[155] BGH, AG 2011, S. 876 (876ff.).
[156] BGH, AG 2011, S. 876 (877).
[157] BGH, AG 2011, S. 876 (877).
[158] BGH, AG 2011, S. 876 (877); BGHZ 89, S. 296 (303).
[159] BGH, AG 2011, S. 876 (877).
[160] BGH, AG 2011, S. 876 (877).
[161] BGH, AG 2001, S. 876 (877).
[162] BGH, AG 2011, S. 876 (877), unter Verweis auf BGH, AG 2007, S. 548, (550).
[163] BGH, ZIP 2012, S. 1174 (1174ff.).
[164] BGH, ZIP 2012, S. 1174 (1175).

Im Folgenden betont der BGH seine bereits in den zuvor dargestellten Urteilen genannten Grundsätze hinsichtlich der Notwendigkeit einer fachkundigen Beratung und der Möglichkeit einer Entschuldigung bei eigener fehlender Fachkunde.[165]

Der BGH konkretisiert diese Grundsätze aber hinsichtlich des Erfordernisses der Berufsträgereigenschaft des Beraters dahingehend, dass seiner bisherigen Rechtsprechung nicht entnommen werden könne, dass hinsichtlich der Prüfung der Insolvenzreife als solche Berater ausschließlich Wirtschaftsprüfer oder Rechtsanwälte in Betracht kämen. Vielmehr sei die bisherige Rechtsprechung nur dahingehend zu verstehen, dass deren Fachkunde außer Frage stünde. Dies würde aber nicht bedeuten, dass in Einzelfällen unter Berücksichtigung der entsprechenden Besonderheiten wie u.a. der Größe der Gesellschaft, auch geeignete Vertreter anderer Berufsgruppen zur Entlastung des Ratsuchenden beitragen könnten.[166]

Ein Verschulden des Geschäftsführers sei aber im vorliegenden Fall dennoch anzunehmen. Der Geschäftsführer habe hinsichtlich der Auftragserteilung nicht die gebotene Dringlichkeit beachtet, da der gutachterliche Rat der hinzugezogenen Unternehmensberaterin erst Monate später erfolgte. Diesbezüglich sei vor allen Dingen zu beachten, dass der Geschäftsführer die Unternehmensberaterin nicht konkret mit der Prüfung der Insolvenzreife beauftragt habe, sondern „*nur*" mit der Prüfung der Vermögenslage.

Hierin hätte nur dann keine vorwerfbare Pflichtverletzung gesehen werden können, wenn der Geschäftsführer „*sich nach den Umständen der Auftragserteilung unter Beachtung der gebotenen Sorgfalt darauf verlassen durfte, die Fachperson werde im Rahmen der anderweitigen Aufgabenstellung auch die Frage der Insolvenzreife vorab und unverzüglich prüfen und ihn ggf. unterrichten*"[167]

dd. BGH, Urt. v. 28.04.2015 - II ZR 63/14[168]

In dieser Entscheidung bestätigt der BGH seinen in den vorherigen Entscheidungen aufgestellten Grundsatz der schuldausschließenden Wirkung einer den Anforderungen entsprechenden Beratung durch einen entsprechenden Berufsträger.[169]

Darüber hinaus stellte er unter Zurückweisung der Rechtsauffassung der Vorinstanz[170] klar, dass eine Beratung auch dann entlastende Wirkung haben könne, wenn die Beauftragung zwar nicht ausdrücklich die maßgebliche Fragestellung erfasse, jedoch aus Sicht des beauftragenden Vorstands der erteilte Rat diese Frage „*umfasst*".[171]

---

[165] BGH, ZIP 2012, S. 1174 (1175f.).
[166] BGH, ZIP 2012, S. 1174 (1176).
[167] BGH, ZIP 2012, S. 1174 (1176).
[168] BGH, DStR 2015, S. 1635 (1635ff.).
[169] BGH, DStR 2015, S. 1635 (1638).
[170] OLG Saarbrücken, NZG 2014, S. 343 (345).
[171] BGH, DStR 2015, S. 1635 (1638).

Weiter konkretisiert der BGH sein Verständnis von der von ihm geforderten Plausibilitätsprüfung. Insoweit sei hierunter keine Art Fachprüfung zu verstehen. Vielmehr sei der Vorstand gehalten, den erteilten Rat auf seine Vollständigkeit hinsichtlich des Sachverhalts und der Verwertung dieser Informationen im Gutachten sowie auf die Widerspruchslosigkeit des erteilten Rats zu prüfen.[172]

c. Die (gesetzlichen) Hintergründe für die dogmatische Einordnung der Beratungsfragen

Das AktG enthält insoweit lediglich in § 93 Abs. 1 S. 2 einen gesetzlichen Hinweis darauf, auf welcher Ebene des Haftungstatbestands Fragen zur Hinzuziehung eines Beraters zu erörtern sind. Nach § 93 Abs. 1 S. 2 liegt *„eine Pflichtverletzung [...] nicht vor, wenn das Vorstandsmitglied [...] vernünftigerweise annehmen durfte, auf Grundlage angemessener Information [...] zu handeln"*.
Hierbei gilt es jedoch die oben bereits dargestellte Unterscheidung zwischen unternehmerischen und gesetzlich gebundenen Entscheidungen zu berücksichtigen.[173] § 93 Abs. 1 S. 2 gilt demnach nach h.M.[174] nur für die unternehmerischen Entscheidungen. Insoweit ist anerkannt, dass für die *„Grundlage angemessener Information"* auch externe Beratung und Gutachten herangezogen werden können.[175] Daher werden Fragen hinsichtlich der Beratung und externer Gutachten im Rahmen von unternehmerischen Entscheidungen unstreitig auf der Ebene der Pflichtverletzung dogmatisch eingeordnet.[176]
Anders verhält sich dies im Rahmen von gesetzlich gebundenen Entscheidungen. Da § 93 Abs. 1 S. 2 hier gerade keine Anwendung finden soll. Daher ist die dogmatische Einordnung hier umstritten.
Gegen die gleiche Anordnung auf der Ebene der Pflichtverletzung wie bei unternehmerischen Entscheidungen spricht, dass den Vorstand im Rahmen von gesetzlich gebundenen Entscheidungen die sog. Legalitätspflicht trifft. Gemäß der Legalitätspflicht haben die Vorstandsmitglieder die sie treffenden gesetzlichen Pflichten einzuhalten.[177]

aa. Die Beratung durch einen organexternen Berater als Anknüpfungspunkt für einen unvermeidbaren Rechtsirrtum

Nach herrschender Meinung trifft den Vorstand die Legalitätspflicht unbedingt. Für die Einhaltung der Legalitätspflicht spielt es also abstrakt keine Rolle, ob der Vorstand hierfür die ausreichende eigene Sachkunde hat oder ob er sich beraten lässt bzw. dies unterlässt.[178] Die Verletzung der Legalitätspflicht könne auch nicht durch die Hinzuziehung des Beraters geheilt werden. Jedoch soll insoweit eine

---

[172] BGH, DStR 2015, S. 1635 (1639).
[173] Vgl. B.II.4.
[174] Vgl. B.II.3.
[175] *Grundei/v. Werder*, AG 2005, S. 825 (825); Hölters/*Hölter*, AktG, § 93, Rn. 34.
[176] *Tödtmann/Winstel*, in: Semler/Pelzer/Kubis, Vorstand HdB, § 13, Rn. 156.
[177] BGHZ, 133, S. 370 (375); S. *Bicker*, AG 2014, S. 8 (8) m.w.N.
[178] *Strohn*, CCZ 2013, S. 177 (179).

Enthaftung mangels eines Verschuldens in Betracht kommen.[179] Anknüpfungspunkt ist hierbei für die Rechtsprechung sowie Teile der Literatur – wie im allgemeinen Zivil- und Strafrecht – die Rechtsfigur des „unvermeidbaren Rechtsirrtums".[180] Die Pflicht, entsprechenden Rat einzuholen, wird dabei von der Pflicht abgeleitet, die entsprechenden rechtlichen Vorgaben einzuhalten und somit eine Haftung zu vermeiden.[181] Demnach sollen die Anforderungen und die Beratung selbst die Voraussetzungen für einen unvermeidbaren Rechtsirrtum darstellen.[182] Demzufolge wäre bei einer etwaigen Falschberatung die objektive Pflichtverletzung in Form des Rechtsverstoßes zu bejahen. Eine Haftung kann dann jedoch bei ordnungsgemäßer Beratung mangels subjektiver Vorwerfbarkeit ausscheiden.[183] Der Anknüpfungspunkt der Haftung liegt hierbei dann in der Verletzung der Pflicht, zu der eine entsprechende Beratung eingeholt wurde.[184]

In der Literatur wird hieraus geschlossen, dass – wenn sich das Vorstandsmitglied beraten lässt – der individuelle Verschuldensmaßstab generell an der Auswahl und der Überwachung des Beraters anknüpft.[185]

Daraus folgt jedoch, dass die Anknüpfungspunkte für die objektive Pflichtverletzung und der für das Verschulden auseinanderfallen. Während die Pflichtverletzung aus der Verletzung der Legalitätspflicht entspringt, ist im Rahmen des Verschuldens (lediglich) zu prüfen, ob eine fehlerhafte Auswahl bzw. mangelhafte Überwachung des Beraters vorliegt.

Dies erscheint aber deswegen fraglich, weil im Rahmen von gesetzlich gebundenen Entscheidungen nach der h.M. eine unbedingte Einstandspflicht im Sinne einer Erfolgshaftung des Vorstands gegeben sein soll.[186]

bb. Die Pflicht, sich beraten zu lassen, als Sorgfaltspflicht

Nach anderer Ansicht in der Literatur scheidet eine Haftung bei einer ordnungsgemäßen, jedoch inhaltlich falschen Beratung nicht erst mangels der subjektiven Vorwerfbarkeit aus. Vielmehr liege hierin bereits keine Sorgfaltspflichtverletzung nach § 93 Abs. 1 S. 1.[187] Dies folge aus dem Umstand, dass kein Geschäftsleiter

---

[179] *Strohn*, CCZ 2013, S. 177 (179).
[180] BGH, AG 2011, S. 876 (877); LG Essen, ZIP 2012, S. 2061 (2062f.); *Strohn*, CCZ 2012, S. 177 (179); *Binder*, AG 2012, S. 885 (888); *Klöhn*, DB 2013, 1535 (1537); anders EuGH, EuZW 2013, 624 (625ff.), der einen haftungsausschließenden Verbotsirrtum im Rahmen eines Vorlageverfahrens in Bezug auf die Beratung durch eine hinzugezogene Rechtsanwaltskanzlei trotz Aufwerfens dieser Frage durch die Generalanwältin nicht erörtert.
[181] *Binder*, AG 2012, S. 885 (888); wohl auch *Strohn*, CCZ 2012, S. 177 (179).
[182] So auch *Sander/Schneider*, ZGR 2013, S. 725 (731).
[183] BGH, AG 2007, S. 548 (550); ders., AG 2011, S. 876 (877); *Binder*, AG 2012, S. 885 (888); *Merkt/Mylich*, NZG 2012, S. 525 (529); wohl auch *Strohn*, ZHR 176 (2012); S. 137 (138).
[184] So *Binder*, AG 2012, S. 885 (888), andeutend *Strohn*, CCZ 2012, S. 177 (179).
[185] *Binder*, ZGR 2012, S. 757 (570).
[186] Vgl. B.II.3.
[187] *Fleischer*, ZIP 2009, S. 1397 (1405); *Krieger/Sailer-Coceani*, in: K. Schmidt/Lutter, § 93, Rn. 29; *Kiefner/Krämer*, AG 2012, S. 498 (499); *Sander/Schneider*, ZGR 2013, S. 725 (731); wohl auch Bork/Schäfer/*Klöhn*, § 43, Rn. 56 u. 25.

allein umfassende Kenntnis über alle sich dem Vorstand stellende Aufgaben besitzen könne.[188] Allerding herrscht keine Einigkeit darüber, wie dies dogmatisch zu begründen ist.

cc. Die Pflicht zur Beratung als (eigenständige) situationsadäquate Verhaltenspflicht

Teilweise wird vertreten, dass die Pflicht zur Einholung eines externen Rats die (eigenständige) *„situationsadäquate Verhaltenspflicht"* des Vorstands bei mangelnder eigener Kenntnis sei.[189]

Eine demgemäß ausgeprägte Pflicht zur Einholung einer entsprechenden Beratung sei im AktG bereits positiv rechtlich angelegt.[190] Dies folge aus den unterschiedlichen Anforderungen, die das AktG grundsätzlich an die fachliche Qualifikation der Vorstandsmitglieder einer Aktiengesellschaft hinsichtlich ihrer Bestellung und dem von ihnen zu beachtenden Sorgfaltsmaßstab bei der Ausübung ihrer Pflichten als Vorstandsmitgliedern stellt.[191] § 76 Abs. 3 stelle grundsätzlich keine Anforderungen hinsichtlich der fachlichen Eignungen an die Vorstandmitglieder in Bezug auf ihre Bestellung.

Demgegenüber ist nach § 93 Abs. 1 S. 1 ein objektiver Maßstab bei der Ausübung der Vorstandtätigkeit anzulegen. Hier hat eine individuelle Unfähigkeit also gerade keine entlastende Wirkung.[192] Da diese Anforderungen an den Sorgfaltsmaßstab allerdings sehr hoch sind,[193] kommt es zwangsläufig zu Situationen, in denen ein Vorstandsmitglied selbst nicht die ausreichende eigene Kenntnis hat bzw. haben kann.[194]

Zudem halte das AktG selbst ein entsprechendes Leitbild für das Verhalten von Organen der Aktiengesellschaft bei fehlender eigener Sachkunde bereit.[195] Hierbei sei auf die §§ 109 Abs. 1 S. 2, 111 Abs. 2 S. 2 Alt. 2 zurückzugreifen.[196]

Vor dem Hintergrund der Bedeutung des Vorstands für die Aktiengesellschaft sei es nicht nachvollziehbar, dass dem Aufsichtsrat die Möglichkeit, sich beraten zu lassen, eröffnet ist, dem Vorstand demgegenüber aber nicht.[197] Es sei daher nicht überzeugend, den Vorstandsmitgliedern die Beratungsmöglichkeit abzuschneiden und stattdessen die Pflicht aufzubürden, in derartigen Situationen ihr Amt niederzulegen.[198]

---

[188] *Sander/Schneider*, ZGR 2013, S. 725 (734); *Fleischer*, ZIP 2009, S. 1397 (1405); ders., KSzW 2013, S. 3 (6); *Foesch*, DB 2009, S. 722 (723); *Hegnon*, CCZ 2009, S. 57 (57).
[189] *Sander/Schneider*, ZGR 2013, S. 725 (731).
[190] *Sander/Schneider*, ZGR 2013, S. 727 (731).
[191] *Sander/Schneider*, ZGR 2013, S. 727 (731f.).
[192] *Sander/Schneider*, ZGR 2013, S. 727 (731f.).
[193] *Strohn*, ZHR 2013, S. 137; *Sander/Schneider*, S 727 (732).
[194] *Sander/Schneider*, ZGR 2013, S. 727 (732f.); *Strohn*, ZHR 176 (2012), S. 137 (138); *Binder*, ZGR 2012, S. 757 (769f.).
[195] Vgl. B.III.3.a.
[196] *Sander/Schneider*, ZGR 2013, S. 727 (734f.).
[197] *Sander/Schneider*, ZGR 2013, S. 725 (735).
[198] *Sander/Schneider*, ZGR 2013, S. 725 (735).

Folgerichtig sei daher bei fehlender eigener Sachkenntnis die Einholung einer Beratung der gesetzliche vorgesehene Regelfall.[199] Dies spreche aber gegen die Lösung, die an der Rechtsfigur des unvermeidbaren Rechtsirrtums anknüpft. Dieser sei gerade nur für in sehr engen Grenzen anzuerkennende Ausnahmefälle anwendbar.[200]

dd. § 93 Abs. 1 S. 2 als Anknüpfungspunkt der Pflicht, sich beraten zu lassen

Ein anderer Begründungsansatz zieht eine Parallel zu § 93 Abs. 1 S. 2.[201] Hierfür spreche die rechtliche Einordnung im Bereich der vertikalen und horizontalen Aufgabendelegation.[202] Bei dieser scheidet eine Haftung der Vorstandsmitglieder nach §§ 93 Abs. 2 S. 1 bei ordnungsgemäßer Auswahl und Überwachung des jeweiligen Delegaten gleichfalls bereits mangels einer Pflichtverletzung aus.[203]

ee. Die praktischen Auswirkungen der Einordnung auf Ebene der Pflichtverletzung oder des Verschuldens

Ob sich aus der unterschiedlichen dogmatischen Einordnung substantielle praktische Unterschiede ergeben, erscheint fraglich.

Teilweise wird ein Unterschied darin gesehen, dass einem Vorstandsmitglied im Rahmen einer rechtlich gebundenen Entscheidung, zu welcher er sich nicht beraten lassen hat, trotz einer sich im Ergebnis als richtig herausstellenden Entscheidung, dennoch unter Umständen der Vorwurf des pflichtwidrigen Verhaltens gemacht werden kann.

Weiterhin könnte – in Abhängigkeit der jeweiligen Versicherungsbedingungen – trotz einer Enthaftung des Vorstandsmitglieds eine abgeschlossene D&O-Versicherung eingreifen, wenn durch den eingeholten Rat lediglich das Verschulden des Vorstandsmitglieds entfällt.

Sollte das Vorstandsmitglied nämlich nicht über die ausreichende eigene Fach- bzw. Sachkunde verfügen und sich dennoch nicht beraten lassen, so wäre dies nach der Ansicht, die eine eigene Pflicht zur Beratung statuieren möchte, ein Verstoß gegen die „*situationsadäquate Pflicht*", sich beraten zu lassen. Hierin wird dann unter Umständen ein Abberufungsgrund gesehen.[204]

Ob die Ansicht, die die Frage hinsichtlich der Beratung auf der Verschuldensebene einordnet, zu keinem Abberufungsgrund kommen würde, erscheint zweifelhaft. Die Legalitätspflicht ist in diesem Fall zwar erfüllt, da die den Vorstand treffende (Haupt-) Pflicht eingehalten und insofern kein Rechtsbruch erfolgt ist.

[199] *Sander/Schneider*, ZGR 2013, S. 725 (735).
[200] *Sander/Schneider*, ZGR 2013, S. 725 (735).
[201] *Fleischer*, ZIP 2009, S. 1397 (1405); kritisch zur Begründung: *Sander/Schneider*, ZGR 2013, S. 725 (737).
[202] *Fleischer*, ZIP 2009, S. 1397 (1405).
[203] *Fleischer*, ZIP 2009, S. 1397 (1405); hierzwischen nicht differenzierend: *Hegnon*, CCZ 2009, S. 57 (58).
[204] *Sander/Schneider*, ZGR 2013, S. 725 (758), die dies für sachgerecht halten.

Jedoch erscheint ein derartiges Verhalten unter dem Gesichtspunkt der allgemeinen Sorgfaltspflicht gemäß § 93 Abs. 1 S. 1 als inadäquat und somit als Verstoß gegen diese Sorgfaltspflicht, die gleichfalls einen Abberufungsgrund darstellen kann.[205] Zuzugeben ist jedoch, dass sich Unterschiede hinsichtlich der Verteidigungsmöglichkeiten des Vorstandsmitglieds ergeben. Dem Vorstandsmitglied stünde der Einwand des rechtmäßigen Alternativverhaltens offen, sofern man die Einholung zur Beratung dogmatisch auf Ebene der Pflichtverletzung einordnet.[206] So könnte das betroffene Vorstandsmitglied bei unterlassener Einholung der Beratung nämlich argumentieren, dass auch bei einer (pflichtgemäßen) Beratung auf Grund der Fehlerhaftigkeit dieser Beratung gleichfalls ein Schaden eingetreten wäre.[207] Demgegenüber ist bei der Einordnung auf der Ebene des Verschuldens ein solcher Einwand ausgeschlossen. Insoweit bleibe auch bei der Einholung der Beratung die Pflichtwidrigkeit der Entscheidung bestehen und liegt somit eben kein rechtmäßiges Verhalten vor.[208]

ff. Stellungnahme hinsichtlich der dogmatischen Einordnung der Beratungsproblematik

Für die Einordnung auf der Ebene der Pflichtwidrigkeit spricht die praktische Überlegung, dass so die ggf. schwer durchzuführende Abgrenzung zwischen unternehmerischen und rechtlich gebundenen Entscheidungen (praktisch) entbehrlich wird.[209]

aaa. Die fehlende Vergleichbarkeit mit der horizontalen und vertikalen Aufgabendelegation

Bei Einordnung auf der Pflichtenebene bleibt aber unklar, wie bei einer fehlerhaften Beratung der objektive Verstoß gegen die (unbedingt geltende) Legalitätspflicht „geheilt" werden könnte.[210] Trifft den Vorstand beispielsweise die Pflicht zur Insolvenzantragsstellung und kommt er dieser Pflicht nicht nach, weil er sich von einem entsprechenden Berater der Sache nach ordnungsgemäß aber inhaltlich unzutreffend beraten lässt, so liegt hierin ein Verstoß gegen die den Vorstand treffende Insolvenzantragspflicht aus § 15a InsO.

Hieran ändert auch nichts, dass sich der Vorstand in dem der Entscheidung vorgelagerten Prozess situationsadäquat – wie dies von einem ordentlichen und gewissenhaften Geschäftsleiter gemäß § 93 Abs. 1 S. 1 zu erwarten ist – durch die

---

[205] *Sander/Schneider*, ZGR 2013, S. 725 (758), die hierin aber eine Verletzung der situationsadäquaten Pflicht, sich beraten zu lassen, sehen; *Binder*, AG 2008, S. 274 (283), spricht insoweit von der Notwendigkeit einer erhöhten Problemsensibilität; so auch *Strohn*, CCZ 2013, S. 177 (180).

[206] Vgl. zum Meinungsstand hinsichtlich der im Detail vielfach umstrittenen einzelnen Aspekte: *Fleischer*, DStR 2009, S. 1204 (1207ff.) m.w.N.

[207] *Sander/Schneider*, ZGR 2013, S. 725 (743).

[208] So konsequent: *Sander/Schneider*, ZGR 2013, S. 725 (743).

[209] Vgl. *Sander/Schneider*, ZGR 2013, S. 725 (741) m.w.N. und Hinweis auf die geringen praktischen Unterschiede; *Merkt/Mylich*, NZG 2012, S. 525 (529).

[210] So auch *Strohn*, CCZ 2013, S. 177 (179).

Einholung eines externen Rats pflichtgemäß verhält. Nach hergebrachter h.M. bleibt es beim Verstoß gegen die jedes Vorstandsmitglied objektiv treffende Legalitätspflicht zur Stellung des Insolvenzantrags.[211] Auch fordert die Einordnung der fehlenden Pflichtverletzung in den Fällen der horizontalen und vertikalen Aufgabendelegation keine andere Beurteilung.[212] Abgesehen davon, dass eine Aufgabendelegation etwas Anderes darstellt als die Hinzuziehung eines Beraters, erscheint eine Parallele zwischen den beiden Konstellationen bei genauerer Betrachtung fraglich.

(i) Die Hintergründe für die Pflichtenumwandlung im Rahmen der horizontalen Aufgabendelegation

Werden Aufgaben innerhalb des Organs auf Grund der Satzung oder des Geschäftsplans delegiert,[213] spricht man von einer sog. horizontalen Aufgabendelegation.[214] Wird solch eine organinterne Aufgabenverteilung vorgenommen, wandeln sich nach h.M. die Pflichten der nicht primär zuständigen Vorstandsmitglieder in Überwachungspflichten.[215]

Das Vorstandsmitglied, dem die Aufgaben unmittelbar zugewiesen werden, trifft die sog. Ressortverantwortung. Das heißt, das entsprechende Vorstandsmitglied hat selbstständig für die entsprechende Organisation des Bereichs sowie die Wahrnehmung der sich hieraus ergebenen Aufgaben zu sorgen.[216] Durch eine solche organinterne Aufgabenverteilung werden die übrigen Organmitglieder allerdings nicht von ihren Pflichten entbunden. Auf Grund des Grundsatzes der Gesamtverantwortung des Vorstands treffen die anderen Mitglieder des Vorstands dann im alltäglichen Vorstandshandeln situationsangepasste Überwachungspflichten und ggf. Eingriffspflichten hinsichtlich des delegierten Bereichs (sog. *Restverantwortung*).[217]

Die Modifizierung der nicht unmittelbar zuständigen Organmitglieder hin zu einer Auswahl- und Überwachungspflicht folgt aus zwei Gründen.

Primär folgt sie aus der in der Satzung der Aktiengesellschaft oder Geschäftsordnung des Vorstands festgelegten Ressortverteilung.[218]

Wird solch eine Ressortverteilung entsprechend § 77 Abs. 1 S. 2 festgelegt, so ist es den anderen Vorstandsmitgliedern grundsätzlich verwehrt, sich ohne konkrete

---

[211] *Strohn*, CCZ 2013, S. 177 (179).
[212] A.A. *Fleischer*, ZIP 2009, S. 1397 (1405).
[213] Vgl. zu den formellen Anforderungen an die horizontale Delegation, *Fleischer*, NZG 2003, S. 449 (452f.).
[214] Münch Hdb. GesR VII/*Koch*, § 30, Rn. 7.
[215] BGH, NJW 1986, S. 54 (55); ders., NJW 1995, 2850 (2851) m.w.N.
[216] MüKo/*Spindler*, AktG, § 77, Rn. 58; Spindler/Stilz/*Fleischer*, § 77, Rn. 48.
[217] *Hopt*, in: GroßkommAktG, § 93, Rn. 62; Hüffer/Koch/*Koch*, § 77, Rn. 15; MüKo/*Spindler*, AktG, § 76, Rn. 59.
[218] *Fleischer*, ZIP 2009, S. 1397 (1400); Spindler/Stilz/*Fleischer*, § 77, Rn. 55.

Anhaltspunkte in die zugewiesenen Aufgabenbereiche des einzelnen Vorstandsmitglieds „einzumischen".[219]

Diese Pflichtenmodifizierung erklärt sich daraus, dass die Aufgabenverteilung nur dann zu einer effektiven Pflichtenwahrnehmung innerhalb des Gesamtorgans führt, wenn zwischen den einzelnen Vorstandsmitgliedern ein Mindestmaß an gegenseitigem Vertrauen vorhanden ist.[220]

Nach sachgerechter Auswahl eines Vorstandsmitglieds für einen bestimmten Aufgabenbereich können die anderen Vorstandsmitglieder ohne entsprechend entgegenstehende Anhaltspunkte auf die ordnungsgemäße Wahrnehmung der Aufgaben durch das primär zuständige Vorstandsmitglied grundsätzlich vertrauen.[221] Sie sind aber stets verpflichtet, ein Mindestmaß an Kontrolle aufrecht zu erhalten.[222]

Der Pflichtenumfang hinsichtlich der Überwachung nimmt dergestalt ab, wie das Vertrauen auf Grund der Länge der Zusammenarbeit und positiven Erfahrungen hinsichtlich der Zuverlässigkeit des primär zuständigen Organmitglieds zunimmt.[223]

(ii) Die fehlende Übertragbarkeit der h.M. zur horizontalen Aufgabendelegation auf die Hinzuziehung externer Berater

Nach einigen Stimmen in der Literatur folge die Parallele zu Fallkonstellationen der Hinzuziehung eines externen Beraters daraus, dass der Vorstand hier nach den vom BGH aufgestellten Voraussetzungen gleichfalls (nur) für eine ordnungsgemäße Auswahl und Überwachung des Beraters einstehen müsse.[224]

Insoweit weise insbesondere das Erfordernis der Plausibilitätsprüfung[225] eine gewisse Überwachungsfunktion auf.[226] Beide Konstellationen würden sich zudem aus denselben Bedürfnissen ergeben. Der Grund für die horizontale Aufgabendelegation als auch für die Hinzuziehung eines externen Beraters sei die sich immer stärker spezialisierende und hinsichtlich der Aufgabenwahrnehmung sowohl quantitativ als auch qualitativ zunehmende Wirtschaftswelt.[227]

Allerdings bestehen zwischen den Konstellationen in Bezug auf die Aufgabenwahrnehmung und letztlich auch in der Begründung der mit der Aufgabenteilung notwendigen Vertrauensgewährung[228] erhebliche Unterschiede.

---

[219] OLG Zweibrücken, NZG 1999, S. 506 (508); *Fleischer*, NZG 2003, S. 449 (455); MüKo/*Spindler*, AktG, § 77, Rn. 59.

[220] Spindler/Stilz/*Fleischer*, § 77, Rn. 55; *ders.*, ZIP 2009, S. 1397 (1400); *ders.*, NZG 2003, S. 449 (455); MüKo/*Spindler*, AktG, § 93, Rn. 136.

[221] BGHZ 133, S. 370 (377f.), für GmbH-Geschäftsführer; MüKo/*Spindler*, AktG, § 93, Rn. 136.

[222] *Fleischer*, ZIP 2009, S. 1397 (1400); LG Düsseldorf, ZIP 1994, S. 1985 (1992f.).

[223] *Fleischer*, ZIP 2009, S. 1397 (1400).

[224] *Binder*, ZGR 2012, S. 757 (770).

[225] Vgl. B.III.5.c.aa.

[226] *Binder*, ZGR 2012, S. 757 (770).

[227] *Sander/Schneider*, ZGR 2013, S. 725 (726).

[228] *Sander/Schneider*, ZGR 2013, S. 725 (727f.).

Bei der Hinzuziehung eines externen Beraters fehlt es im Vergleich zur horizontalen Aufgabendelegation bereits an einem Äquivalent zur satzungsmäßig zugewiesenen Aufgabenteilung zwischen dem ratsuchenden Vorstand und dem Berater. Insoweit besteht gerade keine (satzungsmäßig) statuierte Aufgabenzuweisung, deren Einhaltung vom Vorstand im Einzelfall zu akzeptieren ist und auf die er grundsätzlich vertrauen darf. Erst durch diese grundsätzliche satzungsmäßige Aufgabenzuweisung wird die Primärzuständigkeit aller Vorstandsmitglieder aufgehoben. Diese Entscheidung trifft grundsätzlich jedoch nicht der Vorstand selbst, sondern obliegt gemäß § 77 Abs. 1 S. 2 grundsätzlich dem Aufsichtsrat.[229] Erst wenn der Aufsichtsrat von seiner Kompetenz keinen Gebrauch macht, kann sich der Vorstand gemäß § 77 Abs. 2 selbst eine derartige Geschäftsverteilung geben.[230] Sieht man dies nun in Zusammenhang mit § 84 Abs. 1 S. 1, wonach die Vorstandsmitglieder durch den Aufsichtsrat ernannt werden, zeigt sich hierin eine dem deutschen Aktienrecht immanente Aufteilung von Aufgabenwahrnehmung und Kontrolle.

Hierdurch wird nicht nur eine klare Aufgaben- und Verantwortungszuweisung innerhalb des Vorstands getroffen. Vielmehr wird hierdurch zugleich ein gewisser Vertrauenstatbestand geschaffen. Weist die Aktiengesellschaft, vertreten durch den Aufsichtsrat, einem Vorstandsmitglied einen bestimmten Geschäftsbereich (primär) zu, so haben die übrigen Vorstandsmitglieder diese Zuweisung zu akzeptieren. Dies ergibt sich daraus, dass der Aufsichtsrat das Recht besitzt, die Anstellungsverträge mit den Vorstandsmitgliedern zu schließen und im Rahmen dessen, deren Aufgabenbereich festzulegen.[231] Würden dann aber die übrigen Vorstandsmitglieder in der Praxis stets in die zugewiesenen Tätigkeitsbereiche des nach Geschäftsverteilung vorrangig zuständigen Vorstandskollegen eingreifen können, würde dies die durch den Aufsichtsrat festgelegte Aufgabenverteilung de facto unterlaufen. Hieraus ergibt sich also bereits durch die im AktG festgelegte Kompetenzverteilung zwischen den Organen eine solche Umwandlung bzw. Rücknahme der Pflichten der übrigen Vorstandsmitglieder im Bereich der horizontalen Aufgabendelegation.

An einer solchen positiven Kompetenzverteilung zwischen Beratern und Vorstandsmitglied, die eine Umwandlung der Pflichten des nicht (beauftragenden) Vorstandsmitglieds notwendig macht,[232] fehlt es aber im Rahmen der Hinzuziehung eines externen Beraters. Insoweit sind die beiden Konstellationen schon deshalb nicht vergleichbar.

---

[229] MüKo/*Spindler*, AktG, § 77, Rn. 40.
[230] MüKo/*Spindler*, AktG, § 77, Rn. 40.
[231] MüKo/*Spindler*, AktG, § 77, Rn. 40.
[232] Vgl. zu der Pflichtenwandelung innerhalb des Vorstands bei der Hinzuziehung organexterner Berater unter B.IV.1.

(iii) Die Vergleichbarkeit im Falle des § 77 Abs. 2

Eine Vergleichbarkeit scheidet auch dann aus, wenn der Aufsichtsrat von seiner Obliegenheit zur Aufstellung einer Geschäftsverteilung keinen Gebrauch macht. Hier kann sich der Vorstand gemäß § 77 Abs. 2 S. 1 dann selbst einen solchen Geschäftsplan geben. Insoweit wird dann zwar nicht in die dem Aufsichtsrat zustehende Geschäftsverteilung eingegriffen, jedoch wandeln sich die Pflichten der nicht primär zuständigen Vorstandsmitglieder dennoch in eine *„Restverantwortung"* um.[233]

Allerdings ergeben sich auch in dieser Situation signifikanten Unterschiede zur Hinzuziehung eines externen Beraters. Zwar kann der Vorstand – beim Fehlen eines vom Aufsichtsrat beschlossenen Geschäftsverteilungsplans – selbstständig intern entscheiden, welche Person er mit den entsprechenden Geschäftsführungsmaßnahmen betraut.[234]

Doch trifft jedes Mitglied des Vorstands hierbei die Pflicht, das primär zuständige Mitglied sorgsam auszuwählen.[235] Diese Auswahl des Vorstands ist aber bereits vorab dadurch eingeschränkt, dass sie nur zwischen den durch den Aufsichtsrat gemäß § 84 Abs. 1 S. 1 bestellten Mitgliedern des Vorstands getroffen werden kann. Insofern hat der Aufsichtsrat durch die Bestellung der Mitglieder des Vorstands bereits eine bestimmte Vorauswahl getroffen. Spezifisch gesetzliche Anforderungen hinsichtlich der fachlichen Eignung von Vorstandsmitgliedern bestehen zwar nur in Ausnahmefällen.[236] Grundsätzlich hat der Aufsichtsrat aber am Unternehmensinteresse zu orientieren und insoweit die optimale Wahl für die Gesellschaft zu treffen. Es steht also im Ermessen des Aufsichtsrats, welche geeigneten Personen er zum Vorstandsmitglied bestellt.[237] Der Aufsichtsrat hat durch die entsprechende Personalwahl auf die Bedürfnisse und Aufgaben des Unternehmens im konkreten Fall zu reagieren.[238] Hierfür ist notwendig, dass das entsprechende Vorstandsmitglied die Voraussetzungen mitbringt, die zur Bewältigung der entsprechenden Vorstandspflichten notwendig sind (bspw. eine entsprechende berufliche Ausbildung und Erfahrung, sowie Führungsstärke und andere notwendige Kenntnisse).[239] Soweit der Aufsichtsrat also bereits bei der Auswahl der Vorstandsmitglieder auf die konkreten Anforderungen der Gesellschaft innerhalb des Vorstands zu reagieren hat, trifft er hiermit gleichfalls eine (Vor-)Entscheidung hinsichtlich der im Rahmen einer vorstandsinternen Geschäftsverteilung zu ergehenden personellen Zuweisung. Gleich wie der Vorstand dann die

---

[233] MüKo/*Spindler*, AktG, § 77, Rn. 42.

[234] MüKo/*Spindler*, AktG, § 77, Rn. 39.

[235] Hinsichtlich der Auswahlpflicht: BGH, NJW 1995, S. 2850 (2851); *U.H. Schneider*, in: 100 Jahre GmbH-Gesetz (1992), S. 473 (484), jeweils für GmbH-Geschäftsführer; *Fleischer*, NZG 2003, S. 449 (453).

[236] *Sünner*, CCZ 2009, S. 185 (187), vgl. für Finanzinstitute: § 33 Abs. 1 S. 1 Nr. 2 u. 4 i.V.m. §§ 36 Abs. 3 S. 1, Abs. 2 S. 1 KWG; für Versicherungsunternehmen §§ 8 Abs. 1 S. 1 Nr. 1, 7a Abs. 1 VAG.

[237] *Lutter/Krieger/Verse*, § 7, Rn. 342; *Sünner*, CCZ 2009, S. 185 (187).

[238] *Lutter/Krieger/Verse*, § 7, Rn. 342; *Sünner*, CCZ 2009, S. 185 (187).

[239] Vgl. im Einzelnen: Semler/v.Schenck/*v.Schenck*, AR-HdB, § 1, Rn. 59.

einzelnen Geschäftsfelder der Gesellschaft aufteilt, kann die personelle Zuweisung konsequenterweise nur den Bestellungsgründen des Aufsichtsrats folgen. Der Vorstand ist dann auch im Rahmen seiner internen Geschäftsverteilung nicht unabhängig von den Zuweisungen des Aufsichtsrats. Diese erfolgt im Vergleich zum Erlass einer Geschäftsordnung durch den Aufsichtsrat gemäß § 77 Abs. 1 S. 2 nur weniger detailliert. Dies hat zur Folge, dass ein Abweichen durch den Vorstand hiervon besondere Umstände erfordert. Insofern ist auch in einem solchen Fall der Vorstand gewissen Vorgaben hinsichtlich der Kompetenz zur Auswahl der Person und Aufgabenzuweisung unterworfen.

Im Bereich der Auswahl eines Beraters sowie dessen Aufgabenzuweisung hingegen hat der Vorstand gerade keine – auch nicht mittelbare – gesetzlich zugewiesene Vorauswahl eines anderen Organs der Aktiengesellschaft zu berücksichtigen. Vielmehr treten die Mitglieder des Vorstands gegenüber dem Berater allein als Vertreter der Gesellschaft auf. Insofern besteht gerade keine grundsätzlich zu beachtende Kompetenzzuweisung, die eine Umwandlung des Pflichtenprogramms des Vorstands rechtfertigt und die ein gewisses Grundvertrauen seitens des Vorstands rechtfertigt.

bbb. Die fehlende Vergleichbarkeit zur vertikalen Delegation

Auch der Vergleich zur sog. vertikalen Delegation, d.h. der Übertragung von Aufgaben des Vorstands auf nachgeordnete Unternehmensebenen, zeigt deutliche Unterschiede zur Hinzuziehung eines (organ-)externen Beraters auf.

Im Unterschied zur vertikalen Delegation fehlt es dem Vorstand nämlich gegenüber dem Berater gerade an einem Weisungsrecht.[240] Vielmehr wird (unbestritten) gerade die notwendige Unabhängigkeit des Beraters für dringend erforderlich gehalten,[241] um etwaige Gefälligkeitsgutachten auszuschließen.[242] Zudem treffen einen Berater nicht die gleichen Pflichten wie den nachgeordneten Unternehmensmitarbeiter. Im Gegensatz zu diesem Delegaten wird der Berater nur in den der Entscheidung vorgelagerten Prozess eingebunden. Ihn trifft gerade nicht die Pflicht zur Entscheidung bzw. Umsetzung einer durch den Vorstand bereits getroffenen (Grund-) Entscheidung. Insoweit wird der Berater nur in beratender Funktion tätig und übernimmt gerade keine Verantwortung für die Durchführung der Entscheidung. Diese verbleibt im Verhältnis zur Gesellschaft stets beim Vorstand.[243]

---

[240] Vgl. zur vom BGH als dringend erforderlich gehaltenen Unabhängigkeit des Beraters die Diskussion um die Geeignetheit von Mitgliedern der unternehmensinternen Abteilungen unter: B.III.5.a.bb.eee.
[241] Vgl. B.III.5.a.bb.
[242] Vgl. BGH, AG 2007, S. 548 (550); ders., AG 2011, S. 876 – 2. Leitsatz; *Strohn*, ZHR 176 (2012), S. 137 (139ff.), der besonders weitgehende Anforderungen an die Unabhängigkeit des Beraters stellt.
[243] Dies stellt auch den maßgeblichen Unterschied dar, in welcher Funktion der (nachgeordnete) Mitarbeiter der Gesellschaft durch den Vorstand hinzugezogen wird.

Der Vorstand zieht den Berater vielmehr lediglich zum Ausgleich eines Wissens-defizits hinzu. Er intendiert damit gerade nicht, seine Entscheidungs- und Hand-lungsbefugnis weiterzugeben, um so Zeit zu ersparen und / oder die Effizienz für die Gesellschaft zu erhöhen. Vielmehr versucht er nur, ein Defizit in der Vorbe-reitung der Entscheidungsfindung zu beseitigen. Hier geht es also gerade nicht bloß um eine Arbeitsteilung, so dass auch der Umfang der modifizierten Pflichten sich wesentlich unterscheidet.

Ein mit der Materie betrautes Vorstandsmitglied sollte grundsätzlich ein ver-gleichbares generelles Wissen wie seine nachgeordneten Stellen aufweisen. Inso-weit ist es ihm grundsätzlich auch möglich, deren Arbeit in einem angemessenen Maß zu kontrollieren. Im Fall des Beraters, der gerade wegen seiner größeren Sach- und Fachkompetenz hinzugezogen wird, wird es dem Vorstand jedoch ge-rade nicht möglich sein, dessen Arbeit auch inhaltlich entsprechend zu kontrollie-ren.[244] Insoweit müssen sich dann auch die Kontrollpflichten, die das jeweilige Vorstandsmitglied treffen, maßgeblich unterscheiden, so dass hieraus keine Pa-rallelen hinsichtlich der dogmatischen Einordnung gezogen werden können.

ccc. Die dogmatische Einordnung der Hinzuziehung eines externen Bera-ters unter Beachtung der Legalitätspflicht

Wie oben aufgezeigt, vermag die Einordnung auf der Ebene der Pflichtverletzung nicht zu erklären, wie der objektive Verstoß der den Vorstand treffenden (gesetz-lich gebundene) Pflicht, zu welcher er sich beraten lässt, „geheilt" werden bzw. warum diesbezüglich keine Pflichtverletzung seitens des Vorstands im Fall der fehlerhaften Beratung vorliegen soll.

Insoweit ist die Reichweite der Legalitätspflicht insbesondere im Bereich Ge-schäftsleiterhaftung zu untersuchen.

(i) Die Reichweite der Legalitätspflicht im Rahmen der Geschäftsleiter-haftung

Trotz der anzuerkennenden Notwendigkeit einer weit zu verstehenden Legalitäts-pflicht entwickelt sich mit Blick auf eine etwaige Haftung des Vorstands diesbe-züglich ein gewisses Störgefühl.

Dieses folgt daraus, dass es zwar einerseits anerkannt ist, dass die Mitglieder des Vorstands in heutiger Zeit weder alles wissen können noch müssen. Es besteht auch uneingeschränkte Einigkeit, dass in solch einer Situation, in der die Kennt-nisse des Gesamtorgans Vorstand nicht ausreichen, dieses dann einen versierten Dritten hinzuziehen kann bzw. muss.

Befolgen die Vorstandsmitglieder dann in dieser Situation den allgemein aner-kannten Pflichtenkatalog und lassen sich beraten und handeln entsprechend des ihnen erteilten Rats, erscheint es seltsam, dass ihnen – sofern die Befolgung des Rats zu einer Rechtsverletzung führt – dann dennoch der Vorwurf eines pflicht-widrigen Verhaltens gemacht werden kann.

---

[244] Vgl. B.III.5.c.aa.

Dieses auf den ersten Blick seltsam anmutende Ergebnis wird mit der die Vorstandsmitglieder treffenden unbedingten Einstandspflicht, die rechtlichen Vorgaben einzuhalten (sog. Legalitätspflicht), begründet. Diese unbedingte Einstandspflicht hinsichtlich der Einhaltung der Gesetze lässt sich dabei mit dem erhöhten objektiven Sorgfaltsmaßstab gemäß § 93 Abs. 1 S. 1 begründen.[245] Dennoch ist auch in diesem Fall der in § 275 BGB zum Ausdruck kommenden Rechtsgedanke zu beachten, dass vom Adressaten einer Pflicht nichts Unmögliches verlangt werden kann.[246] Es ist jedoch insbesondere bei unklarer Rechtslage gerade nicht ausgeschlossen, dass eine andere Person anstelle des handelnden Vorstands, eine andere – gesetzeskonforme – Entscheidung getroffen hätte. Daher lässt nach h.M. ein Irrtum über die Rechtslage zwar grundsätzlich den Vorsatz entfallen, begründet aber einen Fahrlässigkeitsvorwurf auf Seiten des Schuldners.[247]

Für ein derartig weites Verständnis des Geltungsbereichs der Legalitätspflicht im Bereich der Geschäftsleiterhaftung spricht, dass hierdurch der unbedingte Geltungsanspruch des Rechts bekräftigt wird und dadurch auch einem etwaigen Missbrauch entgegengewirkt wird.

Fraglich erscheint jedoch, ob es einer derartig weiten Auslegung der Legalitätspflicht im Innenverhältnis zwischen dem Vorstand und der Aktiengesellschaft im Rahmen der Haftung nach § 93 Abs. 2 S. 1 bedarf.

Gegen die Zuweisung des Haftungsrisikos auf Seiten des Vorstands im Innenverhältnis zur Gesellschaft spricht, dass – anders als im allgemeinen Zivilrecht – die Gesellschaft auch nicht ohne Regressmöglichkeit im Fall einer Falschberatung gestellt ist.[248] Anders als bspw. im vertraglichen Schuldrecht ist nämlich die Aktiengesellschaft selbst Partei des Vertrags mit dem Berater, so dass ihr selbst etwaige vertragliche Schadensersatzansprüche im Fall der Falschberatung gegen den Berater zustehen.

Insoweit kann die Gesellschaft im Falle einer Fehlentscheidung auf Grund einer Falschberatung sowohl den Berater als auch den Vorstand im Innenverhältnis für den erlittenen Schaden in Anspruch nehmen.

Ein Anspruch der Gesellschaft gegen den Berater besteht aber nicht zwingend und wird in den meisten Fällen zumindest auch betragsmäßig begrenzt sein. Denn ein *de lege artis* handelnder Berater wird in einer Situation, in der gerade eine gesetzliche Unsicherheit besteht, auf das Risiko hinweisen, dass auch eine Entscheidung zu Ungunsten der Gesellschaft ausfallen kann. In diesem Fall wird eine Haftung des Beraters nicht in Betracht kommen. Sollte der Berater dies nicht tun, ist sein erteilter Rat in den meisten Fällen ohnehin nicht belastbar und würde auch keine

---

[245] Vgl. hinsichtlich der besonderen Anforderungen in der Krise: *Sander/Schneider*, ZGR 2013, S. 725 (733).

[246] *Sander/Schneider*, ZGR 2013, S. 725 (746).

[247] *Thole*, ZHR 2009, S. 504ff.

[248] Vgl. zur Problematik im Allgemeinen Zivilrecht: B.III.4.a. a

enthaftende Wirkung für den Vorstand entfalten. Insoweit wird die Aktiengesellschaft hinsichtlich des Regresses in den häufigsten Fällen sich ohnehin allein nur an den Vorstand halten können.

Weiter spricht gegen eine Einschränkung der Legalitätspflicht im Innenverhältnis zwischen Gesellschaft und Vorstand, dass der Vorstand unmittelbar selbst Adressat vieler Normen des AktG ist und eben nicht die Gesellschaft vertreten durch den für sie handelnden Vorstand (vgl. §§ 90, 91, 92).

Andererseits ist zu beachten, dass bei der Richtigkeit der in Frage stehenden Entscheidung die Aktiengesellschaft in erster Linie die positiven Folgen der Entscheidung des Vorstands zu Gute kommen. Insoweit wäre es dann auch gerechtfertigt, ihr im Innenverhältnis zum Vorstand das Risiko der Fehlbeurteilung aufzubürden.

Dem steht aber entgegen, dass damit de facto die Reichweite der gesetzlichen Pflichten, die den Vorstand treffen, von der Auslegung durch einen entsprechenden Berater abhängig gemacht werden würden und somit ein nicht unbeträchtlicher Anreiz zum Missbrauch geschaffen würde.

Gegen die Einordnung der ordnungsgemäßen Beratung als Fall der Rechtsfigur des schuldausschließenden Verbotsirrtums, spricht auch nicht, dass es sich bei dieser Rechtsfigur um eine nur in engen Grenzen anwendbare Ausnahme handelt.[249]

Entgegen der Auffassung von *Sander/Schneider* besteht die entscheidende Ausnahmesituation nicht darin, dass der unwissende Vorstand einen Berater hinzuzieht. Vielmehr ist die Ausnahmesituation diejenige, dass der Vorstand trotz einer angemessenen Beratung eine Entscheidung trifft, die widerrechtlich ist.

Dies folgt wiederum aus den strengen Voraussetzungen, die eingehalten werden müssen, damit auch bei einer Fehlentscheidung des Vorstands dessen Haftung auf Grund eines unvermeidbaren Verbotsirrtums ausgeschlossen ist. Insoweit sind der Ausnahmecharakter und die damit korrespondierenden hohen Hürden bei der Konkretisierung der einzelnen Voraussetzungen für eine enthaftende Beratung zu berücksichtigen.

(ii) Der Berater der Geschäftsleitung als Erfüllungsgehilfe i.S.d. § 278 BGB?

Im Rahmen von Schuldverhältnissen wird dem Schuldner die Falschauskunft seines Beraters über § 278 S. 1 BGB zugerechnet.[250]

Insoweit könnte auch dem Vorstand im Rahmen der Innenhaftung gegenüber der Gesellschaft gemäß § 93 Abs. 2 eine etwaige falsche Beratung gleichfalls über § 278 S. 1 BGB zugerechnet werden. Dies hätte zur Folge, dass der falsche Rat des Beraters dem Vorstand im Rahmen der Pflichtverletzung zugerechnet würde und selbst eine ordentliche Auswahl und Kontrolle des Beraters keine Enthaftung nach sich ziehen würde, wenn der Berater fahrlässig handelt.

---

[249] So aber *Sander/Schneider*, ZGR 2013, S. 725 (740).
[250] Vgl. hierzu B.III.4.a.aa.

Die Zurechnung der Fehlberatung nach § 278 S. 1 BGB kommt aber nur in Betracht, wenn der Berater Erfüllungsgehilfe des Vorstands gegenüber der Gesellschaft wäre. Erfüllungsgehilfe ist, wer „*nach den tatsächlichen Gegebenheiten des Falles mit dem Willen des Schuldners bei der Erfüllung einer diesem obliegenden Verbindlichkeit als seine Hilfsperson tätig wird*".[251] Ob der Berater als Erfüllungsgehilfe des Vorstands anzusehen ist, erscheint jedoch zweifelhaft. Die h.M. wendet gegen die Zurechnung über § 278 S. 1 BGB ein, dass der Berater nicht für das Leitungsorgan tätig wird. Vielmehr sei dessen Handeln der Gesellschaft selbst zuzurechnen.[252] Der Vorstand einer Aktiengesellschaft hafte daher grundsätzlich nur für eigenes Verschulden.[253] Die Zurechnung über § 278 BGB sei nur in Betracht zu ziehen, wenn die Hilfsperson zur Erfüllung von Verbindlichkeiten des Vorstands gegenüber der Gesellschaft selbst eingeschaltet wird.[254] Veranlasst der Vorstand im Namen der Gesellschaft jedoch eine dritte Person zum Handeln, so wird jene nicht im Pflichtenkreis des Vorstands tätig, sondern handelt im Interesse der Gesellschaft.[255] Weiterhin wird eingewendet, dass die strengen Maßstäbe der Zurechnung im Schuldvertragsrecht gemäß § 278 S. 1 BGB nicht auf den Bereich der BJR übertragen werden können.[256]

§ 93 Abs. 1 S. 2 unterscheide sich insoweit maßgeblich von den allgemeinen Haftungsmaßstäben des Zivilrechts. Durch seine Formulierung „[…], *wenn das Vorstandsmitglied vernünftigerweise annehmen durfte, auf Grundlage angemessener Information [...] zu handeln*" wird ein Perspektivwechsel hin zur Sicht des Vorstands vorgenommen. Mit dieser Bezugnahme auf die Perspektive des Vorstandsmitglieds zeige sich, dass sich der Vorstand auf die gesammelten Informationen einschließlich der Gutachten verlassen darf, sofern er eine gewissenhafte Auswahl getroffen und die Ergebnisse entsprechend überprüft hat.[257] Wenn § 278 BGB in dieser Fallgestaltung Anwendung fände, würde dies de facto zu einer Art Erfolgshaftung[258] der Vorstandsmitglieder für falsche Entscheidungen führen. Diese ist aber gerade vom Gesetzgeber nicht gewollt.[259] Daher ist es gerechtfertigt, keine strikte Zurechnung einer etwaigen Falschberatung durch einen Berater des Vorstands über § 278 BGB zuzulassen. Vielmehr müsse dem Vorstand die Möglichkeit verbleiben, sich bei pflichtgemäßer Auswahl des Beraters zu entlasten.[260]

[251] BGHZ 62, S.119 (124); BGHZ 98, S. 330 (334).
[252] *Kock/Dinkel*, NZG 2004, S. 441 (448); zumindest bezweifelnd: *Fleischer*, ZIP 2009, S. 1397 (1405); offenlassend: *Binder*, AG 2008, S. 274 (282).
[253] BGH, AG 2011, S. 876 (877).
[254] BGHZ 13, S. 61 (66).
[255] BGH, AG 2011, S. 876 (877).
[256] *Binder*, AG 2008, S. 274 (282); *Fleischer*, ZIP 2009, S. 1397 (1405).
[257] *Binder*, AG 2008, S. 274 (282); *Fleischer*, ZIP 2009, S. 1397 (1405).
[258] Palandt/*Grüneberg*, § 278, Rn. 1.
[259] BT-Drs. 15/5092, S. 11; so auch im Ergebnis: *Binder*, AG 2008, S. 274 (282); *Fleischer*, ZIP 2009, S. 1397 (1405).
[260] *Binder*, AG 2008, S. 274 (282); *Fleischer*, ZIP 2009, S. 1397 (1405).

(iii) Die Kritik an der Begründung der herrschenden Meinung

Dem könnte entgegengehalten werden, dass dieses „eher formale" Argument es nicht rechtfertige, eine Zurechnung im Innenverhältnis zu Lasten der Aktiengesellschaft auszuschließen. Insoweit könnte man die Hinzuziehung des Beraters im Rahmen des Entscheidungsprozesses auch als Maßnahme des Vorstands im Zuge seiner organschaftlichen Pflichten gegenüber der Gesellschaft verstehen.[261] Die vom BGH aufgezeigte Lösung stehe daher im Widerspruch zu der allgemeinen Lösung im Schuldrecht. Zudem ginge insoweit auch die Formulierung des BGH[262] fehl, dass „*ein Organmitglied (...) wie jeder andere Schuldner für einen Rechtsirrtum einstehen (muss), wenn er schuldhaft gehandelt hat.*"[263] Vielmehr gleiche die Lösung des BGH, in der er auf die dem Vorstand obliegenden Prüfungspflicht abstellt, derjenigen, wie sie dogmatisch in Fällen von Rechtsirrtümern im Rahmen außervertraglicher Pflichtverletzungen[264] vorliege.[265]

(iv) Stellungnahme zu einer etwaigen Zurechnung nach § 278 BGB

Die Abweichung von der Handhabung im Rahmen des vertraglichen Schuldrechts begründet sich daraus, dass der Vorstand als solcher Adressat einer Vielzahl von sanktionsbewehrten Vorschriften aus dem Kapitalgesellschafts-, Bilanz-, Kapitalmarkt- und Handelsrecht ist.[266] Zudem trägt der Vorstand im Rahmen der ihm organschaftlich obliegenden Legalitätspflicht die Verantwortung dafür, dass die Gesellschaft die an sie gestellten gesetzlichen Vorgaben einhält.[267] Dies rechtfertigt es, vom Vorstand zu verlangen, dass er ein besonderes Gespür für die rechtlichen Rahmenbedingungen der ihm obliegenden Pflichten aufweist. Von ihm ist daher zu verlangen, dass er eine selbstständige Bewertung von möglichen Unklarheiten vornimmt und sich gerade nicht unreflektierten auf eine rechtliche Beratung verlässt.[268] Anknüpfungspunkt sowohl für die Pflichtverletzung als auch den Schuldvorwurf kann somit nicht das Handeln des Beraters sein. Dieses ist lediglich der eigenen Entscheidung durch den Vorstand vorgelagert. Anknüpfungspunkt für die Pflichtverletzung muss daher stets die eigenständige Entscheidung des Vorstands bleiben.

Ein Anknüpfen an die Eigenverantwortung des Vorstands ermöglicht zudem einen ausdifferenzierten, sach- und situationsgerechten Pflichtenzuschnitt hinsichtlich der Beratungsbedürftigkeit, Informationsbeschaffung und der Verwertung der eingeholten Beratung.[269]

---

[261] *Binder*, ZGR 2012, S. 757 (769).

[262] BGH, ZIP 2011, S. 2097 (2099).

[263] *Binder*, ZGR 2012, S. 757 (768f.).

[264] Vgl. hierzu B.III.4.a.dd.bbb.

[265] So *Binder*, ZGR 2012, S. 757 (768f.).

[266] *Binder*, ZGR 2012, S. 757 (769).

[267] *Binder*, ZGR 2012, S. 757 (769).

[268] *Binder*, ZGR 2012, S. 757 (769); *ders.*, ZGR 2012, S. 757 (769); *ders.*, AG 2012, S. 885 (890); *Strohn*, ZHR 176 (2012), S. 137 (139), kritisch: *Krieger*, ZGR 2012, S. 496 (498f.).

[269] *Binder*, AG 2008, S. 274 (283).

Insoweit trifft den Vorstand eine besondere Pflicht, die rechtliche Grundlage seiner Entscheidung zu ermitteln. Sollte ihm dies selbst nicht möglich sein, steht ihm zwar die Möglichkeit offen, dieses Defizit durch die Hinzuziehung eines qualifizierten Beraters auszugleichen. Eine solche Beratung wirkt jedoch nicht schon allein haftungsbefreiend. Vielmehr muss der Vorstand dabei die besonderen Anforderungen hinsichtlich der Einholung der Beratung erfüllen.[270] Erfüllt er diese Verpflichtungen nicht, so trifft ihn ein (eigenes) Auswahl- bzw. Überprüfungsverschulden.[271]

4. Die Pflicht, sich beraten zu lassen, in anderen Rechtsgebieten

Mangels spezieller Regeln im Aktienrecht[272] ist zu untersuchen, woraus in anderen Rechtsgebieten die Pflicht zur Beratung durch Dritte abgeleitet wird. Eine grundsätzliche Pflicht, sich beraten zu lassen, enthalten weder das allgemeine Zivilrecht noch das Straf- oder öffentliche Recht. Sie ergibt sich hier vielmehr aus einzelnen Leistungs-, Nebenleistungs- und Sorgfaltspflichten, die zivil-, strafrechtlicher oder öffentlich-rechtlicher Natur sein können.[273] Grundsätzlich geht mit der unter Sanktion gestellten Pflicht einher, bestimmte Leistungen zu erbringen bzw. Rechtsgüter nicht zu beschädigen, sich zu erkundigen, wie weit diese einzelnen Pflichten im konkreten Fall reichen bzw. ob sie überhaupt einschlägig sind.[274] Die Erörterung der Fragen hinsichtlich der Einholung fachlicher Beratung knüpft dabei sowohl im Zivil- als auch im Strafrecht stets an der Irrtumsproblematik an. Diese Fragen in Zusammenhang mit der Beratung werden zumeist unter der Rechtsfigur des unvermeidbaren Rechtsirrtums diskutiert.[275]

a. Die Behandlung der Irrtumsproblematik im Zivilrecht

Im Zivilrecht fokussiert sich die Diskussion hinsichtlich der Einholung eines fremden Rats stets auf die Frage, ob dem Adressat der sanktionsbewehrten Pflicht, trotz seiner Fehlvorstellung ein Fahrlässigkeitsvorwurf gemacht werden kann.[276] Da sich der Fahrlässigkeitsvorwurf stets auf das gesamte Verhalten des Adressaten der Norm erstrecken muss, schützt ein Irrtum diesen nur, wenn auch der Irrtum nicht auf einem fahrlässigen Handeln beruht.[277]

---

[270] *Binder*, ZGR 2012, S. 757 (769f.).
[271] *Binder*, ZGR 2012, S. 757 (769).
[272] Entsprechendes gilt für andere Gesetze bzgl. Kapitalgesellschaften.
[273] *Binder*, AG 2008, S. 274 (274).
[274] *Binder*, AG 2008, S. 274 (274f.).
[275] Für das Zivilrecht: MüKo/*Ernst*, BGB, § 286, Rn. 109; Staudinger/*Löwitsch*, BGB (2004), § 276, Rn. 54f; Erman/*J. Hager*, § 286, Rn. 64; für das Strafrecht: *Rudolphi*, Unrechtsbewusstsein, Verbotsirrtum und Vermeidbarkeit des Verbotsirrtums, insb. S. 249ff.
[276] MüKo/*Ernst*, BGB, § 286, Rn. 114; Staudinger/*Löwitsch*, BGB (2004), § 276, Rn. 52.
[277] Staudinger/*Löwitsch*, BGB (2004), § 276, Rn. 52.

Positiv gewendet ist entscheidend, ob der jeweilige Irrtum vermeidbar war oder nicht.[278]

Hierbei ist zu beachten, dass grundsätzlich der Normadressat das Risiko für die Einschätzung der Sach- und Rechtslage trägt. Er muss diese einer (situations-)adäquaten Prüfung unter Einhaltung der gebotenen Sorgfalt unterziehen.[279] Dies ergibt sich aus dem absoluten Geltungsanspruch des Rechts. Daher werden an die Unvermeidbarkeit eines Rechtsirrtums strenge Maßstäbe angelegt.[280] Daher besteht in der Rechtsprechung und Literatur Einigkeit, dass der Normadressat die Rechtslage sorgfältig zu prüfen und sich – sofern geboten – entsprechend beraten lassen muss. In jedem Fall ist dabei die höchstrichterliche Rechtsprechung zu beachten.[281]

Die Unvermeidbarkeit des Irrtums ist grundsätzlich nur dann gegeben, wenn *„der Irrende bei Anwendung der im Verkehr erforderlichen Sorgfalt mit einer anderen Beurteilung durch die Gerichte nicht zu rechnen braucht.“*[282] Zusätzlich trifft den Pflichtenschuldner dabei auch die Pflicht, den Berater sorgsam auszuwählen.[283]

aa. Besonderheiten im Rahmen von Schuldverhältnissen

Auch im Rahmen von vertraglichen Verpflichtungen schützt ein Irrtum den Schuldner nur, wenn dieser unvermeidbar ist.[284] Er hat also auch hier ggf. – sofern erforderlich – den fachkundigen Rat Dritter hinzuzuziehen.[285] Allerdings entlastet die alleinige Hinzuziehung fachkundiger Berater den Schuldner hinsichtlich der Vermeidbarkeit des Irrtums nicht.[286] Ist die erfragte Auskunft des Beraters fehlerhaft, wird dies dem Irrenden nach h.M. über § 278 BGB als fremdes Verschulden seitens des Beraters im Verhältnis zum Gläubiger grundsätzlich zugerechnet.[287]

Problematisch hierbei ist allerdings, dass die Zurechnung über § 278 S. 1 BGB voraussetzt, dass der hinzugezogene Berater Erfüllungsgehilfe oder gesetzlicher Vertreter des Schuldners ist. Dies ist, *„wer nach den tatsächlichen Verhältnissen des gegebenen Falles mit dem Willen des Schuldners bei der Erfüllung der, diesem obliegenden, Verbindlichkeiten als Hilfsperson tätig wird“*.[288] Die Einordnung eines Beraters als Erfüllungsgehilfe i.S.d. § 278 S. 1 BGB erscheint deshalb

---

[278] OLG Karlsruhe, NJW 2005, S. 515 (516); *Deutsch,* Allgemeines Haftungsrecht, *Rn. 409;* Staudinger/*Löwitsch,* BGB (2004), § 276, Rn. 54; *Binder,* AG 2008, S. 274 (275).

[279] BGH, NJW 1974, S. 1903 (1904f.); BGHZ 89, S. 296 (303).

[280] BGH, NJW 2006, S. 3271 (3272).

[281] BGH NJW 1994, S. 2754 (2755); ders, NJW 2001, S. 3114 (3115); BGHZ 89, S. 296 (303); *Strohn,* CCZ 2013, S. 177 (179); *Binder,* AG 2008, S. 274 (282).

[282] BGH, NJW 1974, S. 1903 (1904f.); ders., NJW 2006, S. 3271 (3272f.); ders., NJW 2007, S. 428 (430).

[283] *Binder,* AG 2008, S. 274 (275).

[284] BGH, NJW 2007, S. 428 (430).

[285] *Binder,* AG 2008, S. 274 (276).

[286] BAG, ZIP 1987, S. 1339 (1341), für die Hinzuziehung eines Rechtsanwalts hinsichtlich des Vorliegens des Verzugs.

[287] BGH, NJW 2007, S. 428 (430); BAG, ZIP 1987, S. 1339 (1341); OLG Köln, ZMR 1998, S. 763 (766).

[288] RGZ 98, S. 327 (328); BGHZ 13, S. 111 (113); BGH, NJW 2007, S. 428 (430).

fraglich, weil dieser nicht unmittelbar bei der Ausführung der eigentlichen Erfüllungshandlung des Schuldners tätig wird.[289] Daher wird eingewendet, dass der Berater dann vielmehr als solcher und nicht als Erfüllungsgehilfe i.s.d. § 278 S. 1 BGB einzustufen sei.[290] In diesen Fällen würde den Leistungsschuldner daher lediglich ein Auswahlverschulden treffen.[291] Die h.M. rechnet eine fehlerhafte Auskunft des hinzugezogenen Beraters dem Schuldner gleichwohl als fremdes Verschulden gemäß § 278 S. 1 BGB zu.[292] Sie begründet dies damit, dass andernfalls die Gefahr bestünde, dass die Falschberatung sonst in ungerechtfertigter Weise zu Lasten des Leistungsempfängers ginge. Zudem würde dies eine ebenso wenig zu rechtfertigende Privilegierung des beratenden Dritten zur Folge haben.[293] Rechnet man die fehlerhafte Beratung dem Schuldner nicht über § 278 S. 1 BGB zu, würde jener dem Gläubiger gegenüber für ein hieraus resultierendes Fehlverhalten nicht haften. Dies hätte zur Folge, dass der Gläubiger das Risiko einer Falschberatung des Schuldners trägt, obwohl der Gläubiger an dem Beratungsverhältnis gar nicht beteiligt ist. Dem Gläubiger stünden somit auch keinerlei vertragliche Schadensersatzansprüche gegen den Berater zu, so dass ihm auch die Regressmöglichkeit abgeschnitten wäre.[294] Demgegenüber steht dem Schuldner gerade die Möglichkeit der Schadloshaltung beim Berater durch vertragliche Schadensersatzansprüche aus dem Beratungsvertrag offen.[295]

bb. Zweifel an der rechtlichen Beurteilung der h.M. bei der Hinzuziehung von Beratern im Zivilrecht

Andererseits ergeben sich auch gegen die pauschale Zuweisung des Haftungsrisikos an den ratsuchenden Schuldner nicht unbeträchtliche Bedenken. Im Ergebnis führt die Risikozuweisung der Falschberatung in die Sphäre des Schuldners dazu, dass der Schuldner, selbst wenn er alles seinerseits Erforderliche und Mögliche unternimmt und sich von einem ausgewiesenen Experten beraten lässt, bei einer Auskunft, die sich später, als unrichtig herausstellt, dennoch für diese haftet.[296] Hier stellt sich die Frage, ob dies noch mit dem in § 276 BGB verankerten Verschuldensprinzip im Einklang steht.[297] Das Verschuldensprinzip besagt, dass der Schuldner im Rahmen von vertraglichen Schuldverhältnissen nur solche Pflichtverletzungen zu vertreten hat, bei de-

---

[289] LG Karlsruhe, WuM 1990, S. 294 (294).

[290] LG Karlsruhe, WuM 1990, S. 294 (294), für einen hinzugezogenen Rechtsanwalt.

[291] *Reichel*, JW 1931, S. 525; dahin tendierend auch *Rittner*, in: FS v. Hippel (1967), S. 391 (415, Fn. 124).

[292] BGH, NJW 2007, S. 428 (430); BGHZ 58, S. 207 (211).

[293] BGH, NJW 2007, S. 428 (430); BGHZ 58, S. 207 (211).

[294] BGH, NJW 2007, S. 428 (430).

[295] BGH, NJW 2007, S. 428 (430).

[296] Vgl. zur selben Risikoverteilung im Kartellrecht: EuGH, EuZW 2013, 624 (625ff.) – *Schenker*.

[297] Daran zweifelt *Binder*, AG 2008, S. 274 (277).

nen ihm der Vorwurf gemacht werden kann, dass er den nach der Verkehrsanschauung an ihn zu stellenden Anforderungen an sein Verhalten nicht nachgekommen ist.[298]

Dieser Vorwurf erscheint allerdings dann fraglich, wenn der Ratsuchende bei der sich ihm stellenden Frage gerade das tut, was ihm allgemein aufgetragen wird; nämlich einen versierten Dritten um Rat zu ersuchen. Wird er dann hierbei falsch beraten, ist die Zurechnung über § 278 S. 1 BGB daher nicht unbedingt zwingend. Dies ergibt sich letztlich daraus, dass die Einordnung des Beraters als Erfüllungsgehilfe i.S.d. § 278 S. 1 BGB zwar hinsichtlich der Interessenlage nachvollziehbar ist. Anders als im klassischen Anwendungsfall des § 278 S. 1 BGB zieht der Leistungsschuldner den Berater hierbei jedoch nicht vollkommen freiwillig und aus wirtschaftlichen Überlegungen bzw. zum eigenen (wirtschaftlichen) Vorteil hinzu. Vielmehr beabsichtigt der Schuldner, lediglich das Bestehen und den Umfang der ihn treffenden Verpflichtungen zu klären.[299]

Hintergrund des § 278 S. 1 BGB ist es, Haftungslücken durch das gesteigerte Bedürfnis der Arbeitsteilung im Wirtschaftsleben zu vermeiden.[300] Dies rechtfertigt sich daraus, dass wenn der Schuldner sich durch freiwillige Delegation die Vorteile der Arbeitsteilung zu Nutze macht, er damit auch die Möglichkeit der Kontrolle hinsichtlich der pflichtgemäßen Erledigung der Aufgaben freiwillig abgibt. Insoweit muss der Schuldner sich dann auch zurechnen lassen, dass der Erfüllungsgehilfe Einfluss auf die Art und die Qualität der Leistungserfüllung nimmt.[301] Erweitert der Schuldner aus eigenem Antrieb seine Risikosphäre, so darf dies nicht zu Lasten des Gläubigers gehen.[302]

Zieht der Leistungsschuldner hingegen einen Berater hinzu, weil er sich selbst nicht in der Lage sieht, die Reichweite bzw. das Vorliegen einer Leistungspflicht zu bestimmen, so handelt er nicht freiwillig. Er macht sich also gerade nicht die Vorteile der Arbeitsteilung der Gestalt zunutze, dass er seine Verdienstmöglichkeiten erweitert bzw. eine Erleichterung seiner Leistungspflicht herbeiführt.[303]

Er kommt vielmehr nur der ihm nach der Verkehrsanschauung zu Grunde liegenden Sorgfalt nach, sich bei fehlender eigener Kenntnis sachgemäß beraten zu lassen.[304]

Weist man dem Ratsuchenden aber das Risiko der Falschberatung zu, so würde er für Umstände haften, die nicht in Rahmen seiner Beurteilungsmöglichkeiten liegen.[305]

---

[298] Staudinger/*Löwitsch* (2004), § 276, Rn. 3.

[299] So auch *Binder*, AG 2008, S. 274 (277).

[300] Gesetzesbegründung 278 BGB Mot II S. 30.

[301] MüKo/*Grundmann*, BGB, § 278, Rn. 3; *Binder*, AG 2008, S. 274 (277).

[302] *Larenz*, § 20 VIII, S. 297; BGHZ 96, S. 119 (124).

[303] *Larenz*, § 20 VIII, S. 297.

[304] BGH, NJW 1970, S. 463 (464), für die Einholung von Rechtsrat bei einem verklausulierten Pfändungsbeschluss.

[305] LG Karlsruhe, WuM 1990, S. 294 (294); *Binder*, AG 2008, S. 274. (277).

Darüber hinaus erscheint eine pauschale Zuweisung des Haftungsrisikos bei feh-lerhafter Beratung zu Lasten des Leistungsschuldners vor allen Dingen im Rah-men von vertraglichen Schuldverhältnissen mit Blick auf die Grundsätze der Drittschadensliquidation nicht zwingend.

cc. Die Anwendbarkeit der Grundsätze der Drittschadensliquidation?

Eine Freistellung des Schuldners würde nämlich dazu führen, dass der Leistungs-gläubiger im Zuge der Falschberatung einen Schaden erleidet, ohne dass er dafür unmittelbar aus Vertrag Regress beim Berater nehmen kann. Insoweit wäre der Berater hierdurch gegenüber dem Fall bessergestellt, dass er seinem Vertrags-partner aus dem Beratungsvertrag haftet. Der Berater wäre zwar etwaigen vertrag-lichen Schadensersatzansprüchen durch den Leistungsschuldner ausgesetzt. Doch entstünde dem Schuldner, sofern er dem Leistungsgläubiger nicht haftet, kein Schaden. Insoweit würde ein Regressanspruch des Schuldners gegen den Berater mangels eines Schadens dann ausscheiden.

Für derartige Konstellation wird im Zivilrecht eine Lösung über die Grundsätze der DSL gesucht. So ist anerkannt, dass wenn der Gläubiger auf Grund des Fehl-verhaltens eines Dritten zwar einen Schaden erlitten hat, aber zu dessen Ausgleich ihm keine Anspruchsgrundlage gegen den Dritten zusteht, dem Leistungsschuld-ner zwar jene Anspruchsgrundlage zusteht, aber er keinen Schaden erlitten hat und eine daraus (zufällig) resultierende Haftungsprivilegierung des (Dritt-)Schä-digers nicht gerechtfertigt erscheint, die Grundsätze über die DSL anwendbar sind.[306]

Diese Grundsätze beruhen auf dem Gedanken, dass Sinn und Zweck der die Haf-tungsfreistellung des Dritten begründenden Gefahrtragungsregeln eben nicht ist, den Dritten zu privilegieren. Vielmehr sollen diese nur das Verhältnis zwischen dem Inhaber der Rechtsposition und seinem Vertragspartner ordnen.[307]

Kommen diese Grundsätze zur Anwendung, ist der Leistungsschuldner berech-tigt, den Schaden des Gläubigers geltend zu machen.[308] In Abgrenzung zum Ver-trag mit Schutzwirkung zugunsten Dritter, folgt hier also nicht die Anspruchs-grundlage dem Schaden, sondern verhält es sich genau umgekehrt.[309] Der Geschä-digte kann dann vom Anspruchsberechtigten die Zession dieses Anspruchs ver-langen.[310]

Klassische Konstellationen, in denen die Grundsätze der DSL anerkannt Anwen-dung finden, sind u.a. die mittelbare Stellvertretung im Rahmen vertraglicher Ob-hutspflichten über eingebrachte Sachen, die nicht im Eigentum des Vertragspart-

---

[306] Staudinger/*Schiermann*, BGB (2004), Vorbem. zu §§ 249ff, Rn. 62; MüKo/*Oetker*, BGB, § 249, Rn. 277.

[307] MüKo/*Oetker*, BGB, § 249, Rn. 277.

[308] Erman/*I. Ebert*, Vor §§ 249-253, Rn. 124;
Staudinger/*Schiermann*, BGB (2004), Vorbem. Zu §§ 249ff., Rn. 62.

[309] *Medicus*, Bürgerliches Recht, Rn. 839.

[310] BGH, NJW 1970, S. 38 (41).

ners des Schädigers stehen sowie im Rahmen von obligatorischen Gefahrentlastungen.[311] Dies meint Fälle, in denen der Rechtsinhaber auf Grund einer Gefahrtragungsnorm wie bspw. §§ 447 Abs. 1, 644 S. 1 BGB bei der Beschädigung bzw. Zerstörung der Sache von seiner Leistungspflicht befreit ist, aber dennoch einen Anspruch auf seine Gegenleistung gegen den Gläubiger behält.[312] Ähnliches gilt bei Schenkungs- und Vermächtnisfällen, bei denen der Eigentümer bei Zerstörung der Sache von der Übertragungsverpflichtung nach § 275 Abs. 1 BGB befreit wird und der wirtschaftlich Geschädigte mangels erlangter Eigentumsposition keinen (deliktischen) Anspruch gegen den Schädiger hat.[313]

Würde man also das Risiko der Falschberatung nicht dem Ratsuchenden (Leistungsschuldner) auferlegen, sondern dem Dritten (Leistungsgläubiger), wäre wie oben dargestellt eine vergleichbare Interessenslage zur DSL durchaus denkbar.

dd. Übertragbarkeit der Drittschadensliquidation auf Fälle der Falschberatung

Fraglich scheint allerdings zum einen, ob die Anwendung der Grundsätze der DSL als ausgewiesene Durchbrechung des Gläubigerdogmas in Fällen der Falschberatung notwendig ist. Zum anderen erscheint deren Vorteilhaftigkeit gegenüber der von der h.M. vertretenen Zuweisung des Risikos der Falschberatung an den Ratsuchenden zweifelhaft.

Durch die (direkte) Inanspruchnahme des Beraters durch den Geschädigten (Leistungsgläubiger) im Zuge der DSL könnten Haftungsketten, bei denen der Ratsuchende zunächst dem Geschädigten gegenüber haftet und dann seinerseits Regress bei seinem Berater nehmen müsste, vermieden werden.

Allerdings wären andererseits auch erhebliche Nachteile mit einem unmittelbaren „Durchgriff" des Geschädigten auf den Berater und dem damit einhergehenden Außenvorlassen des Ratsuchenden für den Geschädigten verbunden.

Zum einen würden dem Geschädigten dann in Verzugsfällen, in denen auf Grund einer Falschberatung keine Zahlungen erfolgen, seine Ansprüche auf Verzugszinsen entfallen.[314] Zum anderen versagt die DSL, wenn der Berater auf Grund eines bloßen Gefälligkeitsverhältnisses tätig geworden ist. Insoweit haftet der Berater dem Ratsuchenden gerade nicht. Hier fehlt es dann auch bei dem Ratsuchenden an einer durchsetzbaren Anspruchsgrundlage für den Schaden des geschädigten Leistungsgläubigers.[315]

---

[311] Palandt/*Grünberg*, Vorbem. zu § 249, Rn. 108ff.; MüKo/*Oetker*, BGB, § 249, Rn. 284ff.; Staudinger/*Schiermann*, BGB (2004), Vorbem. zu §§ 249ff., Rn. 71ff.

[312] Vgl. Palandt/*Grünberg*, Vorbem. zu. § 249, Rn. 108ff.; MüKo/*Oetker*, BGB, § 249, Rn. 284ff.; Staudinger/*Schiermann*, BGB (2004), Vorbem. zu §§ 249ff., Rn. 71ff.

[313] *Büdenbender*, JZ 1995, S. 920 (921).

[314] *Blank*, LMK 2007, 208173.

[315] *Binder*, AG 2008, S. 274 (277), der aber zu bedenken gibt, dass dies wohl sowohl praxisfern sei, als hierin bereits ein Auswahlverschulden liegen dürfte, da solche Gutachten nicht den Sorgfaltsanforderungen an die Ermittlung der Sach- und Rechtslage erfüllen dürften.

Schwerer noch dürften aber zwei andere Aspekte in dieser Hinsicht wiegen. Zum einen müsste sich der Dritte im Rahmen der DSL etwaig vereinbarte Haftungsbeschränkungen zwischen dem Ratsuchenden und dem Berater – wie sie in der Praxis häufig vorkommen – entgegenhalten lassen.[316] Zum anderen würde der Dritte mit dem Insolvenzrisiko des Beraters belastet, obwohl er auf dessen Auswahl gar keinen Einfluss hat.

aaa. Die Kritik an der Anwendbarkeit der Grundsätze der Drittschadensliquidation

Insoweit ist maßgeblich, wen das Risiko hinsichtlich der Beurteilung der Sach- und Rechtslage nach normativen Gesichtspunkten treffen muss. Hiernach kann das Risiko der Falschberatung nur zu Lasten des Ratsuchenden selbst gehen. Insoweit muss der Schuldner dann zwar letztendlich für Umstände einstehen, die er selbst möglicherweise gar nicht überblicken kann. Dies ist jedoch interessengerechter, als den Gläubiger der Leistung mit diesem Risiko zu belasten. Der Gläubiger hat im Zweifelsfall schon keine Kenntnis über die Zweifel des Schuldners hinsichtlich seines Leistungsumfangs. Weiterhin hat er keinen Einfluss auf die Auswahl und den erteilten Rat des Beraters.[317] Zudem stehen dem Schuldner unmittelbare vertragliche Regressansprüche gegen den Berater zu. Diese sind dann auch nicht mit den möglichen Nachteilen im Rahmen der Drittschadensliquidation belastet.[318]

Zudem ist zu beachten, dass es sich bei den Grundsätzen der DSL um eine rein normative Wertung handelt. Diese basiert auf keiner gesetzlichen Grundlage.[319] Es erscheint daher nicht gerechtfertigt, sich einer solchen „Hilfskonstruktion" zu bedienen, nur um hinsichtlich einer anderen Wertungsfrage ein – wie vorstehend gezeigt – nicht über jeden Zweifel erhabenes Werturteil zu bilden.

bbb. Ein vermeintlicher Wertungswiderspruch im Vergleich zur Haftung bei gesetzlichen Schuldverhältnissen

Auch der Einwand, dass sich damit ein nicht zu rechtfertigender Wertungswiderspruch zu der rechtlichen Beurteilung der Haftung bei einer Falschberatung im Rahmen von gesetzlichen Schuldverhältnissen ergebe,[320] überzeugt nicht.

---

[316] Staudinger/*Schiermann*, BGB (2004), Vorbem. zu §§ 249ff., Rn. 67; *Binder*, AG 2008, S. 274 (277).

[317] *Binder*, AG 2008, S. 274 (277).

[318] BGH, NJW 2007, S. 428 (430); *Binder*, ZGR 2012, S. 757 (768).

[319] *Büdenbender*, JZ 1995, S. 920 (925); Staudinger/*Schiermann*, BGB (2004), Vorbem. zu §§ 249ff., Rn. 62.

[320] Vgl. *Binder*, AG 2008, S. 274 (278); *ders.*, ZGR 2012, S. 757 (768).

Im Rahmen von gesetzlichen Schuldverhältnissen haftet der Ratsuchende wegen des Fehlens einer § 278 S. 1 BGB vergleichbaren Norm[321] nur für die pflichtgemäße Auswahl des Beraters.[322]

Stimmen in der Literatur sehen hierin eine ungerechtfertigte Abweichung zu Fällen im Rahmen von vertraglichen Schuldverhältnissen.[323] Dies würde besonders deutlich werden, wenn kein Auswahlverschulden auf Seiten des ratsuchenden Schuldners vorliege und dieser auf Grund der Exkulpationsmöglichkeit dann nicht hafte. Insoweit entsteht dem Schuldner kein Schaden, so dass auch die beratende Person keinerlei Haftungsansprüchen ausgesetzt ist.[324] Um diesen (vermeintlichen) Wertungswiderspruch zu vermeiden, fordern Teile des Schrifttums, dass die DSL auch auf gesetzliche Haftungstatbestände angewendet wird.[325] Der Wertungswiderspruch ergebe sich daraus, dass es nicht zu rechtfertigen sei, dass die Sorgfaltspflichten eines gegen eine deliktsrechtliche Norm verstoßenden, falsch beratenen Schädigers geringer seien, als die eines stets über § 278 S. 1 BGB für die falsche Beratung haftenden Schuldners im Rahmen vertraglichen Leistungspflichten.[326]

Durch die Anwendung der DSL auch im Rahmen von gesetzlichen Schuldverhältnissen ließe sich die für den Schaden des Dritten zumindest mitursächliche Person des Beraters haftungsrechtlich verantwortbar machen. Zusätzlich werde hierdurch der Schuldner keiner Haftung ausgesetzt, da dieser seiner nach der Verkehrsanschauung obliegenden Sorgfaltspflicht – Rat bei einem Dritten zu suchen – nachgekommen ist.[327]

ccc. Die Gründe für die unterschiedliche Behandlung im Rahmen von vertraglichen und gesetzlichen Schuldverhältnissen

Zweifelhaft erscheint bereits die Annahme, dass die Rechtsprechung dazu tendiere, in Fällen von gesetzlichen Schuldverhältnissen allein die sorgsame Auswahl eines Beraters für eine Enthaftung des Ratsuchenden ausreichen zu lassen.[328] Der BGH führt in dem hierfür herangezogenen Urteil[329] lediglich aus, dass die Annahme des Berufungsgerichts, dass *„bei ungeklärter Rechtslage [ein fehlerhafter Rechtsstandpunkt] dann als entschuldigt angesehen [werden kann], wenn er [...] bei sachkundiger und sorgfältiger Beratung ernsthaft [...] vertreten werden*

---

[321] Eine Zurechnung über § 831 Abs. 1 S. 1 BGB wird hier regelmäßig wegen der fehlenden Weisungsgebundenheit des Beraters ausscheiden, vgl. hierzu: MüKo/*Wagner*, BGB, § 831, Rn. 14ff.
[322] *Binder*, AG 2008, S. 274 (278); *ders.*, ZGR 2012, S. 757 (768) mit Verweis auf BGH, GRUR 1987, S. 564 (565).
[323] *Binder*, AG 2008, S. 274 (278).
[324] *Binder*, AG 2008, S. 274 (278).
[325] *Binder*, AG 2008, S. 274 (278).
[326] *Binder*, AG 2008, S. 274 (278).
[327] *Binder*, AG 2008, S. 274 (278).
[328] So aber *Binder*, AG 2008, S. 274 (278).
[329] BGH, GRUR 1987, S. 564 (565).

konnte", insoweit richtig sei, dass es zur Einhaltung der gebotenen Sorgfalts-pflicht erforderlich sein kann, einen geeigneten Rechtsrat einzuholen.[330] Ob dieser Rechtsrat den Beklagten dann entlastet hätte, führt der BGH aber nicht weiter aus. Insoweit hatte die Vorinstanz nicht geklärt, ob die Beklagte überprüft hatte, ob überhaupt ein solcher Rechtsrat eingeholt wurde.[331] Die Formulierung des BGH, dass *„darin [...] richtig [sei]...*",[332] lässt gerade of-fen, ob der BGH sich der Annahmen des Berufungsgerichts vollumfänglich an-schließt, dass eine *„sachkundige und sorgfältige Beratung"* den Ratsuchenden ohne Weiteres entlastet.

Auch die vom BGH in diesem Fall zitierte weitere Entscheidung, erörtert zwar, ob ein Verzug des Schuldners auf Grund eines unvermeidbaren (Rechts-)Irrtums des Beklagten auf Grund einer entsprechenden Beratung ausgeschlossen sei. Er ließ dies aber letztlich offen.[333] Es ging in diesem Fall um die Freigabepflicht eines nachrangigen Vollstreckungs-gläubigers gegenüber einem ihm vorrangigen anderen Vollstreckungsgläubiger in Bezug auf die Auskehr des Erlöses einer von beiden gepfändeten Forderung ge-gen einen Drittschuldner und etwaige daraus resultierende Verzugsschadenser-satzansprüche.[334] Der BGH diskutierte insoweit einen unvermeidbaren Rechtsirr-tum des nachrangigen Pfändungsgläubigers an, da dieser hier nämlich seinen Rechtsanwalt zur Reichweite seine Verpflichtungen zur Freigabe gegenüber dem vorrangigen Vollstreckungsgläubigers befragt hatte. Diese Freigabepflicht war bis dato nicht (obergerichtlich) entschieden. Der Rechtsanwalt des beklagten, nachrangigen Vollstreckungsgläubigers verneinte eine solche Freigabepflicht. Für diese Auskunft des Rechtsanwalts sprachen nach dem BGH zwar *„sachliche Gründe"*, so dass der Beklagte *„mit guten Erfolgsaussichten im Rechtsstreit rech-nen konnte."*[335] Jedoch entschied der BGH letztlich anders. Er ließ dabei jedoch auch in dieser Entscheidung ausdrücklich offen, ob der auf dem Rechtsrat des Rechtsanwalts beruhende Irrtum des Schuldners der Annahme eines Verzugs des nachrangigen Vollstreckungsgläubigers entgegenstehen könnte. Insoweit brauchte der BGH dies nämlich nicht zu entscheiden, weil die bestehende Unsi-cherheit ganz maßgeblich durch die Rechtsvorgängerin des beklagten, nachrangi-gen Vollstreckungsgläubigers begründet wurde und sich daraus sein Verschulden begründete.[336]

Unabhängig von der Reichweite der Rechtsprechung im Einzelnen ist die gesetz-geberische Wertung bzgl. der unterschiedlichen Handhabung im vertraglichen und deliktischen Bereich zu berücksichtigen. Dass es im deliktischen Bereich keine Garantiehaftung für das fremde Verschulden des hinzugezogenen Dritten

---

[330] BGH, GRUR 1987, S. 564 (565).
[331] BGH, GRUR 1987, S. 564 (565).
[332] BGH, GRUR 1987, S. 564 (565).
[333] BGH, NJW, 1970, S. 463 (464).
[334] BGH, NJW, 1970, S. 463 (464).
[335] BGH, NJW, 1970, S. 463 (464).
[336] NJW, 1970, S. 463 (464).

vergleichbar § 278 S. 1 BGB gibt,[337] resultiert daraus, dass im Rahmen von Sonderverbindungen ein besonderes Näheverhältnis zwischen den Parteien besteht. Hieraus ergeben sich dann gesteigerte Rechts- und Pflichtenstellungen für den Schuldner und auch im Verhältnis zu seinem Erfüllungsgehilfen gegenüber dem (später) geschädigten Vertragspartner.[338]

Ohne ein derartiges zumindest angebahntes Schuldverhältnis richtet sich die Haftung des Schädigers und damit seines Beraters nach §§ 823 Abs. 1 bzw. 831 Abs. 1 BGB mit der damit einhergehenden Exkulpationsmöglichkeit.[339]

Demgegenüber würde die Anwendung der Grundsätze der DSL im Rahmen von gesetzlichen Schuldverhältnissen eine nicht kodifizierte Durchbrechung des Dogmas des Gläubigerinteresses darstellen.[340]

Das Dogma des Gläubigerinteresses ergibt sich selbst nicht unmittelbar aus den §§ 249ff. BGB. Es lässt sich aber aus der Formulierung *„zur Entschädigung des Gläubigers"* in § 251 Abs. 1 BGB entnehmen. Dieser Grundsatz bezweckt eine enge Begrenzung der Ersatzverpflichtung im allgemeinen deutschen Schadensrecht.[341] Dadurch sollen das Risiko der Haftung und dessen Umfang für den Schädiger erkennbar bleiben.[342] Der Grund für die Anwendung der DSL, unter Durchbrechung des Dogmas des Gläubigerinteresses, dass dem Schädiger die aus seiner Sicht nur zufällige Schadensverlagerung nicht zum Vorteil gereichen soll,[343] rechtfertigt sich daraus, dass hierdurch keine weitergehende, nicht vorhersehbare Haftung für den Schädiger begründet wird. Insoweit ist Voraussetzung der Anwendung der Grundsätze der DSL nämlich, dass „ein Schaden" bei dem Nichtanspruchsberechtigten entstanden ist.[344]

Im Rahmen von gesetzlichen Schuldverhältnissen kann es aber gerade zu einer unvorhersehbaren Haftung des Beraters kommen. Die deliktischen Pflichten gelten gegenüber jedermann, so dass sich hieraus ein potenziell unbegrenzter Kreis an etwaig Geschädigten ergibt. Der Berater könnte also bei der Anwendung der DSL im Rahmen von gesetzlichen Schuldverhältnissen gar nicht abschätzen, welcher Haftungsumfang ihn bei einer möglichen Falschberatung trifft. In derartigen Konstellationen ist aber eine Durchbrechung des Dogmas des Gläubigerinteresses gerade nicht zu rechtfertigen. Eine Anwendung der DSL auf gesetzliche Schuldverhältnisse ist daher abzulehnen.

Dass dies eine Ungleichbehandlung zu den Fällen der Falschberatung im Rahmen von vertraglichen Schuldverhältnissen darstellt, stellt gleichsam keinen Wertungswiderspruch dar. In diesen Fällen rechtfertigt das besondere Näheverhältnis

---

[337] Staudinger/*Belling*, BGB (2012), § 831, Rn. 29; MüKo/*Grundmann*, BGB, § 278, Rn. 3.

[338] BGHZ 103, S. 338 (343), zur gleichgelagerten Frage der Anwendung des § 278 S. 1 BGB im Rahmen von § 254 Abs. 1 BGB.

[339] Staudinger/*Löwitsch/Caspers*, BGB (2009), § 278, Rn. 8.

[340] MüKo/*Oetker*, BGB, § 249, Rn. 289.

[341] Staudinger/*Schiemann*, BGB (2005), Vorbem. zu §§ 249ff., Rn. 49.

[342] Staudinger/*Schiemann*, BGB (2005), Vorbem. zu §§ 249ff., Rn. 49.

[343] BGH, NJW 2016, S. 1089 (1090) m.w.N.

[344] BGH, NJW 1963, 2071 (2076).

zwischen den Parteien das Einstehen des Ratsuchenden ohne Exkulpationsmöglichkeit für die Falschberatung seines Beraters. Diese unterschiedlichen Einstandspflichten sind eben gerade im Gesetz angelegt. Im Rahmen der deliktischen Haftung ist der Ratsuchende im Rahmen von § 823 Abs. 1 BGB nur für die ordentliche Auswahl, Instruktion und Überwachung der hinzugezogenen Person verantwortlich,[345] sowie im Rahmen des § 831 Abs. 1 S. 1 BGB durch jene Exkulpationsmöglichkeit nach § 831 Abs. 1 S. 2 BGB gerade privilegiert.[346]

b. Die Behandlung der Hinzuziehung eines Beraters im Strafrecht bei der Beratung durch Dritte

Im Strafrecht werden Fragen hinsichtlich der Einholung externer Beratung zumeist im Themenkreis der Vermeidbarkeit eines Verbotsirrtums i.S.d. § 17 S. 1 StGB diskutiert.[347] Allerdings kann diese Frage auch im Rahmen des Tatbestandsvorsatzes Bedeutung erlangen. Dies ist der Fall, wenn es um die Auslegung normativer Tatbestandsmerkmale geht und somit ein Tatbestandsirrtum nach § 16 Abs. 1 S. 1 StGB in Betracht kommt. Weiterhin kann dies für die sich ggf. hieran anschließende Frage relevant werden, ob das Verhalten des Täters dann eine Fahrlässigkeitsstrafbarkeit nach § 16 Abs. 1 S. 2 StGB erfüllt.[348]

aa. Die Vermeidbarkeit eines Verbotsirrtums im Strafrecht

Ein Verbotsirrtum i.S.d. § 17 S. 1 StGB liegt vor, wenn der Täter über das Unrecht seiner Handlung keine Kenntnis hat.[349] Dieses fehlende Unrechtsbewusstsein stellt sich dabei dogmatisch nicht als Teil des Vorsatzes dar, sondern als selbstständiger Teil der Schuld. Diese ist bei Unvermeidbarkeit des Irrtums dann ausgeschlossen.[350] War der Verbotsirrtum hingegen vermeidbar, kommt nur eine Strafmilderung gemäß §§ 17 S. 2, 49 Abs. 1 StGB in Betracht.[351] Unrechtseinsicht in diesem Sinne meint nach einhelliger Meinung aber nicht, dass der Täter die Strafbarkeit seiner Handlung erkennen muss. Zur Verwirklichung der strafbewehrten Norm reicht es vielmehr aus, dass der Täter in dem Bewusstsein handelt, gegen die (auch außerstrafrechtliche) Rechtsordnung zu verstoßen.[352] Befindet sich der Normadressat nun im Unklaren darüber, ob sein intendiertes Verhalten einen solchen Normverstoß nach sich zieht und lässt er sich daher von

---

[345] MüKo/*Wagner*, BGB, § 823, Rn. 472.

[346] MüKo/*Wagner*, BGB, § 823, Rn. 469.

[347] Vgl. *Kirch-Heim/Samson*, wistra 2008, S. 81 (81); *Kunz*, GA 1983, S. 457 (458); *Rudolphi*, a.a.O. (Fn. 275), S. 249ff.; *Sternberg-Lieben*, in: Schönke/Schröder, § 17, Rn. 18.

[348] Vgl. *Kirch-Heim/Samson*, wistra 2008, S. 81 (87); *Kunz*, GA 1983, S. 457 (459).

[349] *Sternberg-Lieben*, in: Schönke/Schröder, § 17, Rn. 1; MüKo/*Joecks*, StGB, § 17, Rn. 1.

[350] Grundlegend: BGHSt 2, S. 194 (200ff.); *Sternberg-Lieben*, in: Schönke/Schröder, § 17, Rn. 2f.; *Fischer*, StGB, § 17, Rn. 2.

[351] BGH, NJW 1989, S. 912 (913) – *Katzenkönig*.

[352] BGHSt 11, S. 263 (266f.); *Fischer*, StGB, § 17, Rn. 3; *Kirch-Heim/Samson*, wistra 2008, S. 81 (86).

einem Dritten beraten, so ist fraglich, ob bei einer etwaigen Fehlberatung ein un-
vermeidbarer Verbotsirrtum vorliegt. Ist dies zu bejahen, hat der Irrtum dann
schuldausschließende und damit strafbefreiende Wirkung.

Nach einhelliger Meinung liegt eine Vermeidbarkeit des Verbotsirrtums dann vor,
wenn es nach den persönlichen Fähigkeiten und Kenntnissen des Täters Anlass
gegeben hat, über die mögliche Rechtswidrigkeit des Verhaltens nachzudenken
oder sich zu erkundigen und der Täter hierdurch zur Einsicht über das Unrecht
gekommen wäre.[353]
Der Täter muss hierzu also sein Gewissen anspannen. Der hierfür erforderliche
Umfang orientiert sich dabei an dem Lebens- und Berufskreis des Täters.[354] Bestehen dann beim Normadressaten noch Zweifel, so muss er entsprechenden
Rechtsrat einholen.[355]

Sowohl in der Lehre als auch in der Praxis ist anerkannt, dass ein eingeholter
Rechtsrat unter Einhaltung gewisser Umstände geeignet ist, die Unvermeidbarkeit
eines Verbotsirrtums i.S.d. § 17 S. 1 StGB zu begründen.[356]

Der Rechtsrat eines Rechtsanwalts kann einen solchen unvermeidbaren Verbotsirrtum begründen. Jedoch ist die Unvermeidbarkeit nicht schon allein deshalb
anzunehmen, weil der Rechtsanwalt kraft Berufsstellung als vertrauenswürdig anzusehen ist.[357]

Vielmehr muss sich der Normadressat, sofern seine Rechtsauffassung nicht durch
eine gerichtliche oder behördliche Entscheidung gestützt wird, an eine *„sachkundige, unvoreingenommene und mit der Erteilung der Auskunft keinerlei Eigeninteresse verfolgende Person"* wenden.[358] Entscheidend hierbei ist, ob – aus Sicht
des Ratsuchenden – der Rat *„nach einer eingehenden [und] sorgfältige[n] Prüfung erfolgt und von der notwendigen Sachkenntnis getragen ist."*[359]

Hierzu ist wiederum erforderlich, dass der Ratsuchende den erteilten Rat grundsätzlich selbst überprüft. Dies resultiert nach Ansicht der Rechtsprechung schon
daraus, dass der Normadressat seine *„ihm obliegende persönliche Entscheidung
über das Recht oder Unrecht seines Tuns"* nicht durch die Hinzuziehung eines
Beraters auf diesen übertragen kann.[360]

---

[353] *Fischer*, StGB, § 17, Rn. 7; *Kirch-Heim/Samson*, wistra 2008, S. 81 (82).

[354] BGHSt 2, S. 194 (202); *Sternberg-Lieben*, in: Schönke/Schröder, § 17, Rn. 14.

[355] BGHSt 21, S. 18 (20); *Fischer*, StGB, § 17, Rn. 9 m.w.N.

[356] BGHSt 48, S. 278 (289); BGHSt 40, S. 257 (264); BGH, NStZ 2000, S. 307 (309); ders., NJW
1989, S. 409 (410); *Kirch-Heim/Samson*, wistra 2008, S. 81 (82), Fn. 18 m.w.N. aus der
Rechtsprechung.

[357] BGH, NStZ 2000, S. 307 (309); BayObLG, StrV 1992, S. 421 (421);
OLG Bremen, NStZ 1981, S. 265 (265); *Rudolphi*, JR 1977, S. 380 (381).

[358] BGH, NJW 1995, S. 204 (205); ders., NStZ 2000, S. 307 (309);
Sternberg-Lieben, in: Schönke/Schröder, § 17, Rn. 18.

[359] BGH, NStZ 2000, S. 307 (309).

[360] BGHSt 21, S. 18 (21); OLG Frankfurt, NStZ-RR 2003, S. 263 (263).

Daher verneint die Rechtsprechung die Unvermeidbarkeit des Verbotsirrtums auch dann, wenn die Rechtswidrigkeit des intendierten Tuns für den Normadressaten leicht erkennbar gewesen wäre.[361] Kann der Ratsuchende die Rechtswidrigkeit jedoch nicht ohne Weiteres erkennen, stellt sich die Frage, welche Voraussetzungen der erteilte Rat im Einzelfall erfüllen muss, damit sich der Ratsuchende auf einen unvermeidbaren Verbotsirrtum und damit ein schuldloses Handeln berufen kann.

bb. Die sachkundige Beratung als Grundlage eines schuldausschließenden Verbotsirrtums im Strafrecht

Die Unvermeidbarkeit des Verbotsirrtums setzt nach allgemeiner Meinung voraus, dass der Täter zum einen auf die erteilte Rechtsauskunft vertraut hat und zum zweiten, dass er dies auch durfte.[362] Letzteres ist allerdings nur der Fall, wenn sowohl die Person des Beraters als auch der erteilte Rat selbst vertrauenswürdig sind.[363] Maßgeblich hierfür ist die subjektive Sicht des Ratsuchenden.[364] Dies folgt daraus, dass es im Rahmen der schuldausschließenden Vermeidbarkeit des Verbotsirrtums allein auf die Fähigkeiten des Handelnden hinsichtlich der Vermeidbarkeit ankommt.[365]

aaa. Die Anforderungen an den (Rechts-)Berater im Strafrecht

Nach der Rechtsprechung muss der hinzugezogene (Rechts-)Berater eine *„sachkundige, unvoreingenommene und mit der Erteilung der Auskunft keinerlei Eigeninteresse verfolgende Person"* sein.[366] Personen, die diese (abstrakte) erforderliche Sachkunde und Objektivität gewährleisten, sind insbesondere Rechtsanwälte.[367] Folgerichtig werden diese von der Rechtsprechung entsprechend losgelöst vom Einzelfall als geeignete Berater angesehen.[368] Hierfür wird auch die gesetzgeberische Wertung in der Bundesrechtsanwaltsordnung (BRAO) herangezogen. Danach ist der Rechtsanwalt gemäß § 1 BRAO als unabhängiges Organ der Rechtspflege gemäß § 3 Abs. 1 BRAO der *„berufene*

---

[361] BGH, NStZ 2013, S. 461 (461); OLG Frankfurt, NStZ-RR 2003, S. 263 (263); OLG Braunschweig, NStZ-RR 1998, S. 251 (251); OLG Hamm, NJW 1982, S. 659 (661); a.A. *Kirch-Heim/Samson*, wistra 2008, S. 81 (83), die eine Vermeidbarkeit nur dann für ausgeschlossen halten, wenn sich dem Normadressaten die Rechtswidrigkeit *„geradezu aufdrängen musste"*.

[362] BGH, NStZ 2000, S. 307 (309).

[363] *Kirch-Heim/Samson*, wistra 2008, S. 81 (83).

[364] BGH, NStZ 2000, S. 307 (309); BGH, NJW 1989, S. 409 (410); MüKo/*Joecks*, StGB, § 17, Rn. 48; *Wolters*, JuS 1979, S. 482 (487); *Kirch-Heim/Samson*, wistra 2008, S. 81 (83).

[365] *Kirch-Heim/Samson*, wistra 2008, S. 81 (83).

[366] BGH, NJW 1995, S. 204 (205); BGH, NStZ 2000, S. 307 (309); OLG Frankfurt, NStZ-RR 2003, S. 263 (263); BayObLG, wistra 2002, S. 396 (398).

[367] *Rudolphi*, a.a.O. (Fn. 275), S. 245; *ders.*, JR 1977, S. 380 (381); LK-StGB/*J. Vogel*, § 17, Rn. 82; MüKo/*Joecks*, StGB, § 17, Rn. 60; *Kirch-Heim/Samson*, wistra 2008, S. 81 (83).

[368] BGH, NStZ 2000, S. 307 (309); BGHSt 21, S. 18 (21f.); BGHSt 20, S. 342 (372); BGH, NJW 1989, S. 409 (410).

und unabhängige Berater und Vertreter in allen Rechtsangelegenheiten".[369] Daneben sollen aber auch Rechtswissenschaftler, Richter, Notare, Assessoren und Rechtsreferendare als sachkundig anzusehen sein.[370] Neben der erforderlichen Sachkunde muss der Berater auch die gebotene Objektivität aus Sicht des Ratsuchenden aufweisen. Hieran mangelt es, wenn der Berater selbst eigene Interessen verfolgt und diese derart im Vordergrund der Beratung stellt, dass die Beratung nur eine *„Feigenblattfunktion"* erfüllt.[371] Ein Beispiel aus der Rechtsprechung hierzu ist der Fall, dass sich der Täter im Rahmen von kartellrechtlichen Fragen auf die Rechtsabteilung eines anderen Marktteilnehmers verlässt, der selbst an den wettbewerbsbeschränkenden Vereinbarungen beteiligt war.[372] Selbiges gilt, wenn sich der Täter auf die Berater seines Arbeitgebers im Rahmen einer Überprüfung gem. §§ 304ff. SGB III und 107 SGB IV seines Werkvertrages verlässt.[373]

bbb. Das Gutachten als Grundlage eines unvermeidbaren Verbotsirrtums im Strafrecht

An das erteilte Gutachten selbst werden in der strafrechtlichen Literatur und Rechtsprechung sowohl gewisse formelle als auch inhaltliche Anforderungen gestellt.

Ein belastbares Gutachten setzt grundsätzlich keine bestimmte Form voraus. Die Beratung muss nach der Rechtsprechung jedoch aus Sicht der Normadressaten nach *„einhergehender sorgfältiger Prüfung"* durch den Berater erfolgt sein.[374] Hierfür soll es nicht ausreichen, wenn die Auskunft *„zwischen Tür und Angel"* erteilt wird.[375]

Die Literatur hingegen lehnt in solchen Fällen die Möglichkeit eines unvermeidbaren Verbotsirrtums nicht generell ab.[376] Es werde dem juristisch nicht vorgebildeten Bürger insoweit grundsätzlich nicht möglich sein, zu erkennen, ob die aus dem Stehgreif erteilte Antwort des Beraters auf Grund dessen fundierten Sachkenntnissen, der unzweideutigen Rechtslage oder aber einer Fehleinschätzung ergangen ist.[377]

---

[369] *Löw*, Die Erkundigungspflicht beim Verbotsirrtum nach § 17 StGB, S. 114; *Kirch-Hein/Samson*, wistra 2008, S. 81 (84).

[370] MüKo/*Joecks*, StGB, § 17, Rn. 60; *Löw*, a.a.O. (Fn. 369), S. 102ff.; NK/*Neumann*, StGB, § 17, Rn. 75.

[371] BGHZ 48, S. 278 (289).

[372] BGHZ 30, S. 270 (276).

[373] BayObLG, wistra 2002, S. 396 (398).

[374] BGH, NStZ 2000, S. 307 (309); OLG Bremen, NStZ 1981, S. 265 (266).

[375] BayObLG, StrV 1992, S. 421 (421); *Rudolphi*, a.a.O. (Fn. 275), S. 247f.; *ders.*, JR 1977, S. 380 (381); MüKo/*Joecks*, StGB, § 17, Rn. 64; BGH, NStZ 2000, S. 307 (309), der eine *„eingehende sorgfältige Prüfung"* verlangt.

[376] *Roxin*, AT I, § 21, Rn. 62; *Sternberg-Lieben*, in: Schönke/Schröder, § 17, Rn. 18; LK-StGB/*J. Vogel*, § 17, Rn. 85.

[377] *Roxin*, AT I, § 21, Rn. 62; *Sternberg-Lieben*, in: Schönke/Schröder, § 17, Rn. 18; LK-StGB/*J. Vogel*, § 17, Rn. 85.

Vermittelnd wird angeführt, dass es abhängig vom Einzelfall sei, ob für den Ratsuchenden nach seinen eigenen Fähigkeiten erkennbar ist, dass die erteilte Auskunft nicht auf einer ausreichenden Prüfung basiert.[378] Daher sei bei komplexen und erkennbar schwierigen Fragen ein detailliertes Gutachten in schriftlicher Form erforderlich, damit der Ratsuchende auf die Beratung vertrauen kann.[379] Einigkeit besteht aber darin, dass eine erteilte Auskunft durch einen Berater nur dann einen unvermeidbaren Verbotsirrtum begründen kann, wenn das intendierte Verhalten des Ratsuchenden ausdrücklich als rechtmäßig erklärt wurde.[380] Ein bloß stillschweigendes Dulden – etwa einer Behörde – soll für die Begründung eines unvermeidbaren Verbotsirrtums dagegen gerade nicht ausreichen.[381] Darüber hinaus muss die Rechtmäßigkeitserklärung das gesamte intendierte Verhalten erfassen und für rechtmäßig erklären. Werden seitens des Beraters hingegen Einschränkungen gemacht oder etwaige Bedenken geäußert, soll eine Unvermeidbarkeit in der Regel ausscheiden.[382]

ccc. Die Prüfungspflicht des Ratsuchenden

Zudem kann sich der Täter nur auf die Unvermeidbarkeit seines Verbotsirrtums berufen, wenn er den erteilten Rat dahingehend inhaltlich überprüft hat, ob diesem der vollständige und wahrheitsgemäße Sachverhalt zu Grunde liegt.[383] Weiterhin hat er zu prüfen, ob die erteilte Rechtsauskunft aus seiner Sicht rechtmäßig ist und seinen Kenntnissen hinsichtlich anderer Gutachten, gerichtlicher Entscheidungen oder Behördenäußerungen nicht widerspricht.[384] Eine unvollständige Sachverhaltsschilderung soll allerdings nur dann der Unvermeidbarkeit des Verbotsirrtums entgegenstehen, wenn der Täter – unter Berücksichtigung seiner juristischen Kenntnisse – erkennen konnte, dass die nicht weitergegebenen bzw. vom Berater nicht berücksichtigten Tatsachen für die rechtliche Begutachtung des Sachverhalts erheblich gewesen sind und der Berater auch keine Nachfragen diesbezüglich gestellt hat.[385]

[378] *Kirch-Heim/Samson*, wistra 2008, S. 81 (85); dahin tendierend auch BGH, NJW 1989, S. 409 (410), wonach u.a. auf Grund fehlender Anhaltspunkte dafür, dass sich der Rechtsanwalt nicht ausreichend mit den Rechtsfragen befasst hätte, ein Verbotsirrtum zu bejahen sei.

[379] *Kirch-Heim/Samson*, wistra 2008, S. 81 (85).

[380] *Rudolphi*, a.a.O. (Fn. 275), S. 247; *Kirch-Heim/Samson*, wistra 2008, S. 81 (85).

[381] BayObLG, GA 1956, S. 124 (127); OLG Frankfurt, NStZ 1985, S. 130 (130); OLG Stuttgart, JR 1978, S. 294 (295).

[382] *Kirch-Heim/Samson*, wistra 2008, S. 81 (85).

[383] BGHSt 4, S. 3347 (353); *Rudolphi*, a.a.O. (Fn. 275), S. 247; *Löw*, a.a.O. (Fn. 369), S. 106; *Kirch-Heim/Samson*, wistra 2008, S. 81 (85).

[384] BayObLG, StrV 1992, S. 421; BGH, NStZ 2000, S. 307 (309); OLG Stuttgart, JR 1978, S. 294 (295); vgl. für den Fall kontroverser Rechtsprechung: OLG Stuttgart, NJW 2006, S. 2422 (2423).

[385] OLG Zweibrücken, StrV 1992, S. 119 (119); *Rudolphi*, a.a.O. (Fn. 275), S. 247; *Löw* (Fn. 369), S. 106; *Kirch-Heim/Samson*, wistra 2008, S. 81 (86).

c. Zusammenfassung

Sowohl im allgemeinen Zivilrecht, als auch im Schuld- und Strafrecht ist eine irrige Vorstellung des Beratenen nur dann rechtlich relevant, wenn diese auf einem unvermeidbaren (Rechts-)Irrtum beruht.

Es ist also stets danach zu fragen, ob der Irrende alle ihm zustehenden Möglichkeiten ausgeschöpft hat, sich über die Konsequenzen seines Handelns und dessen rechtlicher Bewertungen zu vergewissern.[386] Anknüpfungspunkt für solch eine Unvermeidbarkeit im rechtlichen Sinn stellt dabei in beiden Rechtsgebieten die Hinzuziehung einer vertrauenswürdigen und fachlich qualifizierten Person dar, wobei stets aber eine eigene Überprüfung des Rats durch den Handelnden erforderlich ist.

Dieses sich im deliktischen und strafrechtlichen Bereich bereits aus dem Grundsatz der absoluten Geltung des Rechts ergebende Prinzip ist insoweit auch auf die Reichweite von vertraglichen Verpflichtungen anwendbar.[387]

Allerdings ist in keinem der beiden Rechtsgebiete eine Pflicht zur Beratung gesetzlich kodifiziert und wird diese stets von der entsprechenden Pflicht, die jeweiligen Normen oder Pflichten einzuhalten, abgeleitet.

Dieser Gleichlauf von strafrechtlicher und zivilrechtlicher Bewertung rechtfertigt es, auch bei der Gewinnung von Erkenntnissen hinsichtlich des Sorgfaltsmaßstabs der Geschäftsleitung bei der Hinzuziehung externer Berater auf die in diesen beiden Rechtsgebieten vorherrschenden Grundsätze, freilich unter Berücksichtigung der dortigen Besonderheiten, zurückzugreifen.[388]

5. Die aufgestellten Kriterien der Rechtsprechung im Einzelnen

Im Folgenden sollen die vom BGH aufgestellten Kriterien im Rahmen der Einholung (organ-)externer Beratung unter rechtlichen Gesichtspunkten beleuchtet werden. Weiterhin werden diese auf ihre Sinnhaftigkeit untersucht und anhand weiterer Problemfelder konkretisiert.

a. Die Auswahl des Beraters

Erkennt der Vorstand, dass er auf Grund fehlender eigener Kenntnisse organexterne Beratung benötigt, so stellt sich die Frage, welche Anforderungen sich dem Vorstand bei der Auswahl dieses Beraters stellen. Sollte der Vorstand den Beratungsbedarf verkennen und eine Entscheidung treffen ohne sich ausreichend beraten zu lassen, liegt hierin bereits eine Pflichtverletzung des Vorstands, da er insoweit zumindest nicht die nach § 93 Abs. 1 S. 1 erforderliche Sorgfalt walten lässt.[389]

---

[386] *Binder*, AG 2008, S. 274 (276); *Kunz*, GA 1983, S. 457 (460f.).

[387] Staudinger/*Löwitsch*, BGB (2004), § 276, Rn. 56; *Binder*, AG 2008, S. 274 (276).

[388] *Binder*, AG 2008, S. 274 (276).

[389] *Sander/Schneider*, ZGR, 2013, S. 725 (758).

Der BGH verlangt insoweit hinsichtlich der Person des Beraters, dass diese „*unabhängig*" und „*fachlich qualifiziert*" ist.[390]

aa. Die fachliche Qualifikation des Beraters

Bei fehlender eigener ausreichender Fachkenntnis trifft den Vorstand die Pflicht, sich fachkundig beraten zu lassen.[391] Eine einfache Anfrage soll hierfür jedoch nicht ausreichen.[392] Daraus folgert das OLG Stuttgart, dass der Vorstand sich selbst über die speziellen Fachkenntnisse des Beraters erkundigen muss. Die bloße Empfehlung eines Dritten entlastet den Vorstand hinsichtlich der ordnungsgemäßen Auswahl des Beraters nicht.[393] Dies soll selbst dann gelten, wenn der Berater in der Vergangenheit bereits für die Gesellschaft tätig war.[394]

Fleischer stimmt dem zwar dahingehend zu, dass bereits in der fehlerhaften Auswahl des Beraters ein Haftungsgrund liegen kann. Er schränkt dies aber dahingehend ein, dass es nicht bereits deshalb an einer selbstständigen Auswahl des Beraters durch den Vorstand fehlt, wenn dieser einer Empfehlung durch einen Dritten folgt.[395]

Andere Stimmen in der Literatur sehen hingegen keinen Raum für eine Haftungsfreizeichnung des Vorstands, wenn dieser „*blind*" auf die Empfehlung eines Vorstandskollegen vertraut.[396] Grund sei, dass insoweit der für Kollektivorgane geltende Grundsatz der Restverantwortung,[397] hier nicht eingreife. Dies folge daraus, dass das unmittelbar verantwortliche Organmitglied auch dann verantwortlich bleibe, wenn es von einem anderen Kollegen unterstützt wird.[398]

Fraglich erscheint hier, ob das OLG Stuttgart die Pflicht hinsichtlich der ordnungsgemäßen Auswahl eines „fachlich qualifizierten Berufsträgers" nicht überspannt, indem es eine Entlastungsmöglichkeit selbst für den Fall verneint, indem die Rechtsanwaltskanzlei vom Aufsichtsratsvorsitzenden empfohlen wurde und in der Vergangenheit bereits erfolgreich mit der Aktiengesellschaft zusammengearbeitet hat.[399]

Es erscheint widersprüchlich, zunächst dem Vorstand aufzutragen, eine möglichst gewissenhafte Prüfung des Beraters vorzunehmen, es andererseits aber nicht ausreichen zu lassen, wenn der Vorstand auf eigene positive Erfahrungen aus einer vergangen Zusammenarbeit in demselben Bereich zurückgreift.[400] Hier sollten der Zeitaufwand und die damit einhergehenden anfallenden Kosten mit Blick auf die Gesellschaftsinteressen nicht außer Betracht gelassen werden. Führt der Vorstand

---

[390] BGH, AG 2007, S. 548 (550).
[391] BGH, AG 2007, S. 548 (550); ders., GmbHR 1994, S. 539 (545), für den GmbH-Geschäftsführer.
[392] BGH, AG 2007, S. 548 (550).
[393] OLG Stuttgart, AG 2010, S. 133 (135).
[394] OLG Stuttgart, AG 2010, S. 133 (135).
[395] *Fleischer*, NZG 2010, S. 121 (123).
[396] *Selter*, AG 2012, S. 11 (14).
[397] Vgl. dazu näher unter B.IV.1.b.
[398] *Selter*, AG 2012, S. 11 (14).
[399] OLG Stuttgart, AG 2010, S. 133 (135).
[400] So wohl: *Selter*, AG 2012, S. 11 (14).

beim ersten Kontakt eine umfassende Prüfung hinsichtlich der Kompetenz des Beraters durch und macht dann bei der Zusammenarbeit positive Erfahrungen, ist es sowohl ökonomisch als auch unter rechtlichen Gesichtspunkten nicht zu rechtfertigen, dass der Vorstand dann für weitere Beratungen auf dem gleichen Gebiet wiederum eine ausführliche Prüfung hinsichtlich der Kompetenz des Beraters durchführen muss. Vielmehr muss sich der Vorstand hier auf die eigenen Erfahrungen und die damit einhergehende sehr belastbare Grundlage vertrauen können. Auch vergrößert sich hierdurch nicht die Gefahr, dass der Berater nicht die notwendige Unabhängigkeit und damit einhergehende Objektivität gewährleisten kann.

Zunächst besteht eine derartige (abstrakte) Gefahr sogar noch stärker bei einem Berater, der erstmals für die Aktiengesellschaft tätig wird. Dieser könnte eher motiviert sein, sich durch entsprechende Beratung positiv beim Vorstand der Aktiengesellschaft zu positionieren. Ein solch neuer Berater könnte daher eher geneigt sein, seinen Rat mehr an den Vorstellungen des Vorstands auszurichten, als ein jahrelanger Berater, der seine Fähigkeiten bereits mehrfach in der Praxis bewiesen hat und daher ein größeres Vertrauen beim Vorstand genießt.

Zudem ist dies letztlich ohnehin mehr eine Frage des konkret erteilten Rats, als der abstrakten Frage der Geeignetheit des Beraters. Dem Vorstand einen Pflichtenverstoß schon deshalb vorzuwerfen, weil er sich auf seine eigenen positiven Erfahrungen und den Rat eines Dritten verlassen hat, überspannt die Sorgfaltsanforderungen an den Vorstand über die Maße und ist daher abzulehnen.

aaa. Tatsächliches Vorliegen der fachlichen Kompetenz?

Daran anknüpfend ist zu klären, welche inhaltlichen Aspekte der Vorstand bei seiner Auswahl des Beraters zu prüfen hat. Unbestritten muss der Berater die notwendige sachliche Kompetenz aufweisen.[401]

Diesbezüglich ist insbesondere umstritten, ob der Berater tatsächlich fachlich qualifiziert sein muss oder ob der Vorstand nach seiner Prüfung nur (subjektiv) davon ausgehen können muss.

(i) Die Subjektivierung des Kriteriums der fachlichen Eignung des Beraters

Ein rein objektives Verständnis dieses Kriteriums wird damit verneint, dass § 93 Abs. 1 S. 2 in diesem Bereich richtungsweisend und daher maßgeblich auf das subjektivierte Verständnis des Vorstands abzustellen sei.[402] Danach komme es nur entscheidend darauf an, dass der Vorstand vernünftigerweise annehmen darf, dass der Berater als fachlich qualifiziert anzusehen ist.[403] Dieser durch die Einführung des § 93 Abs. 1 S. 2 herbeigeführte Sichtwechsel müsse auch bei der

---

[401] *Fleischer*, ZIP 2009, S. 1397 (1403); Spindler/Stilz/*Fleischer*, § 93, Rn. 209; Hölters/*Hölters*, § 93, Rn. 249; *Selter*, AG 2012, S. 11 (14); *Merkt/Mylich*, NZG 2012, S. 525 (528).
[402] *Fleischer*, ZIP 2009, S. 1397 (1404).
[403] *Fleischer*, ZIP 2009, S. 1397 (1404).

ähnlich gelagerten Frage des berechtigten Vertrauens auf die Beratung durch Externe gelten.[404] Zudem spreche für eine Subjektivierung der fachlichen Eignung des Beraters die Parallele zu der Handhabung im US-amerikanischen, australischen und neuseeländischen Recht. In diesen Rechtsordnungen reicht gleichfalls die begründete Annahme des Vorstands („*reasonably believes*" bzw. „*believes on reasonable grounds*") hinsichtlich der fachlichen Eignung des Beraters aus.[405]

(ii) Keine Subjektivierung der fachlichen Eignung nach der Rechtsprechung des BGH

Der BGH lässt eine Enthaftung nur zu, wenn sich der Vorstand „*von einem [...], für die zu klärende Frage fachlich qualifizierten Berufsträger beraten lässt.*"[406] Hierin ist keine Einschränkung auf eine subjektive Sichtweise des Vorstands zu erkennen. Daher ist davon auszugehen, dass der BGH die Anforderung der fachlichen Qualifikation an rein objektiven Maßstäben bemisst.

Der BGH und die übrige Rechtsprechung konkretisiert dieses Merkmal allerdings nicht weiter abstrakt, sondern äußert sich nur in den konkreten Fallgestaltungen über eine ausreichende fachliche Qualifikation des Beraters.

So ließ der BGH im Urteil vom 14.5.2007[407] für die Frage, ob ein Start-Up-Unternehmen nicht nur rechnerische überschuldet, sondern insolvenzreif ist, den unverzüglichen Auftrag an einen Wirtschaftsprüfer ausreichen.[408] Hierzu stellte er fest, dass „*die Sachkompetenz und Fachkunde eines Wirtschaftsprüfers in diesem Zusammenhang außer Frage*" stünden.[409]

In seiner Entscheidung vom 20.9.2011, bei der es um eine Konstruktion ging, die nach dem BGH als Erwerb eigener Aktien durch die Gesellschaft und insoweit als Verstoß gegen §§ 71, 57 anzusehen ist,[410] ließ er offen, ob die mit der Erstellung eines Abwicklungskonzepts beauftragte Rechtsanwaltskanzlei, deren Partner gleichzeitig Aufsichtsratsmitglied der Aktiengengesellschaft war, ein ausreichend qualifizierter Berufsträger war.[411]

Deutlich gegen das alleinige Ausreichen eines Rechtanwalts als qualifizierter Berater in dieser Frage hat sich dagegen das OLG Stuttgart in einer ähnlich komplexen Rechtsfrage geäußert.[412] Das OLG Stuttgart begründet seine Ansicht damit, dass in Zusammenhang mit der gewählten Konstruktion zu klären gewesen wäre, ob ausreichende Rückstellungen gebildet worden waren. Dies hätte der Auskunft eines Wirtschaftsprüfers bzw. Steuerberaters bedurft.[413] Zwar billigt das OLG Stuttgart einem Rechtsanwalt zu, dass er die rechtlichen Grenzen des

---

[404] *Fleischer*, ZIP 2009, S. 1397 (1404).

[405] *Fleischer*, ZIP 2009, S. 1397 (1405).

[406] BGH, AG 2011, S. 876 (877).

[407] BGH, AG 2007, S. 548 (548ff.).

[408] BGH, AG 2007, S. 548 (550).

[409] BGH, AG 2007, S. 548 (550).

[410] Vgl. zum ausführlichen Sachverhalt: NZG 2011, S. 1271 (1271ff.).

[411] BGH, AG 2011, S. 876 (877f.).

[412] OLG Stuttgart, AG 2010, S. 133 (135).

[413] OLG Stuttgart, AG 2010, S. 133 (135).

§§ 71 Abs. 2 Nr. 2 verdeutlichen könne. Doch sei nur ein mit den wirtschaftlichen Verhältnissen der Aktiengesellschaft vertrauter Wirtschaftsprüfer oder Steuerberater in der Lage, darüber aufzuklären, ob die Möglichkeit für eine Rücklagenbildung i.S.d. § 272 Abs. 4 HGB bestand.[414]

(iii) Stellungnahme zu dem Erfordernis des tatsächlichen Vorliegens der ausreichenden fachlichen Qualifikation des Beraters

Ein Anknüpfen allein an die subjektive Vorstellung des Vorstands, der Berater habe die notwendige Fachkenntnis, überzeugt nicht.

Zu bedenken ist insoweit, dass es sich bei Vorständen von Aktiengesellschaft – anders als bei Verbrauchern – in keinem Fall um Laien in Bezug auf wirtschaftliche Zusammenhänge oder Aspekte der Wirtschaftswelt handelt. Bereits aus der Vielzahl der Pflichten, die ein Vorstandsmitglied treffen, ist abzuleiten, dass das Gesetz hohe Anforderungen an die Mitglieder des Vorstands stellt.[415] Insoweit ist von einem Vorstand auch zu verlangen, dass er für eine Problemstellung den abstrakt kompetenten Berater ausfindig macht und beauftragt.

Selbst wenn es sich hierbei ausnahmsweise um eine besonders spezielle Materie handeln sollte, stehen dem Vorstand im Rahmen der Aktiengesellschaft die notwendigen Ressourcen zur Verfügung, um einen entsprechend kompetenten Berater ausfindig zu machen.

Auch wenn man in § 93 Abs. 1 S. 2 einen hierfür anzuwendenden Leitgedanken sehen möchte, stellt dieser auf ein „Annehmendürfen" ab, welches zu einer gewissen Objektivierung führt. Sieht man dies nun in Zusammenhang mit dem Pflichtenkatalog, der dem Vorstand kraft Gesetzes auferlegt ist, wird man gleichfalls dazu kommen, dass der Vorstand eben nur dann „annehmen darf", dass der Berater die notwendige Fachkenntnis hat, wenn dies entsprechend – bspw. durch seine berufliche Ausbildung – belegt ist.

bbb. Ist das Vertrauen auf eine Formalqualifikation für die Enthaftung ausreichend?

Diskutiert wird weiter, ob eine reine Formalqualifikation, wie etwa die Anwaltszulassung, als Nachweis für die Fachkunde des Beraters ausreicht oder ob nicht ein höherer Grad der Spezialisierung durch entsprechende Berufserfahrung, für die ordnungsgemäße Auswahl des Beraters erforderlich ist.[416]

(i) Das Vertrauen auf reine Formalqualifikationen des Beraters

Für das Ausreichen des Verlassens auf reine Formalqualifikationen soll sprechen, dass es dem Vorstandsmitglied auf Grund seiner fehlenden Fach- bzw. Sachkenntnisse oft nicht möglich sein werde, die entsprechende Fachkompetenz des

---

[414] OLG Stuttgart, AG 2010, S. 133 (135).
[415] Vgl. hierzu *Binder*, AG 2008, S. 274 (282).
[416] *Selter*, AG 2012, S. 11 (16); *Fleischer*, NZG 2010, S. 121 (123).

Beraters richtig einschätzen zu können.[417] Auch sei die Beschränkung auf Berater, die bestimmte Zusatzqualifikationen erworben haben – wie bspw. einen Fachanwalt im Bereich der juristischen Beratung –, nicht gerechtfertigt, da diese Ausbildungen oft weitergehende Kenntnisse vermitteln würden, jedoch keinen Ausschließlichkeitsanspruch erheben können.[418] Zudem müsse der Vorstand beim Vorhandensein von gewissen formalen Qualifikationen auf ein entsprechendes Fachwissen des Beraters vertrauen dürfen.[419]

(ii) Das (zusätzliche) Erfordernis der praktischen Erfahrung

Die Gegenansicht hält mit Blick auf die berufliche Erfahrung von Vorstandsmitgliedern und die dadurch gesteigerte Sensibilität für Problematiken im geschäftlichen Bereich das Verlassen auf reine Formalqualifikationen unter Umständen für nicht ausreichend.[420]

Hier sei insbesondere bei komplexen rechtlichen Bewertungen eine erhöhte Sorgfalt des Vorstands bei der Auswahl des Beraters zu fordern. Kriterium soll dann aber nicht eine formale (Zusatz-)Qualifikation – wie etwa ein Fachanwalt – sein. Vielmehr müsse der Berater eine entsprechende praktische Erfahrung in ähnlich gelagerten Fällen aufweisen.[421]

(iii) Stellungnahme zum Erfordernis der praktischen Erfahrung

Zwar spricht dafür, eine reine Formalqualifikation ausreichen zu lassen, dass insbesondere in Bereichen, in denen der Vorstand allenfalls rudimentäre Vorkenntnisse hat, dieser nur schwerlich die fachliche Expertise des Beraters erkennen kann. Allerdings ist auch zu beachten, dass die Vorstandsmitglieder hier in ihrem beruflichen Bereich tätig werden. An ihre Auswahl können und müssen erhöhte Anforderungsmaßstäbe gegenüber einem Verbraucher und damit Laien gestellt werden. § 93 Abs. 1 S. 1 spricht von der Sorgfalt eines ordentlichen und gewissenhaften Geschäftsleiters. Hierzu gehört eben auch, dass der Vorstand notfalls Erkundigungen über die Expertise des Beraters unter Ausnutzung der Kapazitäten der Gesellschaft einholt.[422] Gleichwohl sind deren Umfang und Reichweite entsprechend an der Größe und der Bedeutung der Frage für die jeweilige Aktiengesellschaft auszurichten. Dies ist in Zeiten der modernen Kommunikationsmittel und den je nach Größe der Aktiengesellschaft dem Vorstand zur Verfügung stehenden Ressourcen auch ohne Weiteres möglich. Insoweit werden hierdurch dann auch die Anforderungen an den Vorstand nicht unverhältnismäßig ausgedehnt.

Auch zeigt ein Blick auf die Art der Probleme, die eine Beratung erfordern, dass das Ausreichenlassen rein genereller Formalqualifikationen als nicht sachgerecht

---

[417] *Fleischer*, NZG 2010, S. 121 (123).

[418] *Fleischer*, NZG 2010, S. 121 (123); *Löw* (Fn. 369), S. 115ff. und zusammenfassend S. 289; für einfach gelagerte Fragestellung zustimmend: *Peters*, AG 2010, S. 811 (815).

[419] *Peters*, AG 2010, S. 811 (815).

[420] *Binder*, AG 2008, S. 274 (285).

[421] *Binder*, AG 2008, S. 274 (286).

[422] In diesem Sinne auch: OLG Stuttgart, AG 2010, S. 133 (135).

angesehen werden kann. Diese Probleme werden größtenteils solche sein, die über die allgemeinen Kenntnisse des Vorstands hinausgehen und daher (oft) vertiefte Kenntnisse eines ausgewiesenen Fachmannes auf diesem Gebiet verlangen. Man wird zwar einem Berufsträger, der nicht weiter spezialisiert ist, in diesem Bereich als ausgebildeten Berufsträger ohne Zweifel größere Kenntnisse als einem nicht weiter hierin vorgebildeten Vorstand zusprechen können. Doch erfordert die stetig komplexer werdende Wirtschaftswelt, die das Umfeld bildet, in der die Aktiengesellschaften und ihre Organe heute agieren, für die damit einhergehenden immer speziell werdenden Probleme, eine Expertise, die zumeist nur von ausgewiesenen Spezialisten bedient werden kann.

Daher sollte sich der Vorstand bei Bedarf eben an einen ausgewiesenen Fachmann halten. Hierfür sind erworbene besondere Qualifikationen (mit Prüfung), die auf eine besondere Arbeitserfahrung in diesem Bereich schließen lassen, wie beispielsweise ein Fachanwalt ein gutes Indiz.

Auch zeigen die von staatlichen Stellen oder Beliehenen ausgegebenen Zusatzqualifikationen, dass nicht jeder Berufsträger als Experte auf den Spezialgebieten seines Berufsfelds angesehen werden kann. Insoweit birgt jede (staatlich) erteilte Zusatzqualifikation ein Mehr an Vertrauensanknüpfungspunkt für den beauftragenden Vorstand, soweit die fachliche Qualifikation des Beraters nicht schon durch seine umfassende Berufserfahrung in dem jeweiligen Bereich ausreichend nachgewiesen wird.

ccc. Die enthaftende Wirkung von behördlichen Auskünften

Fraglich ist in diesem Zusammenhang auch, ob Behördenauskünfte als qualifizierte Beratung im oben genannten Sinne anzuerkennen sind.

Dies könnte zweifelhaft sein, da ihre Auskünfte nicht verbindlich und die Gerichte ohnehin nicht an diese gebunden sind. Der Ratsuchende könnte daher gehalten sein, noch weiteren fachkundigen Rat einzuholen.[423] Daher ist zu untersuchen, inwieweit behördliche Auskünfte vergleichbar zu Auskünften anderer nicht staatlicher Berater sind.

Insofern ist zwar richtig, dass die behördlichen Äußerungen – bspw. der Leitfaden der Bundesanstalt für Finanzaufsicht – lediglich norminterpretierenden Charakter haben.[424] Doch zieht dies per se deren fachliche Kompetenz nicht in Zweifel.[425] Vielmehr üben Behörden oft die Aufsicht über die Einhaltung der gesetzlichen Vorschriften aus.[426] Behörden steht zudem oft die Kompetenz zu, bei etwaigen Verstößen Geldbußen zu verhängen oder sogar Richtlinien mit norminterpretierendem Charakter zur Auslegung von gesetzlichen Pflichten zu erlassen.[427]

---

[423] *U. H. Schneider*, in: Assmann/Uwe H. Schneider, § 28, Rn. 67; *Tschauner*, in: Geibel/Süßmann, § 59 WpÜG, Rn. 21.

[424] BGH, NZG 2008, S. 300 (303); *Clausen/Florian*, AG 2005, S. 745 (747); *Fleischer*, NZG 2007, S. 401 (404).

[425] *Fleischer*, DB 2009, S. 1335 (1337); *Scholz*, AG 2009, S. 313 (321).

[426] Beispielsweise die BaFin gemäß § 4 Abs. 1 WpHG über die Vorschriften des WpHG.

[427] Vgl. § 36 Abs. 1 Nr. 1 i.V.m. § 40 WpHG.

Dies zeigt, welche Kompetenz der Gesetzgeber den Behörden in dem ihnen jeweils übertragenden Bereich zuerkennt. Es ist daher gerechtfertigt, den behördlichen Auskünften ein besonders Vertrauen entgegen zu bringen.[428] Die Verneinung der Geeignetheit einer solchen behördlichen Auskunft im Rahmen der Enthaftung auf Grund eines unvermeidbaren Verbotsirrtums erscheint umso seltsamer, wenn die Gegenansicht dann aber den Rat eines anderen (nicht behördlichen) Beraters ausreichen lassen will. Es ist in den meisten Gebieten schlechthin undenkbar, dass ein solcher Berater einen Rat erteilt, ohne dass er sich mit der Ansicht der zuständigen Behörde intensiv auseinandergesetzt hat.

Vielmehr wird sich ein Berater bei gewissenhaftem Verhalten insbesondere im Kapitalmarktrecht oder Steuerrecht gerade an den Auskünften bspw. der BaFin bzw. der entsprechenden Finanzbehörden orientieren oder gar vorab deren verbindliche Auskunft einholen. Sollte seine Einschätzung der Ansicht der Behörde widersprechen, so ist von einem sorgfältigen Berater zu verlangen, dass er sich umso mehr mit der behördlichen Ansicht auseinandersetzt, sofern keine ausdrücklich entgegenstehende gerichtliche Entscheidung in diesem Bereich vorliegt.[429] Erst wenn auch hierbei die entgegengesetzte Position des Beraters auf Grund überzeugender Argumente Bestand hat, wird ein derartiger Rat des Beraters als sorgfaltsgemäß anzusehen sein. Dies zeigt wieder, welches Vertrauen grundsätzlich den erteilten behördlichen Auskünften beigemessen wird. Es wäre daher nicht nachvollziehbar andererseits aber ein Vertrauen auf derartige ggf. günstige behördliche Auskünfte zu verneinen und diesen dann keine enthaftende Wirkung beizumessen.

Dieses Ergebnis kann auch auf einen Vergleich zur Handhabung der Vermeidbarkeit eines Irrtums im Strafrecht gemäß § 17 StGB gestützt werden. Hier wird der Auskunft von Behörden ein hohes Vertrauen entgegengebracht. Daher wird hier die Unvermeidbarkeit solcher Rechtsirrtümer bei entsprechenden Auskünften durch die zuständige Behörde regelmäßig angenommen.[430] Einer solchen parallelen Handhabung könnte aber entgegengehalten werden, dass gerade im gesellschafts- und kapitalmarktrechtlichen Bereich höhere Anforderungen an die Sachkunde der ratsuchenden Organe gestellt werden kann,[431] als dies im strafrechtlichen Bereich für vollkommene Laien der Fall ist.

Dies würde aber verkennen, dass für die Frage, ob die Behörde ein qualifizierter Ratgeber sein kann, weniger der Empfängerhorizont des Ratsuchenden maßgeblich ist, als vielmehr die Fachkompetenz der befragten Behörde. Der Empfängerhorizont ist dabei erst auf einer zweiten Ebene maßgebend; nämlich bei der Bewertung des erteilten Rats.

---

[428] *Scholz*, AG 2009, S. 313 (321); *Fleischer*, DB 2009, S. 1335 (1337).

[429] *Kirschner*, DB 2008, S. 623 (625), *Segna*, AG 2008, S. 311 (315).

[430] BGH, NStZ 2000, S. 364 (364), für nicht offensichtlich unzuständige Behörden; BayObLG, MDR 1965, S. 502 (503).

[431] Für einen strengeren Maßstab hinsichtlich der Vermeidbarkeit des Verbotsirrtums für Organe: *S. Schneider/Uwe H. Schneider*, ZIP 2006, S. 493 (500).

Die zuständigen Behörden sind in der Regel auf Grund ihrer Sachkunde, Erfahrung im Umgang mit der jeweiligen Thematik sowie ihrer Unabhängigkeit[432] zur fundierten Auskunft in ihrem jeweiligen Bereich befähigt.[433] Dies gilt freilich nicht für den Fall, dass die Behörde unzuständig ist,[434] die Auskunft der Behörde von dieser selbst eingeschränkt wird bzw. der Vorstand auf eine weitere Prüfung durch einen Rechtsanwalt verwiesen wird oder aber sich aus anderen Gründen im konkreten Einzelfall Zweifel an der Rechtmäßigkeit des behördlichen Rats aufdrängen.[435]

bb. Die Unabhängigkeit des Beraters

Zudem wird einheitlich gefordert, dass der Berater unabhängig sein müsse.[436] Hierbei schließt sich dann unmittelbar die Frage an, wovon der Berater unabhängig sein muss und welche Konsequenzen dies in Bezug auf das Verhalten des Vorstands bei der Auswahl und Beauftragung des Beraters hat.

Einem *obiter dictum* des BGH in der Entscheidung vom 28.4.2015 ist zu entnehmen, dass der BGH insoweit zwischen der persönlichen und der sachlichen Unabhängigkeit unterscheidet.

Die sachliche Unabhängigkeit erfordert nach Ansicht des BGH, dass der Berater frei von etwaigen unmittelbaren oder mittelbaren Vorgaben des Vorstands seinen Rat erteilt.[437] Die persönliche Unabhängigkeit des Beraters verneint der BGH (wohl) in einer Entscheidung vom 11.12.2006 hinsichtlich der Haftung von Aufsichtsratsmitgliedern einer Aktiengesellschaft.[438] Hierin führte er aus, dass die Aufsichtsratsmitglieder nicht auf Auskünfte einer Person vertrauen können, die als designierter Geschäftsführer der noch zu gründenden Gesellschaft „*keineswegs die Gewähr für eine neutrale und nicht von eigenen Interessen gelenkte Beurteilung der Geschäftschancen bot.*"[439]

In dieselbe Richtung weisen auch die Ausführungen des OLG Hamburg als Vorinstanz zum BGH-Urteil vom 20.09.2011.[440]

Insoweit verlangte das OLG Hamburg nämlich, „*dass eine weitere [,als die der Rechtsanwaltskanzlei des Aufsichtsratsmitglieds], vor allem auf jeden Fall unabhängige Meinung eingeholt*" hätte werden müssen.[441]

---

[432] Vgl. zur Bedeutung der Unabhängigkeit des Beraters das *obiter dictum* in BGH, NZG 2015, S. 792 (795f.).
[433] So auch *Fleischer*, DB 2009, S. 1335 (1337).
[434] EuGH, EuZW 2013, 624 (625f.).
[435] *Fleischer*, DB 2009, S. 1335 (1337).
[436] BGH, AG 2007, S. 548 (550), ders., NZG 2015, S. 792 (795); *Krieger*, in Krieger/Uwe H. Schneider, § 3, Rn. 8; *Junker/Biederbick*, AG 2012, S. 898 (903).
[437] BGH, NZG 2015, S. 792 (795).
[438] BGH, NZG, 2007, S. 187 (188).
[439] BGH, NZG, 2007, S. 187 (188).
[440] BGH, AG 2011, S. 876 (876ff.).
[441] OLG Hamburg, AG 2010, S. 502 (507).

Weiter führte das OLG Hamburg aus, dass für die Erfüllung der hohen Anforderungen, bei einer für die Gesellschaft so wichtigen Fragestellung, nicht entscheidend sei, dass das Aufsichtsratsmitglied eventuell auf das Ergebnis des Gutachtens eingewirkt haben könnte. Vielmehr sei hier schon allein der Umstand maßgeblich, dass auf Grund der vorgegebenen personellen Verquickungen nicht ausgeschlossen werden könne, dass das Gutachten nicht vollkommen zweifelsfrei angefertigt wurde.[442]

aaa. Die Unabhängigkeit des Beraters in der Literatur

In der Literatur wird die Unabhängigkeit bzw. das Kriterium der *„persönlichen Zuverlässigkeit"*[443] des Beraters seinem Sinn und Zweck nach im Gleichklang mit der im Strafrecht vorherrschenden Definition verstanden. Insoweit sei die Abwesenheit von Eigeninteressen[444] sowie das Fehlen von Anhaltspunkten für die fehlende Seriosität oder Käuflichkeit des Beraters erforderlich.[445] Kennzeichnend für die Unabhängigkeit eines Beraters sei, dass das Handeln frei von sachfremden Erwägungen ist,[446] da Freiheit ein Merkmal der Unabhängigkeit sei.[447] Somit scheide jede Person als tauglicher Ratgeber aus, die sich in einem Interessenkonflikt befindet.[448]

bbb. Kritische Würdigung des Erfordernisses der Unabhängigkeit des Beraters

Für ein strenges Verständnis des Merkmals der Unabhängigkeit spricht die Zusammenschau mit dem anderen für die Auswahl des Beraters maßgeblichen Kriterium – der fachlichen Kompetenz des Beraters.

Das Merkmal der Unabhängigkeit des Beraters dient im Unterschied zum Merkmal der fachlichen Kompetenz nämlich dazu, zu bestimmen, ob der Berater auch im konkreten Fall geeignet ist, einen objektiven und damit ordnungsgemäßen Rat zu erteilen.[449]

Während also bei dem Kriterium der fachlichen Kompetenz abstrakt danach zu fragen ist, ob der Berater überhaupt geeignet ist, einen entsprechend qualifizierten Rat zu erteilen, geht es bei der Frage der Unabhängigkeit des Beraters um die Person des Beraters im konkreten Einzelfall. Das Auswahlermessen des Vorstands hinsichtlich der Person des Beraters wird hierdurch also zu Gunsten der Qualität des zu erteilenden Rats weiter eingegrenzt.

---

[442] OLG Hamburg, AG 2010, S. 502 (507).

[443] *Fleischer*, in: FS Hüffer (2010), S. 187 (191f.); *ders.*, NZG 2010, S. 121 (123).

[444] *Krieger*, in Krieger/U. H. Schneider, § 3, Rn. 8; *Junker/Biederbick*, AG 2012, S. 898 (903); zur strafrechtlichen Definition: BGH, NJW 1995, S. 204 (205); *ders.*, NJW 2000, S. 2366 (2368); *ders.* NStZ 2000, S. 307.

[445] *Fleischer*, in: FS Hüffer (2010), S. 187 (191).

[446] *Junker/Biederbick*, AG 2012, S. 898 (903).

[447] *Wahrig*, Deutsches Wörterbuch, 6. Auflage 2006, Stichwort „Unabhängigkeit".

[448] *Junker/Biederbick*, AG 2012, S. 898 (903).

[449] *Fleischer*, NZG 2010, S. 121 (123), spricht insoweit von „*Teilelement der persönlichen Zuverlässigkeit*"; *Junker/Biederbick*, AG 2012, S. 898 (903); *Binder*, AG 2012, S. 885 (892).

Dass das Kriterium der Unabhängigkeit nach dem Verständnis der Rechtsprechung eine ergänzende Funktion zum Kriterium der fachlichen Kompetenz haben muss, wird dadurch deutlich, dass der BGH erst durch seine Entscheidung vom 14.05.2007[450] dieses Kriterium als Anforderung an die Auswahl des Beraters aufstellte und dann stets wiederholte.[451] In älteren Entscheidungen hatten die Gerichte stets allein auf die Fachkenntnisse des Beraters abgestellt.[452]

Das Kriterium leuchtet auch unmittelbar ein, da es aus Sicht der Gesellschaft eben nur dann zu rechtfertigen ist, dass sich ein Vorstand ihr gegenüber enthaften kann, wenn dieser einen Berater hinzuzieht, der seinen Rat möglichst objektiv erteilt, indem er sich rein an der Sach- bzw. Rechtslage orientiert.

Spielen hingegen persönliche Interessen des Beraters bei der Erteilung des Rats eine Rolle, hat der Vorstand nicht sichergestellt, dass den Unternehmensinteressen nach besten Kräften Genüge geleistet wird. Dem Vorstand ist insoweit dann also der Vorwurf zu machen, dass er in der Vorbereitung auf die von ihm zu treffende Entscheidung, seine Pflichten besser hätte erfüllen können. Ist dies der Fall, so ist es aus Sicht der Gesellschaft mit Blick auf den Ausnahmecharakter der Rechtsfigur des unvermeidbaren Verbotsirrtums auch nicht zu rechtfertigen, dem Vorstand das Privileg der Enthaftung zu gewähren. Insoweit verdient der Vorstand dann keinen Vertrauensschutz, der das Interesse der Gesellschaft, ihre Vermögensinteressen zu wahren, überlagern könnte.

Der Vorstand muss also den Berater so auswählen, dass dieser nicht von sachfremden Überlegungen geleitet wird.

ccc. Weitere Anforderungen an die Unabhängigkeit des Beraters

Fraglich ist darüber hinaus, welche weiteren Verhaltenspflichten sich aus dem Kriterium der Unabhängigkeit für die Auswahl und Beauftragung eines solchen Beraters ergeben.

Insoweit ist der Sinn und Zweck des Kriteriums der Unabhängigkeit maßgeblich.[453]

Das Kriterium der Unabhängigkeit des Beraters soll sicherstellen, dass dieser seine Ergebnisse allein an der Sach- und Rechtslage orientiert.[454] Nur dann ist ein Vertrauen des Vorstands auf diese Ergebnisse anzuerkennen, welches eine Enthaftung des Vorstands gegenüber der Gesellschaft rechtfertigen kann.[455]

Liegen der Beratung hingegen sachfremde Interessen des Beraters oder eines Dritten zugrunde und hätte der Vorstand diese erkennen müssen, so kann dieser nicht mehr auf die Beratung vertrauen. Es ist dann auch nicht mehr zu rechtfertigen,

---

[450] BGH, AG 2007, S. 548 (550).
[451] Vgl. BGH, AG 2011, S. 876 (877); ders.; ZIP 2012, S.1174 (1175).
[452] BGHZ 126, S. 181 (199); OLG Düsseldorf, NZG 1999, S. 944 (946).
[453] *Wagner*, BB 2012, S. 651 (656).
[454] *Wagner*, BB 2012, S. 651 (656).
[455] *Wagner*, BB 2012, S. 651 (656); *Fleischer*, in: FS Hüffer (2010), S. 187 (192).

ihm in solchen Fällen, wenn er dann dennoch dem Rat Folge leistet, eine Enthaftungsmöglichkeit zu eröffnen.[456] Daher liegt es bereits im eigenen Interesse des Vorstands, dass er dafür Sorge trägt, dass der hinzugezogene Berater seinen Rat frei von irgendwelcher Beeinflussung seitens des Vorstands oder anderer Personen erteilt.

Dass sich hieraus ergibt, dass der Vorstand den unternehmensinternen oder externen Berater nicht unter Druck setzen darf, ein gegen die objektive Sach- oder Rechtslage, aber seinen Vorstellungen entsprechendes Gutachten zu erstellen, ist dabei selbstredend.

Aber so evident dieser Fall ist, so umstritten ist die Beantwortung der Frage, welche Verhaltenspflichten den Vorstand im Einzelfall hinsichtlich der Beauftragung des Beraters darüber hinaus treffen.

ddd. Sind die Art und der Umfang der Beauftragung maßgeblich für die Unabhängigkeit des Beraters?

Grundsätzlich muss die Beauftragung des Beraters durch den Vorstand die konkret zu klärende Frage umfassen.[457] Dies bedeutet jedoch nicht, dass jede (Rechts-)Frage ausdrücklich vom Vorstand dem Berater gegenüber geäußert werden muss. Vielmehr muss diese Frage aus Sicht des Vorstands nur in dem erteilten Prüfungsauftrag enthalten sein.[458] Dies soll sogar dann der Fall sein, wenn der Vorstand nach den jeweiligen Umständen des Einzelfalls darauf vertrauen durfte, dass diese Frage von dem Berater „*mitgeprüft*" werde. Insoweit sei auch nicht maßgeblich, ob sich die Beantwortung der konkreten Frage in dem später erteilten Rat widerspiegelt.[459]

Dies wird damit begründet, dass von dem grundsätzlich fachunkundigen Vorstand gerade nicht verlangt werden könne, dass er die entscheidenden Fragen selbst umreißt und somit in die Beauftragung ausdrücklich aufnimmt.[460]

(i) Das Kriterium der offenen Fragestellung

Weiterhin ist umstritten, ob der Vorstand die Beauftragung auf die Überprüfung einer einzelnen konkreten Maßnahme begrenzen darf.

Nach Stimmen in der Literatur fehle dem Berater dann die erforderliche (sachliche) Unabhängigkeit. Daher sei der Vorstand gehalten, die Beauftragung in Form einer offenen Fragestellung zu formulieren.[461]

Insoweit wäre also allein die Beauftragung zur Rechtmäßigkeitsprüfung einer favorisierten Maßnahme hiernach bereits unzulässig, so dass in derartigen Fällen

---

[456] BGH, NZG 2007, S. 187 (188), für den fakultativen Aufsichtsrat einer GmbH;
Fleischer, ZHR 172, S. 538 (548); *Wagner*, BB 2012, S. 651 (656); weitergehend: OLG Hamburg, AG 2010, S. 502 (507).
[457] BGH, ZIP 2012, S. 1174 (1175); ders., NZG 2015, S. 792 (794).
[458] BGH, NZG 2015, S. 792 (794).
[459] BGH, NZG 2015, S. 792 (795).
[460] BGH, NZG 2015, S. 792 (795).
[461] *Strohn*, ZHR 176, S. 137 (141), für Syndikusanwälte.

keine Enthaftung des Vorstands durch Berufung auf den dann erteilten Rat möglich wäre.

Dem wird entgegengehalten, dass Berater, die mit der Prüfung einer konkreten Maßnahme beauftragt werden, unterstellt werde, dass sie das gewünschte Ergebnis des Vorstands nur „abnicken" würden und daher Beratern generell zu misstrauen sei.[462]

Eine solche Ansicht würde zudem insbesondere internen Beratern ihre Arbeitsgrundlage entziehen. Diese könnten dann nämlich nicht mehr gutachterlich, mit enthaftender Wirkung, tätig werden, wenn sie schon bei den ersten sog. Judgement Calls, in denen die Projekte erstmals besprochen und bestimmte Lösungen favorisiert werden, hinzugezogen worden sind.[463]

(ii) Stellungnahme zum (faktischen) Verbot der Überprüfung konkreter Maßnahmen

Das Kriterium der Unabhängigkeit des Beraters erfordert nicht, dass der Vorstand den Berater nur mit offenen Fragestellungen konfrontieren darf. Würde man einem Berater schon dann die notwendige Unabhängigkeit absprechen, wenn der Vorstand ihn nach der Recht- bzw. Sachmäßigkeit einer konkreten Maßnahme fragt, so müsste man das gesamte Beratungssystem in Frage stellen.

Wenn man daran zweifelt, dass der Berater trotz entsprechender Hinweise des Vorstands grundsätzlich nicht in der Lage sei, ein unabhängiges Gutachten zu erstellen, so erscheint es generell fraglich, warum der Rat eines Beraters den Vorstand entlasten sollte.

Eine solche Betrachtungsweise des Beraters erscheint bereits mit Blick auf dessen Haftungsrisiken bei einer Falschberatung fraglich.

Erteilt der Berater wider besseren Wissens falsche Auskünfte, so läuft er Gefahr, später selbst durch die Gesellschaft in Anspruch genommen zu werden, wenn ihr durch die Befolgung seines Rats ein Schaden entsteht. Weiterhin wird ein Berater das Ziel verfolgen, die Geschäftsbeziehung zu seinem Mandanten zu festigen. Dies wird ihm langfristig aber nur durch zutreffende Beratung gelingen. Daher wird er nicht allein den dann meist nur kurzfristigen Erfolg seiner Arbeit – dem Vorstand einen vermeintlichen „Persilschein" auszustellen – im Blick haben. Somit stützt bereits die Interessenslage des Beraters nicht die grundsätzliche Annahme, er werde stets „alles möglich machen, was sich der Vorstand wünscht". Die insoweit scheinbar von einem grundsätzlichen Misstrauen gegenüber Berater getragene Annahme – sich zu Lasten der (langfristigen) Interessen der Gesellschaft zu verhalten – erscheint also nicht gerechtfertigt.

Auch bei unternehmenseigenen Beratern kann ein derartiger „blinder Befolgungswille" nicht grundsätzlich angenommen werden. Genauso wie ein externer Berater, der durch eine Fehlberatung grundsätzlich vertragliche Pflichten verletzt, verletzt der interne Berater seine aus dem Arbeitsvertrag resultierenden Pflichten,

---

[462] *Kiefner/Krämer*, AG 2012, S. 498 (501).
[463] *Kiefner/Krämer*, AG 2012, S. 498 (501).

Schaden von der Gesellschaft abzuhalten, wenn er solch einen „Gefälligkeitsrat" erteilt.

Auch zwingt die Interessenlage des Vorstands nicht dazu, präventiv bereits bei geschlossenen Fragestellungen eine Unabhängigkeit des Beraters zu verneinen. Unterstellt, der Vorstand stelle seine eigenen Interessen über diejenigen der Gesellschaft, um eine bestimmte Maßnahme umzusetzen, die sich kurzfristig als erfolgreich darstellt und somit ggf. seinen eigenen Interessen dient, so wird ihm gleichzeitig daran gelegen sein, eine eigene Haftung zu vermeiden. Insoweit wird er gerade darauf hinwirken, einen substantiierten und gleichzeitig belastbaren Rat zu erhalten. Denn nur auf solch einen Rat wird er sich in einem späteren Regressverfahren berufen können.[464]

Das Fehlen eines solchen unabhängigen Rats bereits anhand der Art der Fragestellung aufzuhängen, erscheint insoweit nicht überzeugend. Wählt der Vorstand einen Berater aus, der die entsprechende Fachkunde in dem Bereich mitbringt, so wird dieser ohne Weiteres unabhängig von der Fragestellung erkennen, wie die jeweiligen Interessen in dem konkreten Fall gelagert sind und welche Lösung der Vorstand favorisiert.

Überdies ermöglichen geschlossene Fragestellungen eine deutlich schnellere Überprüfung durch den Berater. Die gesparte Zeit und Kosten versetzen den Vorstand wiederum in die Lage, zeitnah eine entsprechende Entscheidung zu treffen. Dies wiederum kann von erheblicher Bedeutung sowie Nutzen für die Gesellschaft sein.

Zudem ist der Berater schon aus eigenem Interesse dazu gehalten, weitere Alternativlösungen zu prüfen und gegebenenfalls günstigere Möglichkeiten dem Vorstand zu unterbreiten, um so entsprechenden Mehrwert beizutragen und sich so für Folgeaufträge zu empfehlen.

Darüber hinaus setzt die Ansicht, die eine generellere Ungeeignetheit von Beratern annimmt, die mit der Prüfung einer konkreten Maßnahme betraut sind, implizit voraus, dass ein Vorstand, der einen Berater auf diese Weise betraut, stets sein Interesse an der Durchführung dieser Maßnahme über das der Gesellschaft stellen würde. Andernfalls bestünde gar kein Grund, zu vermuten, dass der Gutachter sich genötigt sehe, ein solches Gefälligkeitsgutachten zu erstellen. Maßgeblich für die Frage, ob der erteilte Rat des Gutachters vertrauenswüdig ist oder nicht, ist dessen ausgearbeitetes Ergebnis und nicht die Art der Fragestellung. Zudem kann auch bei einer offenen Fragestellung das Gutachten einseitig und daher nicht belastbar sein, da der fachkundige Berater eben die Interessen im konkreten Einzelfall auch ohne entsprechende Fragestellung erkennen wird. Andererseits kann auch ein auf Grund einer geschlossenen Fragestellung erarbeitetes Gutachten sich mit den Pro- und Contraargumenten fundiert auseinandersetzen und einen umfassenden und objektiven Überblick über die Sach- oder Rechtslage anhand der Gesellschaftsinteressen geben.

---

[464] Vgl. BGH, AG 2007, S. 548 (550).

Ob der Rat letztlich einseitig oder eben umfassend und objektiv ist, hängt eben nicht von der Art der Fragestellung, sondern von der vom Berater erteilten Auskunft ab.

Die Unabhängigkeit des Beraters bereits dann zu verneinen, wenn dieser mit einer geschlossenen Fragestellung beauftragt wird, ist nicht gerechtfertigt. Zum einen bewirkt dies weder eine größere Objektivität des Beraters, noch wird hierdurch gewährleistet, dass den Interessen der Gesellschaft in einem stärkeren Umfang Rechnung getragen wird. Insoweit ist das Erfordernis der offenen Fragestellung daher abzulehnen.

eee. Die Unabhängigkeit von unternehmensinternen Beratern?

In Zusammenhang mit dem Kriterium der Unabhängigkeit des Beraters ist streitig, ob Mitarbeiter der Aktiengesellschaft dieses Kriterium erfüllen. Zweifel hieran resultieren daraus, dass die Mitarbeiter dem Vorstand direktionsrechtlich unterstellt sind.

Versteht man das Kriterium der Unabhängigkeit dahingehend, dass keine Weisungsgebundenheit vorliegen darf, so wären Mitarbeiter der Gesellschaft als geeignete Berater von vorneherein ausgeschlossen.[465]

Nach strenger Ansicht können Mitarbeiter die notwendige Unabhängigkeit und damit einhergehende Objektivität auf Grund ihres Arbeitsverhältnisses nicht gewährleisten. Sie würden mangels Vergleichbarkeit mit externen Beratern als geeignete Berater daher ausscheiden.[466]

(i) Die Rechtsprechung des EuGH zur Unabhängigkeit von Syndikusanwälten

Der EuGH hat insoweit eine vergleichbare Unabhängigkeit des angestellten Syndikusanwalts zu einem externen Rechtsanwalt verneint.[467] In der vom EuGH zu entscheidenden Frage ging es maßgeblich darum, ob die unternehmens- und konzerninterne Korrespondenz mit dem Syndikusanwalt dem Rechtsanwaltsgeheimnis unterfällt.

Zur Begründung führt der EuGH aus, dass sich der Syndikusanwalt *„in der Situation eines abhängig Beschäftigten befindet, die es naturgemäß nicht zulässt, dass der Syndikusanwalt von seinem Arbeitgeber verfolgte Geschäftsstrategien außer Acht lässt und die dadurch seine Fähigkeit, in beruflicher Unabhängigkeit zu handeln, in Frage stellt."*[468]

Zudem würden die sich aus dem Arbeitsvertrag ergebenden weiteren Pflichten dazu führen, dass sich die *„enge Bindung"* des Syndikusanwalts an seinen Arbeit-

---

[465] In diese Richtung tendierend: Hölters/*Hölters*, § 93, Rn. 249.

[466] Hölters/*Hölters*, § 93, Rn. 249; Generalanwältin *Kokott*, Schlussanträge v. 28.2.2013 – C 681/11, BeckEuRS 2013, 710019, Rn. 64; BGH, BeckRS 31172152.

[467] EuGH, NJW 2010, S. 3557 (3557ff.).

[468] EuGH, NJW 2010, S. 3557 (3560).

geber nur verstärken. Diese „*enge Bindung*" und die gegebene wirtschaftliche Abhängigkeit würden den Syndikusanwalt nicht als so unabhängig erscheinen lassen wie einen nicht angestellten Rechtsanwalt.[469]

Die gleiche Meinung vertrat die Generalanwältin *Kokott*[470] im Rahmen ihres Schlussantrags zu einem Vorabentscheidungersuch des österreichischen OGH. In diesem Verfahren ging es rechtlich auch um die Frage, ob und unter welchen Voraussetzungen im europäischen Wettbewerbsrecht ein schuldausschließender Verbotsirrtum bei der Beratung durch einen unternehmensinternen Berater in Betracht kommt.[471]

Nach Auffassung der Generalanwältin *Kokott* kommt ein solcher schuldausschließender Verbotsirrtum im Kartellrecht nur in Betracht, wenn sich das Unternehmen von einem unabhängigen externen Rechtsanwalt beraten lassen hat.[472] Ein Syndikusanwalt gewährleiste diese Unabhängigkeit kraft Berufsstellung bereits deshalb nicht, da er als Arbeitnehmer unmittelbar vom Unternehmen abhängig sei.[473]

(ii) Die Kritik in der Literatur an der Rechtsprechung des EuGH betreffend die Unabhängigkeit von Syndikusanwälten

Die Rechtsprechung des EuGH ist bereits mit Blick auf die Negierung des Anwaltsprivilegs auf massive Kritik in der Literatur gestoßen. Zusätzlich wird aber auch eine Übertragbarkeit auf die Frage der Unabhängigkeit eines Syndikusanwalts in Rahmen der Beratung des Vorstands verneint.[474]

Gegen die Rechtsprechung des EuGH wird thematisch eingewendet, dass diese die Rolle des Unternehmensanwalts verkenne. Unternehmen würden von ihren Mitarbeitern genauso wie von externen Juristen erwarten, dass diese keine Gefälligkeitsgutachten erstellen, sondern unabhängigen und vor allen Dingen zutreffenden Rechtsrat erteilen.[475]

Zum anderen handele es sich bei den Mitarbeitern in insbesondere großen Rechtsabteilung, wie sie zumeist in (börsennotierten) Aktiengesellschaften anzutreffen sind, um hochqualifizierte und entsprechend spezialisierte Juristen. Ihre Kompetenz gehe in manchen Rechtsgebieten sogar über die von externen Anwälten hinaus.[476]

---

[469] EuGH, NJW 2010, S. 3557 (3560).

[470] Schlussantrag des Generalanwalts v. 28.2.2013 - C-681/11- „*Schenker*", abgedruckt in: BeckEuRS 2013, 710019.

[471] *Fleischer*, EuZW 2013, S. 326 (326).

[472] *Kokott*, BeckEuRS 2013, 710019, Rn. 64; siehe dazu aber EuGH, EuZW 2013, S. 624 (625f.), der auf einen enthaftenden Verbotsirrtum auf Grund des erteilten Rechtsrats sowohl einer Anwaltskanzlei als auch von Inhousejuristen nicht eingeht.

[473] *Kokott*, BeckEuRS 2013, 710019, Rn. 64.

[474] *Fleischer*, EuZW 2013, S. 326 (329); *Junker/Biederbick*, AG 2012, S. 898 (901ff.).

[475] *Berrisch*, EuZW 2010, S. 786 (786).

[476] *Junker/Biederbick*, AG 2012, S. 898 (900 f.); *Fleischer*, EuZW 2013, S. 326 (329); *Merkt/Mylich*, NZG 2012, S. 525 (528) m.w.N; *Wagner*, BB 2012, S. 651 (656).

Überdies verfange auch das Argument der höheren Bindung des Hausjuristen an das Unternehmen nicht zwingend. Denn auch ein externer Anwalt, der über Jahre hinweg mit dem Unternehmen zusammenarbeitet, könne eine größere Bindung zu dem Unternehmen aufbauen, als ein gerade erst eingestellter Hausjurist.[477] Die Unabhängigkeit des Hausjuristen hänge weniger von wirtschaftlichen Gesichtspunkten ab als von dem Charakter des Mitarbeiters und dessen Integrität. Insoweit sei die Situation vergleichbar zu der Situation eines externen Rechtsanwalts.[478]

Zudem bestünde auch bei externen Rechtsanwälten die Gefahr der wirtschaftlichen Abhängigkeit, wenn es sich um Großmandate handelt. Es müsse bei dieser wirtschaftlichen Betrachtungsweise berücksichtigt werden, dass der Hausjurist durch den arbeitsrechtlichen Schutz gegen willkürliche Maßnahmen der Unternehmensführung sogar besser gestellt sei als ein externer Rechtsanwalt.[479] Der Vorstand kann die Auftragsverhältnisse mit externen Beratern nämlich stets ohne Angabe von Gründen jederzeit beenden, während zu Gunsten des angestellten Unternehmensjuristen der arbeitsrechtliche Kündigungsschutz eingreife.[480]

Auch stünden externe Anwälte unter einem viel höheren Wettbewerbsdruck. Diese könnten daher viel eher geneigt sein, ein den Wünschen des Vorstands entsprechendes Gutachten zu verfassen, um so nicht Gefahr zu laufen, den Mandanten auf Grund der Unzufriedenheit des Vorstands zu verlieren.[481]

Des Weiteren ermögliche es der engere Kontakt und die besseren Einblicke in das Unternehmen dem Unternehmensjuristen oft fundierteren und schnelleren Rechtsrat zu erteilen, was gerade der Aktiengesellschaft nütze.[482]

Darüber hinaus bestehe die Gefahr eines Gefälligkeitsgutachtens bei Hausjuristen grundsätzlich deshalb nicht, da Inhousejuristen wegen ihres Anstellungsvertrags gehalten sind, etwaige Schadensersatzforderungen von der Gesellschaft fernzuhalten.[483] Es liege daher im eigenen Interesse der Syndikusanwälte, dass sie die objektive Rechtslage darstellten.

Auch ergebe sich aus dem Umstand, dass der Unternehmensjurist dem Vorstand gegenüber weisungsgebunden ist, kein Unterschied zu einem externen Anwalt.[484] Zunächst wären derartige Vorgaben bzgl. des zu erteilenden Rats wegen Verstoßes gegen die Pflichten aus dem Berufsrecht i.V.m. § 134 BGB oder § 138 BGB nichtig.[485]

Auf Grund der ihn treffenden Legalitätspflicht sei der Vorstand ohnehin verpflichtet, derartige Vorgaben zu unterlassen. Insoweit könne es sich wegen der in

---

[477] *Seitz*, EuZW 2010, S. 524 (526).

[478] *Mann*, DB 2011, S. 978 (983); *Seitz*, EuZW 2010, S. 524 (526).

[479] *Junker/Biederbick*, AG 2012, S. 898 (902); *Fleischer*, EuZW 2013, S. 326 (329).

[480] *Junker/Biederbick*, AG 2012, S. 898 (902); *Fleischer*, EuZW 2013, S. 326 (329).

[481] *Junker/Biederbick*, AG 2012, 898 (902).

[482] *Berrisch*, EuZW 2010, S. 786 (786); *Kremer/Voet van Vormizeele*, AG 2011, S. 245 (251).

[483] *Fleischer*, in FS Hüffer (2010), S. 198 (193); *Junker/Biederbick*, AG 2012, S. 898 (902).

[484] *Kremer/van Vormizeele*, AG 2011, S. 245 (247).

[485] *Kremer/van Vormizeele*, AG 2011, S. 245 (247).

jüngster Vergangenheit publik gewordenen Haftungsprozesse ohnehin kein Vorstand leisten, dem Hausjuristen etwaige Vorgaben zu machen, die dessen Unabhängigkeit einschränken.[486] Auch hielte die Gefahr, bei bewusst fehlerhaften Rechtsauskünften sich der Teilnahme an einer Straftat oder Ordnungswidrigkeit der Geschäftsleitung strafbar zu machen, den Hausjuristen davon ab, einseitige Gutachten zu erstellen.[487] Zudem sei es unverständlich, wenn verlangt werde, dass Unternehmen, die komplexe bzw. risikoreiche Geschäfte betreiben, eine entsprechende Organisations- und Abteilungsstruktur einschließlich einer Rechtsabteilung zur Informationsbeschaffung aufbauen müssten.[488] Es dem Vorstand und damit mittelbar auch der Aktiengesellschaft dann aber verwehrt sei, diese entsprechend enthaftend zu nutzen.[489]

Überdies würde auch die Gesetzesbegründung zu § 93 Abs. 1 S. 2 zeigen, dass ein sofortiges Zurückgreifen auf unternehmensexterne Berater im Rahmen von Vorstandsentscheidungen vom Gesetzgeber nicht intendiert war.[490] Dies ergebe sich daraus, dass es dort heißt, dass der Sinn der Regelung nicht sei, *„dass durch routinemäßiges Einholen von Sachverständigengutachten, Beratervoten oder externen Marktanalysen eine rein formale Absicherung stattfindet“*.[491]

Vielmehr könnte aus solch einem Vorgehen wiederum für den Vorstand die Gefahr der Haftung wegen Verschwendung des Gesellschaftsvermögens entstehen, wenn das beabsichtigte Geschäft einen solchen (Kosten-)Aufwand nicht rechtfertigt.[492]

Zudem wird die Übertragbarkeit der Rechtsprechung des EuGH auf Fragen der Organhaftung verneint.[493] Hiergegen spreche, dass die Gründe des europäischen Gerichtshofs für die Entscheidung mehr praktischen Erwägungen folgten. Bei einer Ausdehnung des Anwaltsprivilegs auf Unternehmensjuristen würde nämlich die Ermittlungsarbeit der europäischen Kommission im Rahmen von Verfahren wegen des Verstoßes gegen das europäische Wettbewerbsrecht sonst wesentlich erschwert werden.[494] Da diese praktischen Erwägungen im Rahmen der Organhaftungsfragen aber keine Rolle spielten, sei eine Vergleichbarkeit nicht gegeben.[495]

---

[486] *Kremer/van Vormizeele*, AG 2011, S. 245 (247).

[487] Zur Strafbarkeit des Rechtsanwalts bei fehlerhaftem Rechtsrat: OLG Düsseldorf, JR 1984, S. 257 (258).

[488] *Thümmel*, Persönliche Haftung von Managern und Aufsichtsräten, Rn. 197.

[489] *Junker/Biederbick*, AG, 2012, S. 898 (901); *Roxin*, Strafrecht Allgemeiner Teil, Bd I, 4. Aufl. 2006, § 21 F Rn. 62.

[490] *Junker/Biederbick*, AG 2012, S. 898 (901).

[491] Vgl. BT-Drs. 15/5092, S. 12.

[492] So *Scholz/U. H. Schneider*, § 43, Rn. 58; *Fleischer*, KsZW 2013, S. 3 (7); *Junker/Biederbick*, AG 2012, S. 898 (901).

[493] *Junker/Biederbick*, AG 2012, S. 898 (901); *Fleischer*, EuZW 2013, S. 326 (329).

[494] *Berrisch*, EuZW 2010, S. 786 (787); dahin tendierend auch: *Junker/Biederbick*, AG 2012, S. 898 (901).

[495] *Junker/Biederbick*, AG 2012, S. 898 (901); *Fleischer*, EuZW 2013, S. 326 (329).

Eine vermittelnde Ansicht hält für ausschlaggebend, wie komplex die Fragestellung und wie groß das Unternehmen selbst sei. Bei sehr weitreichenden Entscheidungen für die Gesellschaft, wie bspw. Übernahmen oder Fragen zur Überschuldung, kann die Geschäftsleitung dann gehalten sein, zusätzlich zu dem internen Rat noch eine externe Beratung im Sinne des „Vier-Augen-Prinzips" zur Klärung der Rechtslage hinzuzuziehen.[496] Entscheidend sei aber stets, dass sich der Vorstand der Gefahr der „Betriebsblindheit" der ihm weisungsgebundenen internen Beratern bewusst ist.[497]

Hiergegen wird eingewendet, dass diese „Blindheit" auch bei langjährigen externen Beratern eintreten könne.[498] Auch diese könnten dann Informationen für gegeben erachteten, anstatt sie einer kritischen Überprüfung zu unterziehen.[499] Zudem handele es sich bei den Kriterium „komplex" und „Größe des Unternehmens" um normative Begriffe, die zu einer weiteren Rechtsunsicherheit führten, die letztlich nur zu einem zusätzlichen Haftungsrisiko für die Geschäftsleitung führten.[500]

Maßgeblich für die Einordnung, ob ein interner Berater trotz seiner unbestreitbaren wirtschaftlichen Abhängigkeit vom Unternehmen und der teilweise gegebenen Weisungsgebundenheit gegenüber der Geschäftsführung als ein unabhängiger Berater anzusehen ist, ist die Frage, ob dieser eine vergleichbare Objektivität wie ein externer Berater gewährleisten kann.

Das Merkmal des unabhängigen Beraters konkretisiert u.a. die zu beachtende Sorgfalt des Vorstands gemäß § 93 Abs. 1 S. 1 hinsichtlich der Auswahl des Beraters. Von einem diesem Maßstab erforderlichen ordentlichen und gewissenhaften Verhalten kann nicht mehr gesprochen werden, wenn der Vorstand einen Berater auswählt, der auf Grund falsch verstandener Loyalität zum Unternehmen bzw. präziser gegenüber dem Vorstand Gefälligkeitsgutachten verfasst. Dies gilt umso mehr, sofern der Vorstand im Rahmen seiner Weisungskompetenz zusätzlich versucht, auf den Inhalt des Gutachtens einzuwirken.

Die Auswahlentscheidung liegt hier beim Vorstand. Dieser muss es sich dann auch im Rahmen eines Haftungsprozesses zurechnen lassen, wenn er die fehlende Objektivität des internen Beraters nicht erkennt bzw. erkennen will.

Es erscheint allerdings äußerst weitgehend, interne Berater schon per se als ungeeignet auszuschließen und ihnen damit konkludent die erforderliche Objektivität abzusprechen.

Gemäß §§ 76 Abs. 1, 77 hat der Vorstand die Gesellschaft in eigener Verantwortung zu leiten bzw. die Geschäfte zu führen. Die Kehrseite dessen ist, dass er bei entsprechenden Pflichtverletzungen der Gesellschaft gegenüber nach § 93 Abs. 2 haftet.

---

[496] MüKo/*Spindler*, AktG, § 93, Rn. 67; *Primaczenko*, GWR 2011, S. 518 (518); *Schöne*, Börsen-Zeitung Nr. 40 v. 25.2.2012, S. 13.
[497] *Spindler*, in: FS Canaris, S. 403 (421).
[498] *Selter*, AG 2012, S. 11 (15).
[499] *Selter*, AG 2012, S. 11 (15).
[500] *Selter*, AG 2012, S. 11 (15).

Bürdet man ihm nun auf der einen Seite die Leitung der Gesellschaft nebst der damit einhergehenden Haftung auf, so muss es dem Vorstand auch grundsätzlich freistehen, wen er als kompetenten und damit unabhängigen Berater ansieht und zu Rate zieht, wenn er einen Beratungsbedarf sieht. Hier kann auf Grund der täglichen Zusammenarbeit und fachlichen Expertise durchaus ein interner Berater auf Grund seiner „Innenansicht" auf das Unternehmen die beste Option sein.[501] Zudem liegt es an der Geschäftsleitung selbst, bspw. das anwaltliche Berufsrecht und die damit einhergehende Verpflichtung zum rechtmäßigen Handeln des internen Beraters durch Unterlassen der Einflussnahme zu sichern.

Verhält sich der Vorstand danach und stellt bei der Auswahl des Beraters sicher, dass der Mitarbeiter nicht auf Grund einer falsch verstanden Loyalität dem Unternehmen gegenüber seine Expertise abgibt, so bestehen gegen die Auswahl eines Mitarbeiters keine grundlegenden Bedenken. Der Vorstand ist dabei aber gehalten, durch entsprechende(s) eigene(s) Verhalten und Weisungen (Compliance) auf ein objektives Gutachten des gesellschaftsinternen Beraters hinzuwirken.[502]

Fraglich ist, ob die Unternehmensleitung bei besonders anspruchsvollen Situationen (Unternehmensübernahme, Überschuldung) dennoch verpflichtet ist, einen externen Berater zu beauftragen bzw. dessen weiteren Rat einzuholen.[503]

In diese Richtung argumentiert zumindest das OLG Hamburg.[504] Dies hatte schon eine Rechtsanwaltskanzlei, deren einer Partner ein Aufsichtsratsmitglied der ratsuchenden Gesellschaft war, als nicht unabhängig eingestuft, als es ein Verschulden des Vorstands im Rahmen der Haftung nach §§ 93 Abs. 2, 3 Nr. 4 bejahte. Insoweit war aber auf Grund der kritischen Äußerungen eines Wirtschaftsprüfers deutlich, dass der streitgegenständliche Anteilserwerb problematisch sein würde. Insoweit hätte nach Ansicht des Gerichts *„eine weitere, vor allem unabhängige Meinung eingeholt"* werden müssen.[505]

Zudem führt das OLG Hamburg weiter aus, dass dem Vorstand *„bei der Durchführung eines derart bedeutsamen und für die Zukunft des von ihnen geleiteten Unternehmens wichtigen Geschäfts, sehr hohe Sorgfaltspflichten aufzuerlegen"* seien.[506] Es folgert daraus, dass ein externer Berater hätte hinzugezogen werden müssen. [507]

Folgt man dieser Argumentationskette, so dürfte mit einem Erst-recht-Schluss bei gleichsam weitreichenden Entscheidungen auch stets ein interner Mitarbeiter als objektiv geeigneter Berater ausscheiden.

Weiter ist aus diesen Ausführungen zu folgern, dass auch die Art und der Umfang der hinter der Beratung stehenden Entscheidung Einfluss auf Anforderungen hin-

---

[501] So auch für die strafrechtliche Bewertung: OLG Hamburg, NJW 1967, S. 213 (215).
[502] So auch *U. H. Schneider*, DB 2011, S. 99 (103).
[503] *Freund*, GmbHR 2011, S. 238 (240).
[504] OLG Hamburg, AG 2010, S. 502 (507).
[505] OLG Hamburg, AG 2010, S. 502 (507).
[506] OLG Hamburg, AG, 2010, S. 502 (507).
[507] OLG Hamburg, AG 2010, S. 502 (507).

sichtlich der Auswahl des Beraters haben soll. Entsprechend müsste bei weitreichenden bzw. komplexen Entscheidungen ein externer Berater hinzugezogen werden.

Der BGH ging, entgegen dem vorinstanzlichen OLG Hamburg, nicht weiter darauf ein, ob die hinzugezogene Kanzlei, in der das Aufsichtsratsmitglied Partner war, als unabhängig angesehen werden kann.[508] Der BGH lehnte den Rat der hinzugezogenen Rechtsanwaltskanzlei als Entlastung für die Vorstandsmitglieder jedoch nicht schon wegen der fehlenden Unabhängigkeit der Kanzlei ab, sondern weil nicht im erforderlichen Umfang dargelegt wurde, ob dieser Rat nach Inhalt und Umfang ausreichend gewesen war.[509] Zudem führte der BGH weiter aus, dass auch eine erforderliche Plausibilitätsprüfung unterblieben sei.[510] Dieser Erwägungen hätte es allerdings nicht bedurft, wenn der BGH von vorneherein die erforderliche Unabhängigkeit der Rechtsanwaltskanzlei als nicht gegeben angesehen hätte.

Den Vorstand trifft die Pflicht, sofern er sich nicht der Haftung aus § 93 Abs. 2 aussetzen möchte, die Sorgfalt eines ordentlichen und gewissenhaften Geschäftsleiters anzuwenden. Muss er nun Entscheidungen für die Gesellschaft treffen, die weitreichende Folgen für die Gesellschaft haben können, so ist er verpflichtet, diese sowohl bei unternehmerischen Entscheidungen als auch bei rechtlichen gebundenen Entscheidungen auf der Grundlage einer möglichst fundierten Informationsbasis zu treffen.[511] Das Risiko, bei der Auferlegung der Pflicht zusätzlich zur internen Beratung noch eine externe Beratung hinzuzuziehen, könnte sein, dass auf Grund des sowohl wirtschaftlichen Kostendrucks als auch des Zeitdrucks dies zu einer Verzögerung bzw. einer Handlungsunfähigkeit der Gesellschaft führen könnte.

Überdies geht mit dieser Forderung eine erhebliche Rechtsunsicherheit einher, da dies den Vorstand dann stets vor die Frage stellt, wann nun eine so weitreichende bzw. komplexe Entscheidung vorliegt, die eine (zusätzliche) externe Beratung erfordert.[512] Dies könnte wiederum dazu führen, dass der Vorstand, um sich gegen eine etwaige Haftung abzusichern, per se ein weiteres externes Gutachten einholt, was wiederum der Handlungsfähigkeit der Gesellschaft abträglich wäre.

Dem ist aber entgegenzuhalten, dass § 93 Abs. 1 S. 1 voraussetzt, dass der Vorstand das Wissen und die Fähigkeiten besitzt, seine Leitungsaufgabe und deren Bedeutung einschätzen zu können. Fehlt ihm die Sachkunde kann bzw. muss er entsprechenden Rat einholen.[513]

Es ist vom Vorstand also zu verlangen, dass er zumindest annähernd das Ausmaß der Entscheidung bzw. deren Komplexität erfasst. Tut er dies nicht, steht ihm ja gerade ein interner Experte zur Seite, der seine Einschätzung der Lage darlegen

---

[508] BGH, AG 2011, S. 876 (876ff.).

[509] BGH, AG 2011, S. 876 (878).

[510] BGH, AG 2011, S, 876 (878).

[511] BGH, AG 2011, S. 876 (877); KK-AktG/*Mertens/Cahn*, § 93, Rn. 66.

[512] *Selter*, AG 2012, S. 11 (15).

[513] *Hopt*, in: GroßkommAktG, § 93, Rn. 255; OLG Stuttgart, NZG 1998, S. 1998, S. 232 (233).

kann. Gibt dieser ihm eine fundierte Auskunft über die Problematik und ggf. die Schwierigkeiten der Beratung, so kann der Vorstand spätestens dann erkennen, welche weitreichenden Konsequenzen bzw. Schwierigkeiten die Entscheidung mit sich bringen kann. Erkennt der Vorstand nun die Problematik der Entscheidung, so kann von ihm auch verlangt werden, dass er einen erhöhten Sorgfaltsmaßstab an den Tag legt.[514] Dies kann bei insbesondere riskanten Entscheidungen für den Bestand des Unternehmens eine zusätzliche externe Beratung erforderlich machen. Zu beachten ist jedoch, dass dies stets von der Größe der internen Abteilung sowie dem dort vorhandenen Fachwissen abhängt.

Zudem resultieren aus der Beauftragung eines externen Beraters auch für den Vorstand und die Gesellschaft erhebliche Vorteile. Zunächst erhält die Unternehmensleitung dabei eine weitere fachliche Stellungnahme zu der Problematik aus einem externen und damit ggf. anderen Blickwinkel. Weiter dürfte dann auch die Objektivität nicht mehr zweifelhaft sein. Abschließend erhält die Gesellschaft hierdurch einen (Haftungs-)Verantwortlichen für den Fall, dass sich die entsprechende Beratung als vorwerfbar falsch darstellt.

Sollten die Gutachten zu unterschiedlichen Ergebnissen kommen, ist die Komplexität und Schwierigkeit der Frage evident und ist der Vorstand somit gehalten, notfalls eine dritte Ansicht zu Rate zu ziehen bzw. von der geplanten Maßnahme Abstand zu nehmen.[515]

Dies mag zu einer gewissen zeitlichen Verzögerung führen und auch Mehrkosten verursachen. Doch ist dies lediglich die Konsequenz aus den vom Gesetz aufgestellten Anforderungen an das Verhalten von Vorständen einer Aktiengesellschaft im Rahmen von komplexen Fragestellungen, die weitreichende Bedeutung für die Gesellschaft haben.

Es bleibt also festzuhalten, dass der Vorstand insbesondere bei komplexen und weitreichenden Entscheidungen einem erhöhten Sorgfaltsmaßstab unterliegt, dessen er sich spätestens durch die interne Beratung bewusstwerden muss. In derartigen Konstellationen kann der Vorstand dann trotz der grundsätzlichen Geeignetheit interner Berater angehalten sein, einen (weiteren) externen Berater hinzuzuziehen.

fff. Die Unabhängigkeit von mit der Sache bereits befassten Beratern

Im Zusammenhang mit der Unabhängigkeit von Beratern ist weiter die Unabhängigkeit eines Beraters bei mehrgliedrigen Beratungen umstritten. Darunter ist der Fall zu verstehen, dass etwa ein Berater bereits im Anfangsstadium hinsichtlich der Konzeptionierung eines Projekts hinzugezogen wird und daran anschließend die entwickelte Lösung überprüft werden soll. Hier ist fraglich, ob der mit der

---

[514] So auch OLG Hamburg, AG 2010, S. 502 (507).
[515] *Freund*, GmbHR 2011, S. 238; (240).

Konzeption beauftragte Berater (noch) die notwendige Unabhängigkeit für die Überprüfung des entwickelten Beratungsgegenstands aufweist.

(i) Die Verneinung der Unabhängigkeit eines zuvor mit der Aufgabe betrauten Beraters

Hiergegen wendet namentlich *Strohn* ein, dass in solchen Fällen zu erwarten sei, dass der im Rahmen der Konzeption hinzugezogene Berater versuchen werde, seine vorherige Arbeit zu bestätigen.[516] Daher könne in solchen Situationen eine Unabhängigkeit dieses Beraters nicht angenommen werden.[517] Daraus sei zu folgern, dass die Geschäftsleitung bei etwaigen Zweifeln an der erarbeiteten Lösung verpflichtet sei, einen anderen (unabhängigen) Berater hinzuzuziehen.[518] Sollte die zweite Prüfung dann zu dem Ergebnis kommen, dass die konzipierte Lösung zweifelhaft sei, so sei die Geschäftsführung verpflichtet, von der ursprünglich konzipierten Lösung Abstand zu nehmen.[519]

(ii) Die Gegenstimmen in der Literatur

Dies wird in der Literatur teilweise für zu weitgehend erachtet.[520] Eine derartige Handhabung würde insbesondere bei schwierigen Beratungsgegenständen dazu führen, dass es keinerlei Entscheidungen des Vorstands mehr gäbe, an der nicht mindestens zwei Berater beteiligt wären.[521] Zudem müsste dies konsequent zu Ende gedacht bedeuten, dass wenn sich das Erst- und Zweitgutachten unterscheiden, die Geschäftsleitung verpflichtet wäre, noch einen dritten Berater zur Klärung der Frage hinzuziehen.[522]

Zwar sei es heute schon gängige Praxis, dass in besonders komplizierten Angelegenheiten oder neuen Gebieten präventiv eine sog. „second opinion" eingeholt werde. Doch wäre es in der Sache verfehlt, dies als Grundsatz zu verlangen.[523] Es sei vielmehr sinnvoll, bei eventuellen Rückfragen den mit der Konzipierung beauftragten Berater zu kontaktieren und ihm die Möglichkeit zu geben, die vorhandenen Zweifel auszuräumen bzw. durch andere Gestaltung, die Probleme zu vermeiden.[524]

Zudem überzeuge die Annahme, dass der vorbefasste Berater versuchen werde, sein Ergebnis unter allen Umständen zu verteidigen, nicht.[525] So kann und wird

---

[516] *Strohn*, ZHR 176, S. 137 (140).
[517] *Strohn*, ZHR 176, S. 137 (140); ähnlich OLG Hamburg, AG 2010, S. 503 (507).
[518] *Strohn*, ZHR 176, S. 137 (140).
[519] *Strohn*, ZHR 176, S. 137 (140).
[520] *Krieger*, ZGR 2012, S. 496 (500f.).
[521] *Krieger*, ZGR 2012, S. 496 (500).
[522] *Krieger*, ZGR 2012, S. 496 (500).
[523] *Krieger*, ZGR 2012, S. 496 (500).
[524] *Krieger*, ZGR 2012, S. 496 (500).
[525] *Krieger*, ZGR 2012, S. 496 (500).

bspw. auch von einem Richter erwartet, dass dieser die erforderliche Unabhängigkeit besitzt, sich neuen Argumenten in der mündlichen Verhandlung und der daran anschließenden Beratung zu öffnen.[526] Gleiches gelte für gerichtliche Sachverständige, die zur Erläuterung ihres Gutachtens vom Gericht nach § 411 Abs. 3 ZPO angehört werden können.[527] Würde man der Geschäftsleitung von vorne herein die Möglichkeit abschneiden, den vorbefassten Berater für Rückfragen und Überprüfungen haftungsbefreiend zu Rate zu ziehen, so stelle sich dieses als betriebswirtschaftlich nicht zu rechtfertigende Verschwendung von Ressourcen dar.[528]

(iii) Stellungnahme zur Unabhängigkeit von vorbefassten Beratern

Würde man ernsthaft verlangen, dass die Gesellschaft standardmäßig unterschiedliche Berater für die Konzeption und die spätere Überprüfung der Ratschläge beauftragen muss, so würde dies auf Grund des organisatorischen Mehraufwands zu einer deutlichen Kostensteigerung sowie zu einem erheblichen Zeitverlust führen.[529]

Die hierdurch statuierte unwiderlegliche Vermutung der fehlenden Unabhängigkeit des mit der Konzeptionierung beauftragten Beraters wäre aber nur zu rechtfertigen,[530] wenn erhebliche Gründe gegen die Unabhängigkeit dieses vorbefassten Beraters sprechen.

Strohn argumentiert insofern, dass es grundsätzlich anzunehmen sei, dass ein Berater, der bereits mit dem Beratungsgegenstand im Vorstadium befasst war, versuchen werde, seine Ergebnisse als pflichtgemäß darzustellen.[531] Vergegenwärtigt man sich insoweit, dass die notwendige Unabhängigkeit des Beraters nur gegeben ist, wenn der Berater keine Eigeninteressen verfolgt, so erscheint es in der Tat zweifelhaft, ob ein solcher Berater die erforderliche Unabhängigkeit aufweist. Betrachtet man aber die Interessen des Beraters genauer, so erscheint es fraglich, ob sein Hauptinteresse wirklich darin besteht, seine erarbeiteten Ergebnisse zu verteidigen. Vielmehr könnte das Interesse, die eigenen Ergebnisse als richtig darzustellen, auch davon überlagert sein, eine Lösung aufzuzeigen, mit der sein Mandant zufrieden ist, so dass er auch in der Folge weitere Aufträge erhalten wird. Eine solche Lösung wird aber maßgeblich davon abhängen, dass sie rechtmäßig ist, nachhaltig zum positiven Ergebnis der Gesellschaft beiträgt und die handelnden Organe keinen Schadensersatzansprüchen aussetzt. Zwar wird der Berater für die Gesellschaft tätig, doch sind es letztlich deren Organe, die ihn beauftragen. Verteidigt der Berater nun unter allen Umständen aber seine erarbeiteten Ergebnisse und folgt der Vorstand diesen und gerät dadurch in die persönliche Haftung

---

[526] *Krieger*, ZGR 2012, S. 496 (500).
[527] *Krieger*, ZGR 2012, S. 496 (500).
[528] *Krieger*, ZGR 2012, S. 496 (501).
[529] *Krieger*, ZGR 2012, S. 496 (501); in diese Richtung auch: *Kiefner/Krämer*, AG 2012, S. 498 (500).
[530] *Kiefner/Krämer* AG 2012, S. 498 (500), sprechen insofern von einem „*Generalverdacht*".
[531] *Strohn*, ZHR 176, S. 137 (140).

gegenüber der Gesellschaft, so ist nur schwer vorstellbar, dass der Berater im Anschluss hieran noch einmal von der Gesellschaft mit einer Beratungsaufgabe betraut wird.

Freilich kann dagegen eingewendet werden, dass eine Abkehr von den erarbeiteten Ergebnissen beim Vorstand ein gewisses Misstrauen in die Fähigkeiten des Beraters entstehen lassen wird. Insoweit besteht auch hier die Gefahr für den Berater, dass er keine Folgeaufträge erhalten wird. Doch besteht beim Eingestehen einer Fehleinschätzung die Möglichkeit, das verloren gegangene Vertrauen wiederaufzubauen, während die Wiederherstellung des Vertrauens im anderen Szenario nur schwer vorstellbar ist.

Zudem impliziert das generelle Misstrauen gegenüber einem vorbefassten Berater, dass dieser eine Schädigung der ihn beauftragenden Gesellschaft in Kauf nehmen würde, nur um sein Prestige zu wahren.

Man kann sich vorstellen, was dies für Konsequenzen für die künftige Arbeit, die Reputation und die zukünftige Auftragslage des Beraters haben wird, wenn am Ende eines etwaigen Haftungsprozesses ein solches Ergebnis feststeht.

Das Interesse des vorbefassten Beraters, seine erarbeiteten Ergebnisse als „richtig" darzustellen, ist also nicht so zwingend, dass dies es rechtfertigen würde, ihn per se von der Überprüfung jener Ergebnisse von vorne herein auszuschließen.

Etwas anders dürfte nur in sehr besonderen Ausnahmefällen gegeben sein, in denen die Konzeption so gravierende Mängel aufweist, weil etwa der erteilte Rat bereits für einen nicht weiter versierten Dritten so fraglich ist, dass eine weitere Befassung des Beraters mit der Materie keinen nennenswerten Vorteil gegenüber der Auswahl eines anderen, neuen Beraters verspricht.

Aber auch wenn ein Ausschluss eines vorbefassten Beraters nicht per se zwingend ist, so bleibt die Frage, ob der Vorstand nicht dennoch gehalten ist, vornehmlich nicht vorbefasste Berater für die Überprüfung des erarbeiteten Konzepts beizuziehen.[532]

Hierbei gilt aber zu beachten, dass sich in der Praxis Konzeption und Überprüfung oft nicht klar voneinander trennen lassen werden und dass im Rahmen der Konzeption der Berater bereits auf eventuelle Problematiken hinweisen wird.[533]

Darüber hinaus ist ein mit der Konzeption befasster Berater bereits in die Materie eingearbeitet, während sich ein anderer Berater erst hier hineinarbeiten muss. Dies wird – wie oben bereits ausgeführt – zu zusätzlichen Kosten für die Gesellschaft führen und zudem auch eine Zeitverzögerung mit sich bringen. Diese Zeitverzögerung kann jedoch mit Blick auf die Schnelllebigkeit und den Kostendruck der heutigen Wirtschaftswelt zu erheblichen Nachteilen für die Gesellschaft führen. Solche Nachteile für die Gesellschaft sollte der Vorstand schon im Interesse der Aktiengesellschaft aber nur dann eingehen müssen, wenn er nachhaltige Zweifel an der erstellten Konzeption des Beraters hat.

---

[532] So zumindest für sehr bedeutende Geschäfte: OLG Hamburg, AG 2010, S. 502 (507).
[533] *Kiefner/Krämer*, AG 2012, S. 498 (500); *Binder*, AG 2012, S. 885 (893).

Geben sowohl das Konzept des Beraters als auch seine spätere Überprüfung keinerlei Hinweise auf eine Fehlerhaftigkeit, so muss der Vorstand sich auf diese verlassen dürfen.[534] Erst wenn Anzeichen dafür bestehen, dass die Beratung nicht fehlerfrei ist, hat der Vorstand von dieser Abstand zu nehmen bzw. einen weiteren Gutachter hinzuzuziehen.[535] Der Grund hierfür ist dann aber nicht die fehlende Unabhängigkeit des vorbefassten Beraters, sondern die mangelnde Überzeugungskraft seiner Arbeit.[536] Es bleibt also festzuhalten, dass auch ein im Stadium der Konzeption mit dem Beratungsgegenstand befasster Berater grundsätzlich die notwendige Unabhängigkeit aufweist. Er kann somit auch im Rahmen der Überprüfung der entwickelten Ergebnisse vom Vorstand grundsätzlich haftungsbefreiend hinzugezogen werden.

Überzeugen dessen Ausführungen aber auch nach einer eventuellen Rücksprache nicht, so ist der Vorstand verpflichtet, einen weiteren Berater hinzuzuziehen und bei widersprüchlichen Ergebnissen von der Erstberatung Abstand zu nehmen.

ggg. Die Unabhängigkeit von Beratern, die auf der Basis einer erfolgsabhängigen Vergütung tätig werden

Die Frage der Unabhängigkeit des Beraters stellt sich insbesondere auch dann, wenn der Berater erfolgsabhängig vergütet werden soll. Diese insbesondere bei der Erstellung von sog. „Fairness Opinions"[537] gängige Praxis wirft aber die Frage auf, ob solchen Gutachten auf Grund des finanziellen Interesses des Beraters an der Durchführung der Transaktion unter diesem Aspekt noch eine haftungsbefreiende Wirkung im Falle der Fehlbeurteilung zukommen kann.[538]

Legt man zugrunde, dass das Kriterium der Unabhängigkeit absichern soll, dass der eingeholte Rat insbesondere frei von Eigeninteressen des Beraters erstellt wurde, so ergeben sich erhebliche Zweifel daran, dass eine auf erfolgsabhängiger Vergütung erfolgte Beratung dieses Kriterium erfüllt.[539]

Bestärkt wird dieser Gedanke durch die Regelung des § 55a Abs. 1 S. 1 WPO, wonach es Wirtschaftsprüfern untersagt ist, für eine Sachverständigentätigkeit i.S.d. § 2 Abs. 3 Nr. 1 WPO eine entsprechende Vergütungsvereinbarung, deren Höhe sich nach dem Ergebnis der Tätigkeit bemisst, zu treffen.

(i) Die Zweifel an der fehlenden Unabhängigkeit

---

[534] So auch im Ergebnis: *Krieger*, ZGR 2012, S. 496 (501); *Binder*, ZGR 2012, S. 757 (772); *ders.*, AG 2012, S. 885 (893); *Fleischer*, KsZW 2013, S. 3 (8).

[535] So auch *U.H. Schneider*, DB 2011, S. 99 (103).

[536] *Krieger*, ZGR 2012, S. 496 (501).

[537] Vgl. hierzu ausführlich: *Schiessl*, ZGR 2003, S. 814 (814ff.); *Fleischer*, ZIP 2011, S. 201 (201ff. m.w.N.).

[538] *Fleischer*, ZIP 2011, S. 201 (209).

[539] *Fleischer*, ZIP 2011, S. 201 (209); *Harrer/Mößle* in: Essler/Löbe/Röder, S. 171 (178).

Dagegen wird aber eingewandt, dass der Umstand einer erfolgsabhängigen Beratung allein noch keine die Unabhängigkeit ausschließende Wirkung haben könne. Schließlich verlange jeder Berater eine von der Gesellschaft zu zahlende Vergütung. Insofern bestehe gerade bei jeder Auftragslage – unabhängig von der Vergütungsstruktur – eine gewisse „Abhängigkeit" des Beraters.[540] Auch würden empirische Studien keinerlei Hinweise aufzeigen, dass Gutachten, für die eine erfolgsabhängige Vergütung vereinbart werden, eine höhere Fehlerhaftigkeit aufweisen, als Gutachten mit einer erfolgsunabhängigen Festvergütung.[541]

(ii) Stellungnahme zur Unabhängigkeit von auf Erfolgsbasis arbeitenden Beratern

Ausgehend von dem Erfordernis, dass eine Unabhängigkeit des Beraters nur bei der Abwesenheit von eigenen Interessen des Beraters besteht, ist dies bei einer erfolgsabhängigen Vergütung zu verneinen. Fraglich ist jedoch, ob insbesondere praktische Erwägungen es rechtfertigen, dass hiervon Ausnahmen zu machen sind. Die Rechtfertigung könnte sich hier aus dem Zweck, der hinter der Vereinbarung von erfolgsabhängigen Honoraren steht, ergeben. Berücksichtigt man nämlich die Intention einer solchen erfolgsabhängigen Vergütung, ist es fraglich, ob ein solch absoluter Ausschluss wirklich im Interesse der Gesellschaft liegt. Erfolgsabhängige Vergütungsvereinbarungen dienen aus Sicht des Beauftragenden dazu, die Leistungsmotivation des Beraters zu stärken und so die Qualität der Beratung zu verbessern. Ein Berater, dessen Vergütung an dem Erfolg seiner Arbeit gemessen wird, hat neben der Intention, sich weitere Aufträge durch den Mandanten zu sichern, den zusätzlichen Anreiz, dass er nur bei einer erfolgreichen Arbeit eine entsprechende Vergütung erhält. Andernfalls wird er im ungünstigsten Falle ansonsten unentgeltlich und damit auf eigene Kosten tätig. Als Korrelat kommt der Gesellschaft bei diesem Vergütungsmodell zu Gute, dass sie nur solche Arbeiten des Beraters entlohnen muss, die entsprechend der Zielsetzung der Beratung das verfolgte Ziel erreichen. Die Gesellschaft muss also keine Ausgaben tätigen, wenn der angestrebte Erfolg nicht erreicht wird. Wie sich zeigt, kann die erfolgsabhängige Vergütung mit Blick auf die hinter dem Kriterium der Unabhängigkeit stehende Qualität des Gutachtens also auch eine positive Auswirkung im Sinne des Gesellschaftsinteresses haben. Insoweit ist es daher nur gerechtfertigt, Beratern, die auf Grund einer erfolgsabhängig Honorarvereinbarung tätig werden, die Unabhängigkeit abzuerkennen, wenn ihre fach- und sachliche Unabhängigkeit nicht vergleichbar ist mit der eines Beraters, der auf Basis einer nicht-erfolgsabhängigen Vergütung arbeitet. Eine entsprechend vergleichbare Unabhängigkeit ist unzweifelhaft, wenn die Interessen der Gesellschaft und die des Beraters vollkommen deckungsgleich sind.

---

[540] OLG Karlsruhe, NZG 2002, S. 959 (962); *Krieger*, ZGR 2012, S. 496 (500), der „*ein gewisses Erfolgsinteresse des Beraters am Zustandekommen der Transaktion*" für unproblematisch hält.
[541] Vgl. hierzu: *Cain/Denis*, Do Fairness Opinion Valuation Contain Useful Information?, May 2009, S. 3, abrufbar unter: www.ssrn.com/abstract=972069.

Wird etwa im Fall einer Prozessvertretung die Vergütung des Anwalts am Obsiegen der Gesellschaft im Prozess gemessen, so ist eine solche, wenn auch in der kontinental europäischen Praxis selten vorkommende Gestaltung, sogar als besonders vorteilhaft für die Gesellschaft anzusehen. Zwar besteht für den Berater – wie stets – das eigene Interesse an der Vergütung. Doch steht dies hier gerade in Abhängigkeit des Erfolges der Gesellschaft. Das Vergütungsinteresse des Beraters kann daher gerade nicht als „Eigen-" Interesse des Beraters verstanden werden. Insoweit besteht daher gerade kein Grund, an der Unabhängigkeit des Beraters zu zweifeln.

In solchen Konstellationen besteht für den Vorstand mit Blick auf die Unabhängigkeit des Beraters gerade kein Grund, an dem erteilten Rat des Beraters zu zweifeln. Der Berater ist hier nämlich noch stärker daran interessiert, dass seine Beratung den bezweckten Erfolg der Gesellschaft herbeiführt, als dies ein Berater ist, der erfolgsunabhängig vergütet wird. Besteht aus Sicht des Beraters keine bzw. nur eine geringe Chance diesen Erfolg herbeizuführen, so wird er das gegenüber dem Vorstand auch mitteilen, um so nicht dem Risiko zu unterliegen, seine Ressourcen aufzuwenden, die mangels Erfolgsaussichten nicht von der Gesellschaft vergütet werden.

Schwieriger ist allerdings die Beantwortung der Frage, wenn – wie bei Fairness Opinions – vom Resultat der Begutachtung des Beraters maßgeblich abhängt, ob der die Vergütung auslösende Erfolg tatsächlich eintritt oder nicht.[542] Hier liegt das Interesse der beratenden Investment Bank o.Ä. gerade darin, dass die Transaktion zu Stande kommt, da sie andernfalls ihr Gehalt nicht erhält. Das beauftragende Unternehmen will sich durch die Fairness Opinion versichern, dass die beabsichtigte Transaktion in einem finanziell angemessenen Rahmen erfolgt.[543]

Auch wenn das Interesse der Gesellschaft darin liegen kann und wird, dass die gewünschte Transaktion erfolgt, so sollte dies natürlich zu einem möglichst hohen bzw. niedrigen Preis – je nach Käufer- oder Verkäufersicht – erfolgen.

Stellt der Berater im Rahmen der Fairness Opinion allerdings fest, dass der taxierte Preis für die Transaktion aus Sicht der beauftragenden Partei zu hoch bzw. zu niedrig ist, wird der Auftraggeber die Transaktion dann grundsätzlich zu den im Gutachten ausgewiesenen Konditionen durchführen wollen.

Aus Sicht des Beraters birgt dies die Gefahr, dass dann überhaupt keine Transaktion zu Stande kommt, weil die andere Partei diese Konditionen nicht akzeptiert. Insoweit würde der Berater trotz ordnungsgemäßer Arbeit keine Vergütung erhalten.

---

[542] Vgl. *Bebchuk/Kahan*, Duke L.J. 1989, S. 27 (39): „*Fee contigents on a transaction's consummation create enormous incentives for investment bankers to help execute deals. In such situations, investment bankers face two alternatives. They can earn contigent fees if they characterize management proposal as fair, or they can garner modest fees if deals collapse as a result of their opinions*".

[543] *Fleischer*, ZIP 2011, S. 201 (202); *Schiessl*, ZGR 2003, S. 814 (815); DVFA, Grundsätze für Fairness Opinions, November 2008, S. 2; IDW, Entwurf IDW Standard: Grundsätze für die Erstellung von Fairness Opinions (IDW ES 8), Stand 19.8.2009, Tz. 5.

Das Problem liegt aus Sicht des auf einer solchen Erfolgsbasis arbeitenden Beraters also grundsätzlich darin, dass es nicht (ausschließlich) von der Qualität seiner Arbeit abhängt, ob er entlohnt wird. Vielmehr spielen insoweit auch die Interessen der anderen Transaktionspartei eine Rolle.

Das heißt, ein wirtschaftlich denkender Berater müsste auch (stärker) die Interessen der anderen Gesellschaft berücksichtigen, damit er bei seinem entsprechenden Gutachten zu einem Ergebnis gelangt, das ihm seine eigene Vergütung sichert. Hierin liegt der maßgebliche Unterschied zu einem Berater, der auf Grundlage eines fest vereinbarten Honorars arbeitet.

Zwar liegt in beiden Fällen ein Auftragsverhältnis zwischen Unternehmen und Berater vor.[544] Doch besteht hier bereits die abstrakte Gefahr, dass der auf Grund einer erfolgsabhängigen Vergütung tätig werdende Berater, im Rahmen seines Gutachtens sich nicht ausschließlich an den Interessen seines Mandanten orientieren wird, sondern stärker auch die Interessen der anderen Partei berücksichtigen wird, um so einen für beide Parteien akzeptablen Kaufpreis zu begründen.

Ein Berater, der unabhängig vom Erfolg der Transaktion vergütet wird, ist zwar auf Grund des Interesses an Folgeaufträgen ebenfalls an dem Zustandekommen der Transaktion interessiert. Doch stellt dies sogar eine Motivation dar, ein qualitativ hochwertiges Gutachten zu erstellen, da ansonsten der sorgfältige und gewissenhafte Vorstand einen anderen Berater für die folgenden Aufträge zu Rate ziehen wird. Ein qualitativ hochwertiges Gutachten des Beraters liegt aber aus Sicht der beauftragenden Gesellschaft nur dann vor, wenn sich dieses im Rahmen der gesetzlichen und marktüblichen Vorgaben allein an den Interessen der beauftragenden Gesellschaft orientiert. Insoweit werden die Interessen der anderen Transaktionspartei gerade nur eine untergeordnete Rolle spielen.

Ein auf Erfolgsbasis vergüteter Berater wird zwar gleichfalls ein Interesse an Folgeaufträgen haben. Doch steht für ihn auch das generelle Zustandekommen der Transaktion im Vordergrund. Insoweit könnte er dazu geneigt sein, insbesondere bei nicht eindeutigen Entscheidungen, dazu zu tendieren, den bereits ausgehandelten Kaufpreis soweit wie möglich zu stützen, um sich somit die entsprechende Vergütung zu sichern.[545]

Allerdings könnte auch hier eingewendet werden, dass es maßgeblich auf den Inhalt des Gutachtens ankommt und weniger auf die Person des Beraters sowie die Konditionen, zu denen er tätig wird. Es kommt nämlich einer gewissen „Vorverurteilung" gleich, einem auf erfolgsabhängiger Basis tätig werdenden Berater abzusprechen, dass er, entsprechend seiner Verpflichtung aus dem Beratungsvertrag, ein ordnungsgemäßes Gutachten anfertigt.

Allerdings ist zu beachten, dass es dem Vorstand auf Grund seiner fehlenden Spezialkenntnisse oft nicht gelingen wird, die Fundiertheit des Gutachtens in seiner Gesamtheit nachvollziehen zu können.

---

[544] So OLG Karlsruhe, NZG 2002, S. 959 (962).
[545] A.A. *Schiessl*, ZGR 2003, S. 814 (850), der einwendet, dass die Erstellung einer Fairness Opinion im Vergleich zu anderen anfallen Arbeitsfeldern für den Berater am wenigsten lukrativ ist.

Weiterhin ist zu beachten, dass ein unzutreffendes Gutachten entsprechend des Charakters des unvermeidbaren Verbotsirrtums lediglich in Ausnahmefällen eine enthaftende Wirkung entfaltet. Dieser Ausnahmecharakter rechtfertigt es vom Vorstand zu verlangen, dass er selbst alles ihm Mögliche unternimmt und ihm Erkennbare unterlässt, was die Objektivität des erteilten Rats sichert bzw. in Zweifel ziehen kann.

Er ist daher gehalten schon im Rahmen der Auswahl des Beraters nach Kräften dafür Sorge zu tragen, dass nicht schon auf Grund der Person des Beraters und dessen Eigeninteressen das Gutachten eine erhöhte Gefahr der Fehleranfälligkeit aufweist.

Bei der Vereinbarung einer erfolgsabhängigen Vergütung im Rahmen von Fairness Opinions setzt der Vorstand aber gerade einen solchen Ansatzpunkt für Eigeninteressen des Beraters, ohne dass hieraus ein erkennbarer Vorteil für das Unternehmen mit Blick auf die Qualität der Beratung resultiert.

Daher ist die Unabhängigkeit von auf Erfolgshonorarbasis arbeitenden Beratern im Rahmen der Frage einer etwaigen späteren Enthaftung des Vorstands dann zu verneinen, wenn der für die Vergütung maßgebliche Erfolg nicht allein am Interesse der Gesellschaft ausgerichtet bzw. mit dem Gesellschaftsinteresse kongruent ist.

cc. Die Berufsträgereigenschaft des Beraters

Weiter forderte der BGH ursprünglich, dass der Berater, neben seiner Unabhängigkeit und fachlichen Qualifikation, „*Berufsträger*" sein müsse.[546]
Von diesem Kriterium ist er in seiner Entscheidung vom 27.03.2012 abgewichen. Er fordert nun mehr nur eine für die Fragestellung „fachlich qualifizierte Person."[547] In dem dem Urteil zugrunde liegenden Sachverhalt ging es im Rahmen der Haftung eines GmbH-Geschäftsführers nach § 43 Abs. 2 GmbHG um die Insolvenzreife einer GmbH bei Zahlungsunfähigkeit nach § 64 Abs. 2 S. 1 GmbHG a.F. Der Geschäftsführer hatte insoweit eine Unternehmensberaterin mit einem abgeschlossenen betriebswirtschaftlichen Studium und achtjähriger Berufserfahrung auf dem Gebiet der Bonitätsprüfung und der Erstellung von Fortführungsprognosen mit der Prüfung der Vermögenslage der Gesellschaft beauftragt.[548]
Der BGH führt in der Entscheidung betreffend die fachliche Eignung der Beraterin aus, dass es sich bei der zur Beratung hinzuzuziehenden Person nicht um einen Wirtschaftsprüfer oder Rechtsanwalt handeln müsse. Der älteren Rechtsprechung sei nur zu entnehmen, dass die Sachkunde eines Wirtschaftsprüfers in diesem Fall außer Frage stehe.[549]
Weiter führt der BGH in dieser Entscheidung aus, dass dies „*nicht ausschließe, dass nach den konkreten Umständen des jeweiligen Einzelfalles, bei denen [...]*"

---

[546] BGH, AG 2007, S. 548 (550); ders., DStR 2007, S. 1641 (1642); ders., AG 2011, S. 876 (877).
[547] BGH, GmbHR, S. 746 (747).
[548] BGH, ZIP 2012, S. 1174 (1174ff.).
[549] BGH, ZIP 2012, S. 1174 (1176).

auch die Größe des zu beurteilenden Unternehmens zu berücksichtigen sein kann,
die Beratung durch geeignete andere Berufsgruppen gleichfalls zur Entlastung
des Geschäftsführers genügen kann."[550]
Hieraus könnte geschlossen werden, dass zumindest kleine bis mittelständische
Gesellschaften auch andere Berufsgruppen mit den erforderlichen Kenntnissen
mit entlastender Wirkung für die Organe der Gesellschaft hinzuziehen können.[551]

aaa. Der Sinn und Zweck des Kriteriums der Berufsträgereigenschaft

Der Sinn und Zweck des Kriteriums der Berufsträgereigenschaft wird darin gesehen, dass hierdurch ein gewisser Mindeststandard der Qualität der Beratung für
die Unternehmensführung erkennbar wird.[552] Diese Mindestqualität würde durch
das Ablegen von staatlichen Prüfungen sowie der staatlichen Überprüfung der beruflichen Tätigkeit des Berufsträgers gewährleistet.[553]
Zudem sind die meisten in Frage kommenden Berater Mitglieder einer Berufs-
kammer, welche bei Verstößen gegen Berufspflichten angehalten sei, einzugrei-
fen.[554] Darüber hinaus müssen die Berufsträger auch Berufshaftpflichtversiche-
rungen mit einem gewissen Mindestdeckungsbetrag abschließen, so dass hierdurch eine weitere Absicherung der Gesellschaft bei möglichen Pflichtverletzungen des Beraters gewährleistet werde.[555]

bbb. Abkehr vom Erfordernis der Berufsträgereigenschaft?

Fraglich ist nun, ob das Kriterium der Berufsträgereigenschaft durch diese Entscheidung des BGH hinfällig geworden ist.[556]
Der Verweis des BGH auf die Umstände des Einzelfalls, wobei er insbesondere
die Größe des Unternehmens hervorhebt, deutet daraufhin, dass hier eine flexible
Handhabung unter Berücksichtigung der Eigenarten des jeweiligen Unternehmens getroffen werden soll.[557]
Ob der BGH damit im Einzelfall den geschäftsführenden Organen entgegen-
kommt, erscheint aber auf Grund seiner knappen Ausführungen hierzu in dem
vorstehenden Urteil fraglich. Für eine Abkehr vom Berufsträgerkriterium spricht,
dass durch dieses rein formal anmutende Kriterium im Einzelfall ein bestimmter
Kreis von Experten ausgeschlossen werden könnte. Dieser Expertenkreis zeichnet
sich in dem fraglichen Bereich dadurch aus, dass ihm zwar die entsprechende
staatlich geprüfte Ausbildung fehlt, er sich jedoch insbesondere auf Grund lang-
jähriger beruflicher Erfahrungen in dem entsprechenden Bereich besondere
(Fach-)Kenntnisse angeeignet hat, die er im Einzelfall einbringen kann.[558] Dem

---

[550] BGH, ZIP 2012, S. 1174 (1176).
[551] So auch *Blöse*, GmbHR 2012, S. 748 (749).
[552] *Selter*, AG 2012, S. 11 (16).
[553] *Altmeppen*, NJW 2007, S. 2121 (2121).
[554] *Selter*, AG 2012, S. 11 (16).
[555] *Selter*, AG 2012, S. 11 (16).
[556] *Müller*, NZG 2012, S. 981 (982).
[557] So auch *Müller*, NZG 2012, S. 981 (982).
[558] *Selter*, AG 2010, S. 11 (16).

ist dahingehend zu zustimmen, als der BGH zu Gunsten der Vorstandsmitglieder nicht allein auf die formale Qualifikation abstellt, sondern auf die tatsächliche Sachkunde des Beraters.

Allerdings ist aus Sicht der beauftragenden Vorstandsmitglieder zu bedenken, dass die Kriterien, die der BGH an die Auswahl des Beraters stellt, dazu dienen, bereits im Auswahlstadium eine möglichst objektive und qualifizierte Beratung sicher zu stellen.

Mit dem Kriterium des Berufsträgers hat der BGH dem Vorstand ein objektives Merkmal an die Hand gegeben, dass dieser ohne Weiteres erkennen und erfüllen kann. Dies erleichtert zum einen dem Vorstand die Auswahl des Beraters und sichert zum anderen auch eine gewisse (Mindest-)Qualität der Beratung ab.

Möchte der Vorstand eine andere Person für die Beratung hinzuziehen, die nicht die entsprechende Berufsträgereigenschaft aufweist, jedoch nach Meinung des Vorstands die entsprechende Kompetenz zur Beantwortung innehat, so steht es dem Vorstand jetzt zwar ebenfalls offen, diese Person zu beauftragen. Geht diese Beratung jedoch fehl, so besteht hier die (erhöhte) Gefahr für den Vorstand, dass er sich trotz der Beratung nicht enthaften kann. Der Vorstand trägt insoweit nämlich das Risiko und muss im Zweifel das Zurückgreifen auf einen eben nicht entsprechend ausgewiesenen Berufsträger erklären.

Dieses Ergebnis ist jedoch sachgerecht. Liegt das Monopol für die Ausbildung und die Überwachung der Berufsträger zur Wahrung von bestimmten Mindeststandards in der öffentlichen Hand bzw. dieser nahestehenden Institutionen, so muss der Vorstand, der eine solche „beaufsichtigte" Person zu Rate zieht, auch unter Berücksichtigung des erhöhten Sorgfaltsmaßstabs des § 93 Abs. 1 S. 1 grundsätzlich darauf vertrauen dürfen, dass diese Person die notwendige Objektivität und die erforderlichen Fähigkeiten besitzt, in ihrem beruflichen Umfeld eine Beratung auf diesem (enthaftenden) Mindestniveau zu leisten.

Andererseits ist ein solches Vertrauen, welches eine Enthaftung auf Grund eines (Rechts-)Irrtums ermöglicht, nicht mehr anzuerkennen, wenn der Vorstand sich fernab der staatlich ausgebildeten Berufsträger Rat einholt.

Hier fehlt es an einem entsprechenden Anknüpfungspunkt, der das enthaftende Vertrauen in den Berater begründet. Ein solches kann nicht allein in der angesammelten Berufserfahrung liegen. Diese stellt kein objektiv messbares Kriterium dar. Eine ausreichende Berufserfahrung wird stets subjektiv ausgelegt und kann auch nicht hinreichend konkretisiert werden. Insoweit ergeben sich zu viele Unsicherheiten, so dass ein Vorstand im Vorfeld der Beratung nicht genau einschätzen kann, ob er einen ausreichend qualifizierten Berater hinzuzieht oder nicht.

Insoweit stellen sich insbesondere die folgenden Fragen: Wann ist jemand so berufserfahren, dass er die erforderlichen Kenntnisse in dem in Frage stehenden Bereich vorweisen kann? Muss er hierfür nur eine quantitative Aussage treffen können, insofern als dass er eine gewisse Anzahl an Jahren Berufserfahrung aufweisen muss? Oder muss er auch eine qualitative Erfahrung anhand von Arbeitsaufträgen mit entsprechenden Ergebnissen etc. vorweisen können? Und wenn Letzteres der Fall sein sollte, welche Anzahl und welche Qualität müssen diese Erfahrungswerte haben, damit der staatlich nicht geprüfte Berater dem Berufsträger gleichgestellt werden kann? Zum anderen würde eine Einbeziehung nicht ausgebildeter und beruflich zugelassener Berater dazu führen, dass die staatliche Kontrolle unterlaufen würde. Insoweit besteht die Gefahr, dass dann auch das Ziel einer qualitativ gesicherten (Mindest-)Sachkunde des Beraters nicht mehr gewährleistet werden kann.

Der BGH stellt nun zwar im Sinne der Einzelfallgerechtigkeit auf die besonderen Umstände des jeweiligen Unternehmens ab. Dies ist dadurch begründbar, dass die Sorgfaltspflichten eines Vorstands sich eben nach Art und Größe des Unternehmens unterscheiden.[559] Es bleibt dann aber fraglich, ab wann ein Unternehmen so groß ist, dass es nicht nur einen erfahrenden Betriebswirt für bilanzrechtliche Fragen zu Rate ziehen darf, sondern gezwungen ist, einen Wirtschaftsprüfer oder bestimmte anderen Berufsträger hinzuzuziehen.

Die Aufgabe der Berufsträgereigenschaft birgt insoweit eine erhebliche (Rechts-)Unsicherheit, ohne dadurch erkennbare Vorteile für die Beteiligten mit sich zu bringen. Dem Vorstand steht es nämlich im Zeitpunkt der Hinzuziehung des Beraters frei, welchen Berater er hinzuzieht. Insoweit dient die Berufsträgereigenschaft als klares Kriterium, an dem sich der Vorstand bei seiner Auswahl orientieren kann. Mag es für den Vorstand im Einzelfall auch schwer erkennbar sein, welchen Berufsträger er für die konkrete Frage hinzuziehen muss, so verlangt der erhöhte Sorgfaltsmaßstab des § 93 Abs. 1 S. 1, dass er dieser Frage dann nachgeht und insoweit auch die gesellschaftsinternen Ressourcen – Mitarbeiter in dem entsprechenden Bereich – nutzt.

Diese strengen Anforderungen bilden insoweit auch die Kehrseite dazu, dass sich der Vorstand dann auch grundsätzlich auf die Auskünfte dieses Berufsträgers verlassen kann.[560] Insoweit sollte sich schon aus Gründen der Rechtsicherheit zumindest bei mittleren bis großen Aktiengesellschaften die Vorstandsmitglieder an dem Kriterium der Berufsträgereigenschaft des Beraters orientieren, um aus Sicht der handelnden Organe eine etwaige Haftung zu vermeiden.

b. Die Beauftragung des Beraters

Neben der sorgfältigen Auswahl der Person des Beraters ist der Vorstand darüber hinaus verpflichtet, den Berater ordnungsgemäß zu beauftragen.

Der BGH fordert im Rahmen der konkreten Beauftragung, dass die Beauftragung durch die Geschäftsleitung, *„unter umfassender Darstellung der Verhältnisse der Gesellschaft und Offenlegung der erforderlichen Unterlagen"* erfolgt.[561]

Die Notwendigkeit dieses Kriteriums ist unmittelbar einleuchtend. Gegenstück zur Pflicht der Geschäftsleitung, bei fehlender eigener Sachkunde einen kompe-

---

[559] MüKo/*Spindler*, AktG, § 93, Rn. 24.
[560] BGH, AG 2007, S. 548 (550); ders., AG 2011, S. 876 (877).
[561] BGH, AG 2007, S. 548 (550); ders., AG 2011, S. 875 (876); ders., ZIP 2012, S. 1174 (1175).

tenten Dritten zu Rate zu ziehen, ist, dass der Vorstand dann auf dessen Rat vertrauen darf und sich somit keiner (Innen-)Haftung gegenüber der Gesellschaft aus § 93 Abs. 2 S. 1 aussetzt.[562] Dies ist aber nur gerechtfertigt, wenn der Vorstand dem Rat des Dritten vertrauen darf. Dieses Vertrauen wiederum ist aber nur begründbar, wenn der Berater über eine höhere Sachkompetenz gegenüber dem Vorstand verfügt und so eine zutreffende Auskunft in Bezug auf den jeweiligen konkreten Sachverhalt geben kann.[563] Eine solche Sachkompetenz ergibt sich generell aus einer spezifischen Ausbildung sowie einer gewissen Praxiserfahrung im jeweiligen Bereich. Konkret bedingt eine solche höhere Sachkompetenz aber zusätzlich, dass der Berater alle maßgeblichen Umstände des jeweiligen Einzelfalls kennt, da sich sonst gegebenenfalls andere Schlussfolgerungen ergeben können und somit keine fundierte Begutachtung des in Frage stehenden Falles möglich ist.

aa. Die sich aus der Beauftragung ergebenen Pflichten im Einzelfall

Das OLG Stuttgart sieht in der jeweiligen umfassenden Information des Beraters die „*originäre Pflicht*" der Geschäftsleitung bei der Einholung einer externen Beratung und hält die umfassende Sachverhaltsdarstellung durch den Vorstand auch dann für erforderlich, wenn der Vorstand davon ausgeht, dass der Berater bereits über die Sachlage genau informiert sei bzw. gegebenenfalls nachfragen werde.[564] Dem ist zuzustimmen. Die Möglichkeit der Exkulpation des Vorstands durch die Hinzuziehung eines Dritten ist nur dann gerechtfertigt, wenn dieser Dritter (tatsächlich) im konkreten Einzelfall über einen größeren Sachverstand verfügt als der Vorstand selbst. Nur so kann das Wissensminus der Geschäftsleitung ausgeglichen werden. Ein solcher Wissensvorsprung des Beraters darf aber nicht durch ein entsprechendes Minus hinsichtlich des Wissens auf der Tatsachenebene wieder verloren gehen. Die bloße Annahme des Vorstands, dass der Berater alle maßgeblichen Tatsachen kennt, kann hierfür nicht ausreichen. Der Vorstand trägt die Verantwortung, dass der Berater ausreichend aufgeklärt ist, wenn er sich im Rahmen seines Aufgabenbereichs organexterner Berater bedient und deren Rat dann enthaftend für den beauftragenden Vorstand wirken soll. Insoweit ist dem OLG Stuttgart auch zuzustimmen, dass die bloße Annahme des Vorstands, dass der Berater bereits ausreichend informiert sei, für eine mögliche Enthaftung nicht ausreicht.[565]

bb. Die Folgen einer falschen und/oder unvollkommenen Darstellungen des Sachverhalts

Problematisch sind also die Fälle, in denen die Geschäftsleitung den Berater falsch oder nicht umfassend informiert. Einigkeit herrscht darüber, dass bei vor-

---

[562] BGH, AG 2007, S. 548 (550).
[563] Für das Strafrecht: *Rudolphi*, a.a.O. (Fn. 275), S. 247.
[564] OLG Stuttgart, AG 2010, S. 133 (135).
[565] OLG Stuttgart, AG 2010, S. 133 (135).

sätzlich oder fahrlässig falscher Sachverhaltsübermittlung der Vorstand sich keinesfalls exkulpieren kann und insoweit aus einer Art „*Ingerenz*" haftet.[566] Dies ergibt sich schon daraus, dass in solchen Fallgestaltungen kein schutzwürdiges Vertrauen des Vorstands entstehen kann, welches seine Enthaftung rechtfertigen könnte.[567] Gleiches muss dann auch bei der vorsätzlich oder fahrlässig unvollständigen Darstellung gelten.[568]

Fraglich ist die rechtliche Bewertung, wenn der Vorstand auf Grund mangelnder eigener Kenntnisse und/oder der Komplexität der Sachlage nicht vorwerfbar eine umfassende Information des Beraters versäumt hat. Insoweit könnte gleichfalls eine Exkulpationsmöglichkeit des Vorstands zu verneinen sein. Die Ursache für die dann fehlerhafte, anschließende Beratung durch den Sachverständigen liegt nämlich hier gleichfalls in der Sphäre des Vorstands.[569]

Dahingehend könnte man die Ausführungen des OLG Stuttgarts deuten, nach dem „*[...] eine weitere originäre Pflicht des Vorstandsmitglieds [besteht], den Berufsträger über sämtliche für die Beurteilung erheblichen Umstände ordnungsgemäß zu informieren. Daher vermag sich der Beklagte nicht damit zu exkulpieren, dass [der Beklagte] annehmen könne, dass [der Berater] [...] erforderlichenfalls weitere Information angefordert hätte.*"[570]

Es ist dem OLG Stuttgart dahingehend zuzustimmen, dass das bloße Vertrauen des Vorstands darauf, dass der Berater nachfragen werde, wenn ihm etwaige Informationen zur fundierten Bewertung der Sachlage fehlen, keine Entlastung des Vorstands begründen kann. Die mit der etwaigen Enthaftung des Vorstands einhergehende Verschiebung des Risikos im Innenverhältnis auf die Gesellschaft ist nur interessengerecht, wenn der Vorstand die ihm gegenüber der Gesellschaft obliegende Sorgfalt auch im Fall der Hinzuziehung eines Beraters gewährleistet.

Andererseits dürfen die Anforderungen an das Verhalten des Vorstands auch nicht überspannt werden. Daher ist vom Vorstand zu verlangen, dass er alle für ihn erkennbar relevanten Informationen einschließlich informativer Unterlagen tatsächlich an den externen Berater weitergibt bzw. sicherstellt, dass dies geschieht.[571] Eine bloße Annahme hierfür bzw. das Vertrauen darauf, dass der Berater diese Informationen sich bereits selbst verschafft hat bzw. beschaffen wird, reicht für eine solche Enthaftung nicht aus.

Insoweit würde der Vorstand nämlich – trotz eigener Erkennbarkeit – die Einhaltung des ihm obliegenden Sorgfaltsmaßstabs auf den Berater abwälzen, was keinesfalls eine Haftungsverlagerung im Innenverhältnis auf die Gesellschaft rechtfertigen kann.

Eine Exkulpation des Vorstands allerdings dann auszuschließen, wenn er schuldlos nicht alle maßgeblichen Unterlagen beibringt, bedeutet die Anforderungen an

---

[566] *Binder*, AG 2008, S. 274 (286).
[567] *Binder*, AG 2008, S. 274 (286).
[568] *Fleischer*, in: FS Hüffer (2010), S. 188 (193).
[569] Angedacht von *Fleischer*, in: FS Hüffer (2010), S. 188 (193).
[570] OLG Stuttgart, AG 2010, S. 133 (135).
[571] *Schröder*, GmbHR 2007, S. 759 (761); deutlich großzügiger: *Krieger*, ZGR 2012, S. 496 (499).

den Vorstand zu überhöhen.[572] Es muss berücksichtigt werden, dass der Vorstand – sofern er die Notwendigkeit zur Beratung sieht – sich in der jeweiligen oft hochkomplexen und nur schwerlich zu beurteilenden Materie nur laienhaft auskennt und daher oft gar nicht den notwendigen Überblick über die Materie haben wird. Er wird insoweit oft nicht erkennen können, welche Unterlagen und Informationen für die Beurteilung der jeweiligen Frage maßgeblich sind.[573] Zudem wird zumeist der Berater ohnehin auf Grund seines höheren Sachverstands besser in der Lage sein, die Notwendigkeit weiterer Informationen zu erkennen.[574] Insoweit ist der Berater dann auch zur Aufklärung bzw. Nachfrage verpflichtet.[575] Unterlässt der Berater dies, liegt das Versäumnis in seiner Sphäre, so dass richtigerweise an die Stelle des Haftungsanspruchs der Gesellschaft gegen den Vorstand aus § 93 Abs. 2 S. 1 ein Anspruch der Gesellschaft gegen den Berater wegen Falschberatung tritt.[576]

Legt man stattdessen auch in solchen Fallkonstellationen, in denen der Vorstand unverschuldet nicht alle Informationen dem Berater mitteilt, dem Vorstand das Haftungsrisiko auf, könnte dies in der Praxis dazu führen, dass der Vorstand zum Zwecke der Haftungsvermeidung dem Berater alle nur denkbaren, mit der Frage auch nur in irgendeiner Form in Verbindung stehenden Informationen zukommen lässt. Der Berater wiederum müsste diese Informationen dann erst zeitaufwendig filtern. Hierdurch kann es gerade im schnelllebigen Wirtschaftsleben, zu unnötigen Verzögerungen kommen. Neben den hierdurch entstehenden Mehrkosten für die Gesellschaft könnten diese Verzögerungen selbst wiederum eine Haftung des Vorstands begründen.[577]

Daher scheidet in Fällen, in denen der Vorstand nicht vorwerfbar die Weitergabe von Informationen an den Berater unterlässt, eine Enthaftung des Vorstands nicht aus.

Maßgeblich ist also bei einer nicht umfassenden Information des Beraters, ob dies dem Vorstand im Sinne einer Pflichtverletzung vorwerfbar ist.

Der Vorstand kann sich nicht auf den erteilten Rat enthaftend berufen, wenn die lückenhafte Informationsübermittlung für ihn erkennbar war. Hinsichtlich der Frage der Erkennbarkeit der Lückenhaftigkeit ist jedoch ein großzügigerer Maßstab anzusetzen, da dies vertieftere Kenntnisse in der jeweiligen technischen oder rechtlichen Materie erfordert, als bei der grundsätzlichen Frage nach der Beratungsbedürftigkeit. Derartige vertiefte Sachkenntnisse können von den einzelnen Vorstandsmitgliedern aber gerade nicht zwingend verlangt werden.[578]

---

[572] *Fleischer*, in: FS Hüffer (2010), S. 187 (194); *Binder*, AG 2008, S. 274 (286); *Selter*, AG 2012, S. 11 (17).

[573] *Binder*, AG 2008, S. 274 (286); *Rudolphi*, a.a.O. (Fn. 275), S. 247, für die Behandlung im Strafrecht.

[574] *Krieger*, ZGR 2012, S. 496 (499).

[575] *Binder* AG 2008, S. 274 (286); *ders.*, ZGR 2012, S. 757 (771); BayOLG, MDR 1965, S. 502 (503), für die Behandlung im Strafrecht.

[576] *Selter*, AG 2012, S. 11 (17).

[577] BGH, ZIP 2012, S. 1174 (1175).

[578] *Binder*, AG 2008, S. 274 (286).

cc. Die Modalitäten der Auskunftserteilung durch den Berater

Fraglich ist darüber hinaus, welche Modalitäten hinsichtlich der Auskunftserteilung durch den Berater zu beachten sind.

Der BGH führt dazu aus, dass bei offensichtlich nicht einfach gelagerten bzw. nicht schnell zu treffenden Entscheidungen eine mündliche Auskunftserteilung nicht ausreiche.[579] Insoweit sei dann nämlich die erforderliche Prüfung der Plausibilität der Beratung nicht möglich.[580]

aaa. Kritik an dem Erfordernis der schriftlichen Beratung in der Literatur

Hiergegen wird in der Literatur eingewendet, dass es für den Vorstand oft nicht erkennbar sei, ob es sich um eine schwierige oder einfach gelagerte Frage handelt.[581]

Zudem sei die generelle Feststellung zweifelhaft, dass schriftliche Auskünfte besser zu kontrollieren seien als mündliche. Ein wissenschaftlicher Text mit möglichst vielen Rechtsprechungs- und Literaturzitaten helfe dem Vorstand bei der Einschätzung der Lage nicht weiter, wenn er dessen Grundgehalt nicht entsprechend einschätzen könne.[582] Vielmehr brauche der Vorstand Antworten auf seine Fragen. Deren geeignete Modalitäten ließen sich aber nur im Einzelfall entscheiden.[583]

So sei vielmehr eine Unterscheidung anhand der Fragestellung zu vollziehen. Wenn es sich um eine abstrakte Frage handelt, sei es plausibel, dass der Berater nach gründlicher Untersuchung seine Auskunft schriftlich erteilt. Bei einer konkreten Frage sei es durchaus vorzugswürdig und zielführender, wenn der Rat unmittelbar mündlich mit anschließender Diskussion erteilt werde.[584]

Zudem widerlegten bereits die Richter in den Strafsenaten des BGH die These, dass eine mündliche Darstellung bei schwierigen Fragen regelmäßig nicht ausreiche.[585] Dies zeige sich daran, dass sie nur mündlich durch den Berichterstatter über den maßgeblichen Sach- und Streitstand unterrichtet werden.[586]

bbb. Stellungnahme zum (vermeintlichen) Erfordernis der Schriftlichkeit des erteilten Rats

Die Kritik an dem Erfordernis der grundsätzlichen Schriftlichkeit des erteilten Rats verkennt, dass der BGH eine mündliche Auskunft nicht von vorneherein gänzlich ausschließt. Der BGH führt in seinem Urteil vom 20.09.2011 hierzu aus: *„Das Berufungsgericht hat [...] rechtsfehlerfrei eine mündliche Beratung nicht genügen lassen, schon weil sie in diesem Fall, der für die Beklagten zu 1 und 2*

---

[579] BGH, AG 2011, S. 876 (878).
[580] BGH, AG 2011, S. 876 (878).
[581] *Krieger*, ZGR 2012, S. 496 (502f.).
[582] *Krieger*, ZGR 2012, S. 496 (503).
[583] *Krieger*, ZGR 2012, S. 496 (503).
[584] *Krieger*, ZGR 2012, S. 496 (503).
[585] *Krieger*, ZGR 2012, S. 496 (503).
[586] *Krieger*, ZGR 2012, S. 496 (503).

erkennbar weder einfach gelagert noch besonders eilbedürftig war, die notwendige Plausibilitätsprüfung nicht erlaubte.[587] Hieraus lässt sich zumindest ableiten, dass der BGH in einfach gelagerten Fällen bzw. in solchen, in denen eine zeitnahe Entscheidung notwendig ist, eine mündliche Auskunft des Beraters nicht von vorneherein ausschließt. Notwendig ist aber stets, dass diese hinreichend auf ihre Plausibilität kontrolliert werden kann.[588] Zudem erscheint der Vergleich zu den Richtern des Strafsenats zweifelhaft. Bei diesen handelt es sich erwiesenermaßen um Experten in der betreffenden Materie. Im Unterschied zu den Strafrichtern am BGH hat der ratsuchende Vorstand in der Regel nur laienhafte bzw. nur unzureichende Vorkenntnisse in der betreffenden Materie. Für den Vorstand wird es daher viel schwieriger sein, den erforderlichen Überblick zu erhalten, den die Kontrolle hinsichtlich der Schlüssigkeit der Argumentation und der Umfänglichkeit des (mündlichen) Gutachtens voraussetzt. Daher wird er oft darauf angewiesen sein, das Gutachten wiederholt zu lesen bzw. eine gewisse Zeit benötigen, um die einzelnen Argumente nachzuvollziehen.[589] Auch betrifft das Argument, dass schriftliche, wissenschaftliche Gutachten oft für den Vorstand nur schwer verständlich sind und deswegen für die Entscheidungsfindung nur wenig Gehalt haben,[590] weniger die Form der Auskunft an sich. Vielmehr geht es hierbei um die Darstellung durch den hinzugezogenen Berater. Trifft dieser eine klare Aussage, die im Idealfall im Gutachten an exponierter Stelle zu finden ist und anschließend begründet wird, so wird es einem auf Grund seiner Geschäftserfahrung durchschnittlich versierten Vorstandsmitglied ohne Weiteres möglich sein, dieser Empfehlung und der ihr zugrundeliegenden Logik zu folgen. Überdies sprechen auch praktische und prozesstaktische Erwägungen dafür, dass der Vorstand, sofern nicht eine besonders eilbedürftige Entscheidung im Raum steht, sich eine schriftliche Auskunft erteilen lässt. Es obliegt nämlich dem Vorstand zu beweisen, dass er sich durch die sachgemäße Beratung in einem unvermeidbaren Rechtsirrtum befunden hat. Da dies auch die Plausibilitätsprüfung umfasst,[591] wird der Vorstand schon aus diesen Gründen im Regressprozess darauf angewiesen sein, das Gutachten samt der entsprechend dokumentierten Prüfung in schriftlicher Form vorzulegen.[592] Eine Ausnahme ist nur dann berechtigt, wenn die Entscheidung auf Grund ihres Charakters besonders eilbedürftig und klar gelagert ist.[593] Allerdings ist hier

---

[587] BGH AG 2011, S. 876 (878).

[588] So auch *Wagner*, BB 2012, S. 651 (652); *Fleischer*, KsZW 2013, S. 3 (9).

[589] So auch *Binder*, ZGR 2012, S. 757 (772), der die Anforderungen nicht überspannen möchte, aber eine reflektierte Auseinandersetzung grundsätzlich auch nur bei einem schriftlichen Gutachten für möglich hält.

[590] *Krieger*, ZGR 2012, S. 496 (503).

[591] BGH, AG 2011, S. 876 (878).

[592] *Loth*, Die Haftung der Organe einer Aktiengesellschaft bei Entscheidungen unter Rechtsunsicherheit, S. 95.

[593] *Binder*, ZGR 2012, S. 757 (772); *Merkt/Mylich*, NZG 2012, S. 525 (529); *Fleischer*, in: FS Hüffer (2010); S. 186 (196f.).

gleichsam aus Beweisgründen zu empfehlen, die Beratung (kurz) zu protokollieren und vom Berater gegenzeichnen zu lassen.[594]

c. Die Überprüfung des erteilten Rats

Des Weiteren trägt der BGH dem Vorstand auf, dass dieser den erteilen Rat stets auf seine Plausibilität prüfen muss.[595] Dieses Kriterium erscheint zunächst paradox, wenn man sich vergegenwärtigt, dass der in dem fraglichen Bereich nicht ausreichend fachkundige Vorstand gerade einen Experten hinzuzieht, den er dann nach strengen Kriterien sorgfältig aussuchen muss, um dann dennoch dessen Rat wiederum überprüfen zu müssen.[596] Nichts desto weniger ist auch dieses Kriterium im Grundsatz in der Literatur vornehmlich auf Zustimmung gestoßen.[597]

Um diesen scheinbaren Widerspruch zu verstehen, bedarf es zunächst einer näheren Analyse der konkreten Anforderungen, die seitens des BGH an diese Plausibilitätsprüfung gestellt werden.

Nach dem BGH erfüllt der Vorstand die ihm obliegenden Sorgfaltspflichten, wenn er den Rat befolgt, der nach gebotener Plausibilitätskontrolle für ihn „nachvollziehbar" ist.[598] Dies setzt nach dem BGH eine Prüfung der Vollständigkeit sowie Widerspruchslosigkeit des erteilten Rats voraus.[599]

aa. Die generelle Kritik an dem Erfordernis der Plausibilitätsprüfung

Teilweise wird das Erfordernis der Plausibilitätsprüfung in der Literatur jedoch abgelehnt, sofern der Vorstand seinen Berater sorgfältig ausgesucht hat.[600] Es wird darauf hingewiesen, dass in anderer Konstellation[601] dem Rat bspw. eines Rechtsanwalts vertraut werden dürfe. Es sei daher unverhältnismäßig, an den Vorstand nur auf Grund des in § 93 Abs. 1 S. 1 statuierten Verhaltensmaßstab strengere Anforderungen zu stellen.[602] Daher träfe den Vorstand (nur) die Pflicht, den Berater sorgsam auszuwählen und zu überwachen.[603] Diese Überwachungspflicht erstrecke sich aber inhaltlich allein darauf, zu überprüfen, ob dem erteilten Rat die übermittelten und sachverhaltsgemäßen Informationen zu Grunde liegen.[604]

---

[594] *Merkt/Mylich*, NZG 2012, S. 525 (529).

[595] BGH, DStR 2015, 1635 (1639).

[596] So *Wagner*, BB 2012, S. 651 (652).

[597] *Fleischer*, in: FS Hüffer (2010), S. 187 (195); Grigoleit/*Grigoleit/Tomasic*, AktG, § 93, Rn. 40; Wachter/*Eckert*, AktG, § 93, Rn. 27, *Krieger/Sailer*, in: K. Schmidt/Lutter, § 93, Rn. 29; a.A. *Krieger*, ZGR 2012, S. 496 (501ff.).

[598] BGH, AG 2007, S. 548 (550).

[599] BGH, DStR 2015, S. 1635 (1639).

[600] *Binder*, AG 2008, S. 274 (286); *ders.*, ZGR 2012, S. 757 (772); Hölters/*Hölters*, § 93, Rn. 249; *Krieger*, ZGR 2012, 496 (502); für das allgemeine Zivilrecht: MüKo/*Grundmann*, BGB, § 276, Rn. 73.

[601] BGH, NJW 1981, S. 1098 (1099), der aber ausdrücklich offenlässt, ob ein „geschäftsgewandter" Nichtjurist bei widersprechenden Wortlauten einer Versicherungsbedingung und dem Rechtsrat, fahrlässig handelt, wenn er auf den Rechtsrat vertraut.

[602] *Merkt/Mylich*, NZG 2012, S. 525 (529).

[603] *Merkt/Mylich*, NZG 2012, S. 525 (529); in diese Richtung auch: *Krieger*, ZGR 2012, S. 496. (502).

[604] *Merkt/Mylich*, NZG 2012, S. 525 (529); in diese Richtung auch: *Krieger*, ZGR 2012, S. 496. (502).

Weitergehende Anforderungen wären schon deshalb überhöht, da den Vorstand bereits die Pflicht zur sorgfältigen Auswahl treffe und darüber hinaus zu bedenken sei, dass der Berater sich um ein sachgerechtes Gutachten bemühen müsse.[605] Außerdem liefe der Vorstand Gefahr, sich der Haftung auszusetzen, wenn er Widersprüche in dem erteilten Rat erkennen würde und auf Grund von Zeitnot gezwungen wäre, sich gegen den Rat zu entscheiden ohne einen weiteren kompetenten Berater hinzuzuziehen.[606] Alternativ wäre er zur Einholung eines zweiten – möglicherweise dem ersten widersprechenden – Gutachtens genötigt, so dass er sich so dem Vorwurf ausgesetzt sehen könnte, nicht von Anfang an einen geeigneten Berater ausgesucht zu haben.[607]

bb. Stellungnahme zum Kriterium der Plausibilitätsprüfung

Aus § 93 Abs. 1 S. 1 ist der Vorstand einer Aktiengesellschaft verpflichtet, die Geschäfte mit der Sorgfalt eines ordentlichen und gewissenhaften Geschäftsleiters zu führen. Diese Sorgfaltspflichten sind generell strenger als die eines normalen Kaufmannes.[608] Insoweit ergibt sich bereits hieraus ein strengerer Maßstab an die Kontrolle des erteilten Rats eines Beraters. Dies ist auch begründet, da der Vorstand auf Grund der ihm obliegenden Pflichten eine größere (Fach-)Kenntnis und damit einhergehende Erfahrung im wirtschaftlichen und rechtlichen Bereich mitbringen muss, um seine Organtätigkeit überhaupt pflichtgemäß ausüben zu können.[609]

Auch verfängt der Verweis auf die Rechtsprechung des BGH in anderen Fällen hinsichtlich des Vertrauens auf den Rat eines Beraters nicht. So hat der BGH insbesondere in dem hierfür herangezogenen Urteil zwar ein (für diesen Fall entscheidendes) vorsätzliches oder grob fahrlässiges Verhalten des Versicherungsnehmers verneint. Er hat aber explizit offengelassen, ob dem Versicherungsnehmer nicht auf Grund seiner Erfahrung im geschäftlichen Bereich Zweifel auf Grund der Divergenz zwischen dem Wortlaut der Versicherungsbedingungen und dem erteilten Rat des Rechtsanwalts hätten kommen müssen und somit ein Fahrlässigkeitsvorwurf zu machen sei.[610]

Darüber hinaus überzeugt es auch nicht, den Vorstand von einer Prüfung grundsätzlich zu befreien, weil er sonst Gefahr liefe, bei Mängeln in der Argumentation oder etwaigen Ungereimtheiten im Gutachten einen weiteren Berater hinzuziehen zu müssen oder gegen den Rat des hinzugezogenen Beraters zu handeln.

Die Pflicht und Möglichkeit, einen Berater bei fehlender eigener Sachkunde hinzuzuziehen, dient dazu, den Vorstand in die Lage zu versetzen, die ihm vorliegende Sachlage besser zu überblicken und auf Grund des fundierten Wissens des Beraters eine sachgemäßere Entscheidung zu treffen. Fällt das Gutachten eines an

---

[605] *Merkt/Mylich*, NZG 2012, S. 525 (529).
[606] *Merkt/Mylich*, NZG 2012, S, 525 (529).
[607] *Merkt/Mylich*, NZG 2012, S, 525 (529).
[608] MüKo/*Spindler*, AktG, § 93, Rn. 24.
[609] *Binder*, ZGR 2012, S. 757 (769).
[610] BGH, NJW 1881, S. 1098 (1099).

sich zuverlässigen Beraters aber lückenhaft oder widersprüchlich aus, ist der Vorstand mehr denn je gehalten, Vorsicht walten zu lassen und die gewünschte Entscheidung zu hinterfragen. Ein „*Augen zu und durch*" darf es in solchen Fällen schon im Interesse der Gesellschaft und im Eigeninteresse des Vorstands nicht geben. Dies würde auch der Pflicht, sachkundigen Rat bei fehlender eigener Sachkunde einzuholen, zuwiderlaufen.

Auch dürfte die Gefahr der Haftung auf Grund einer Verzögerung oder wegen des nicht pflichtgemäßen Auswählens des Beraters gerade nicht bestehen.

Eine solche Haftung des Vorstands, weil er in solchen Fällen nicht sofort den geeigneten Experten ausgesucht hat, betrifft die Auswahl des Beraters. Hat sich der Vorstand an die von der Rechtsprechung aufgestellten Vorgaben gehalten,[611] kann ihm nicht der Vorwurf gemacht werden, dass er dem nicht überzeugenden Rat des ausgewählten Beraters nicht gefolgt ist.

Der Vorstand ist dann vielmehr im Interesse der Gesellschaft der ihm obliegenden Pflicht zur Kontrolle des erteilten Rats ordnungsgemäß nachgekommen, so dass kein Haftungstatbestand gesetzt wurde.

Dass den Vorstand bereits strenge Pflichten – wie der BGH selbst zugibt[612] – hinsichtlich der Auswahl des Beraters treffen und überdies der Berater sich um eine korrekte Aussage bemühen muss, kann eine gewisse Überprüfung des erteilten Rats aber nicht ersetzen.

Die Auswahl des Beraters erfasst nur dessen generelle Eignung für die Befassung mit der sich stellenden Problematik.[613] Die Überprüfung des vom Berater erteilten Rats betrifft hingegen gerade dessen Beratung im konkreten Fall.

Es versteht sich von selbst, dass dem fachlich weniger bewanderten Vorstand nicht auferlegt werden kann, zu überprüfen, ob das Urteil des Fachmannes inhaltlich in Gänze korrekt ist. Doch muss von einem im unternehmerischen Bereich zwingend versierten Vorstandsmitglied schon mit Blick auf die gesetzlichen Anforderungen aus § 93 Abs. 1 S. 1 verlangt werden, dass er seinen eigenen Verstand einsetzt und bei etwaig aufkommenden Fragen Rücksprache mit dem Experten hält.

Dieses Erfordernis ergibt sich letztlich daraus, dass der Experte nur die Funktion des Beraters einnimmt. Im Verhältnis zur Aktiengesellschaft und dem Vorstand übernimmt der Berater gerade nicht die entsprechende Entscheidungsbefugnis und damit einhergehende Verantwortung für die letztliche Entscheidung der Gesellschaft. Diese verbleibt stets beim Vorstand. Dieser ihn treffenden Verantwortung kann der Vorstand aber nur gerecht werden, wenn er die Grundlagen seiner Entscheidung, was u.a. auch die beauftragte Beratung beinhaltet, versteht und für nachvollziehbar hält.

Dem BGH ist also zuzustimmen, dass der Vorstand den erteilten Rat auf seine Plausibilität zu überprüfen hat.

---

[611] Vgl. B.III.5.a.
[612] BGH, AG 2011, S. 876 (876), 2. Leitsatz.
[613] Vgl. B.III.5.a.

cc. Die Notwendigkeit der Plausibilitätsprüfung nur bei Zweifeln an dem erteilten Rat des Beraters?

Zudem wird in der Literatur teilweise vertreten, dass eine Plausibilitätsprüfung nur dann durchzuführen sei, wenn konkrete Anhaltspunkte für ein Misstrauen gegenüber dem erteilten Rat bestehen.[614] Hat der Vorstand keinen Zweifel an der Richtigkeit des erteilten Rats, sei dies vergleichbar zu der Situation, in der der Vorstand keinen Anlass für eine etwaige Beratung hinsichtlich der von ihm beschlossenen Maßnahmen sieht.[615] In einer derartigen Fallkonstellation würde dann der BGH – so wird eingewandt – auch keine Plausibilitätsprüfung fordern.[616] Daher sei es auch nicht geboten, dass die Geschäftsleitung jedes Gutachten selbst auswerten müsse.[617] Es sei oft sachgerechter, wenn insbesondere bei Rechtsfragen, der Vorstand die Auswertung der Gutachten der Rechtsabteilung überlasse und sich von dieser dann berichten lasse.[618] Es käme auch nicht darauf an, dass die Geschäftsleitung den erteilten Rat versteht. Vielmehr habe sie das Recht, auf die Beratung eines ordentlich ausgewählten und mit entsprechenden Anweisungen versehenen Beraters zu vertrauen.[619] Der Grund sei die Vergleichbarkeit der rechtlichen Plausibilitätskontrolle zur unternehmerischen Entscheidung. Insoweit müsse auch hier § 93 Abs. 1 S. 2 entsprechend gelten. [620] Danach würde der Geschäftsleiter dann gemäß seiner Pflicht verfahren, *„wenn er bei seiner Entscheidung vernünftigerweise annehmen durfte, auf der Grundlage ausreichender Prüfung rechtmäßig zu handeln"*. Dies sei der Fall, wenn der Vorstand entsprechend eines erteilten Rats handelt, dessen Richtigkeit er nicht in Zweifel zieht und daher auch nicht weiter überprüft hat.[621]

dd. Die (auch dann bestehende) Pflicht zur Plausibilitätsprüfung bei fehlenden Anhaltspunkten für die Fehlerhaftigkeit des erteilten Rats

Ob der BGH in einem Fall eine Plausibilitätsprüfung für verzichtbar erachtet, in dem aus Sicht des Vorstands keinerlei Zweifel an der Richtigkeit des Rats des Beraters bestehen, ist nicht abschließend geklärt.
Der BGH führt insoweit im „ISION"-Urteil aus: *„Das Verschulden entfällt nicht, wenn von einer Plausibilitätsprüfung abgesehen oder sie schuldhaft fehlerhaft vorgenommen wird."*[622] Insoweit erscheint es zumindest fraglich, ob der BGH tatsächlich in derartigen Fällen auf eine Plausibilitätsprüfung verzichten würde.[623]

---

[614] *Krieger*, ZGR 2012, S. 496 (502).
[615] *Krieger*, ZGR 2012, S. 496 (502).
[616] *Krieger*, ZGR 2012, S. 496 (502).
[617] *Krieger*, ZGR 2012, S. 496 (502).
[618] *Krieger*, ZGR 2012, S. 496 (502).
[619] *Krieger*, ZGR 2012, S. 496 (502).
[620] *Krieger*, ZGR 2012, S. 496 (502).
[621] *Krieger*, ZGR 2012, S. 496 (502).
[622] BGH, AG 2011, S. 876 (878).
[623] *Wagner*, BB 2012, S. 651 (652).

Ein weiterer Kritikpunkt an der Plausibilitätsprüfung betrifft solche Fälle, in denen gerade im Stadium der Einholung des Rats keine Zweifel bei dem Vorstand hinsichtlich der beabsichtigten Maßnahme bzw. Entscheidung bestehen und sich der Vorstand hier vielmehr lediglich erkundigen möchte, ob bestimmte Aspekte der zu treffenden Entscheidung geprüft wurden.

Dass dies den Vorstand bereits von einer Plausibilitätsprüfung entbinden soll, ohne dass er zugleich seine Möglichkeit zur Exkulpation verliert, überzeugt nicht. Hierfür könnte zwar sprechen, dass ein Vorstand, der keine Bedenken hinsichtlich der Rechtmäßigkeit seiner Entscheidung hat, kein Gutachten benötigt. Folglich könnten dann auch nicht demjenigen, der in der gleichen Situation sich eine (zusätzliche) Beratermeinung einholt, höhere Sorgfaltspflichten diesbezüglich auferlegt werden.[624]

Wäre dem nicht so, besteht das Risiko, dass der Vorstand im Zweifel lieber auf die Einholung einer zusätzlichen Meinung verzichten wird, um sich so nicht weitere Sorgfaltspflichten aufzuladen.

Zudem könnte für den Verzicht auf eine Plausibilitätsprüfung in solchen Fällen sprechen, dass bei solchen „einfachen" Rückfragen bei unkomplizierten Sachverhalten die Gefahr einer *„Feigenblattfunktion"*[625] der Beratung nicht gegeben sei. Dafür spricht, dass der Vorstand hier nur beabsichtigt, eine Bestätigung seiner eigenen Einschätzung und weniger eine Absicherung in einer kritischen Frage zu erhalten.

Es wird von Kritikern des Kriteriums der Plausibilitätsprüfung allerdings selbst eingeräumt, dass abstrakt nicht formuliert werden kann, wo hierbei die Grenze zu ziehen ist, ab wann eine „schlichte Anfrage" nicht mehr ausreicht.[626]

Jedoch verkennt die Kritik an der Rechtsprechung zur Plausibilitätsprüfung, dass der BGH selbst eine gewisse Ausdifferenzierung hinsichtlich der Anforderungen an die Plausibilitätsprüfung im Einzelfall erkennen lässt.

Die unterschiedlichen Anforderungen hinsichtlich der Intensität der Plausibilitätskontrolle in der Rechtsprechung des BGH sind nicht auf eine Verschärfung der Rechtsprechung zurückzuführen, sondern auf die Komplexität der zugrundeliegenden Sachverhalte des jeweiligen Einzelfalles, sowie den erkennbaren Zweifeln für den Vorstand an der Rechtmäßigkeit der intendierten Handlung.

Auch überzeugt ein vollständiger Verzicht auf eine gewisse Plausibilitätsprüfung bei einfach gelagerten Fragen schon deshalb nicht, da ein fachlich nicht spezialisierter Vorstand oft gar nicht einschätzen kann, ob es sich um einen klar gelagerten Fall handelt. Dies wird ihm erst ersichtlich werden, wenn er ein klares und fundiertes Urteil des Gutachters erhält und dieses auch zur Kenntnis nimmt.

Auch bei nicht mit Zweifeln behafteten Rückfragen ist das bloße Vertrauen auf die Kompetenz des Beraters kein ausreichendes Äquivalent für die Wahrnehmung der den Vorstand treffenden Verantwortung gegenüber der Gesellschaft.[627]

---

[624] *Krieger*, ZGR 2012, S. 496 (502).
[625] BGH, NStZ 2000, S. 307 (309); *Fleischer*, in: FS Hüffer (2010), S. 187 (194).
[626] *Krieger*, ZGR 2012, S. 496 (502).
[627] Vgl. BGH, AG 2011, S. 876 (878).

Die Unterschiede zu den eingewendeten Fällen, die der BGH entschieden hat, betreffen die Anforderungen, die an die Plausibilitätsprüfung gestellt werden und nicht die Frage, ob solch eine Prüfung überhaupt geboten ist. Ziel der Plausibilitätsprüfung ist es, eine möglichst objektive und damit verlässliche Grundlage für die anstehende Entscheidung des Vorstands zu sichern. Diese ist auch für die Fälle notwendig, in denen von Anfang an kein Zweifel an der Rechtmäßigkeit der beabsichtigten Vorstandsentscheidung erkennbar war. Mag der Vorstand bei der bloßen Rückfrage auch nur durch eine weitere unabhängige Meinung sein Urteil bestätigt sehen wollen, ist eine solch ernsthafte Bestätigung für den Vorstand auch nur dann gegeben, wenn er sich von der Nachvollziehbarkeit des erteilten Rats überzeugt.

Hierdurch wird der Vorstand auch nicht über die Maße belastet. Bestehen anfangs und auch nach Kenntnisnahme des Gutachtens keinerlei Zweifel hinsichtlich der im Raum stehenden Entscheidung, wird sich die Plausibilitätsprüfung auf ein aufmerksames Lesen und Nachvollziehen des Gutachtens beschränken können. Treten hierbei jedoch etwaige Verständnisschwierigkeiten auf, ist der Vorstand dann aber zum Nachfragen angehalten.[628]

ee. Die Durchführung und der Umfang der Plausibilitätsprüfung gemessen am Sinn und Zweck des Erfordernisses der Plausibilitätsprüfung

Um jedoch den genauen Umfang sowie die Reichweite der Plausibilitätsprüfung bestimmen zu können, ist zunächst deren Sinn und Zweck zu untersuchen.

Den strengen Kriterien des BGH hinsichtlich der Hinzuziehung des Beraters liegt der Gedanke zu Grunde, dass der Vorstand, auch wenn er sich von Dritten beraten lässt, nicht aus der Verantwortung gegenüber der Gesellschaft entlassen ist.[629] Er soll sich bei der ihm alleine zustehenden Entscheidungsfindung nicht hinter etwaigen wohlwollenden Gutachten „verschanzen" können.[630] Hieraus wird in der Literatur abgeleitet, dass es bei der Plausibilitätskontrolle im Kern darum geht, dass der Vorstand das Gutachten zur Kenntnis nimmt und auf etwaige Widersprüche und zu Tage tretende Zweifel überprüft.[631]

Hieraus ergibt sich bereits, dass den Vorstand etwaige einseitig gefärbte, evidente Gegenargumente, außer Acht lassende und von vornehrein auf eine bestimmte Meinung abzielende „Gefälligkeitsgutachten" nicht entlasten können.[632]

Diese zu erkennen und nicht in die Entscheidungsfindung miteinzubeziehen, stellt sicher unbestreitbar die Untergrenze dessen dar, was vom Vorstand in Bezug auf seine Überprüfungspflicht hinsichtlich des erteilten Rats verlangt werden kann.[633]

---

[628] *Binder*, ZGR 2012, S. 757 (772); *Fleischer*, ZIP 2009, S. 1397 (1404).

[629] *Goette*, DStR 2007, S. 1176 (1177).

[630] BGH, NJW 1979, S. 1882 (1882); *Buck-Heeb*, BKR 2011, S. 441 (448); *Fleischer*, NJW 2009, S. 2337 (2339).

[631] *Altmeppen*, NJW 2007, S. 2121 (2121); *Buck-Heeb*, BKR, 2001, S. 441 (448); *Binder*, ZGR 2012, S. 757 (772).

[632] *Bayer*, in: FS K. Schmidt (2009), S. 85 (92).

[633] BGH, AG 2007, S. 548 (550), der eine für den Geschäftsführer einer GmbH „*nachvollziehbare*" Feststellung im Rahmen der Plausibilitätsprüfung verlangt.

In solchen Fällen ist die Beratung eben nicht mehr „*nachvollziehbar*" und ermöglicht dem Vorstand keine objektive Einschätzung der Sachlage, auf Grundlage derer er die Entscheidung für die Gesellschaft treffen kann. Daher ist dem Vorstand zumindest aufzuerlegen, dass er die in Auftrag gegebenen Gutachten zur Kenntnis nimmt und solch einseitige Gutachten, die Anlass zum Zweifel geben, herausfiltert.

ff. Die konkreten Anforderungen an die Prüfung der Plausibilität

Fraglich ist allerdings, was darüber hinaus von dem Vorstand hinsichtlich der Plausibilitätsprüfung verlangt werden kann.

Der BGH forderte in seinen Urteilen vom 14.5.2007 eine „*gebotene*"[634] bzw. „*eigene*"[635] Prüfung der Schlüssigkeit der Beratung, während er in seinem Urteil vom 20.9.2011 eine „*sorgfältige*"[636] Schlüssigkeitsprüfung für erforderlich hält.[637]

In seiner Entscheidung vom 28.4.2015 stellte er jedoch klar, dass die Plausibilitätsprüfung nicht das Erfordernis einer Fachprüfung darstellt. Vielmehr sei der beauftragende Vorstand lediglich verpflichtet, zu prüfen, ob „*dem Berater nach dem Inhalt der Auskunft alle erforderlichen Informationen zur Verfügung standen, er die Informationen verarbeitet hat und alle sich in der Sache für Rechtsunkundige aufdrängende Fragen widerspruchsfrei beantwortet hat.*"[638]

Zudem soll der Umfang der Prüfung vom jeweiligen Einzelfall abhängen. Insoweit führt der BGH in seiner Entscheidung vom 20.9.2011 aus, dass das Berufungsgericht rechtsfehlerfrei an die beklagten Vorstandsmitglieder „*vor dem Hintergrund, dass die ursprünglich vom Beklagten zu 2 vorgesehene Vorgehensweise, [...], vom Beklagten zu 3 und dem Steuerberater der Schuldnerin als nicht durchführbar bezeichnet worden war, zu Recht erhöhte Anforderungen gestellt*" hat.[639] Weiter führt der BGH aus, dass auf Grund der gewählten Konstruktion (beim Rückkauf eigener Aktien) nahe läge, dass hierdurch satzungsmäßige Beschränkungen umgangen werden sollten, so dass dies „*nicht nur eine gründliche rechtliche Prüfung durch einen für die Frage fachlich qualifizierten Berufsträger, sondern auch eine besonders kritische Plausibilitätsprüfung*" erfordere.[640]

aaa. Die Erklärungsansätze betreffend die Plausibilitätsprüfung in der Literatur

In der Literatur sind unterschiedliche Erklärungsansätze gewählt worden, um das Erfordernis der Plausibilitätsprüfung zu begründen und damit die einhergehenden Anforderungen zu konkretisieren.

---

[634] BGH, AG 2007, S. 548 (550).
[635] BGH, DStR 2007, S. 1641 (1642).
[636] BGH, AG 2011, S. 876 (877).
[637] So auch *Krieger*, ZGR 2012, S. 496 (501).
[638] BGH, DStR 2015, S. 1635 (1639).
[639] BGH, AG 2011, S. 876 (878).
[640] BGH, AG 2011, 876 (878).

(i) Die Notwendigkeit der Plausibilitätsprüfung auf Grund „konkreter Vertrauensdisposition"

Fleischer sieht die Plausibilitätsprüfung dogmatisch deshalb geboten, weil in den Fällen, in denen sich der Vorstand der externen Beratung bedient, dies eine *„konkrete Vertrauensdisposition"* erfordere.[641] D.h., nur derjenige, der den Rat in seine Entscheidung aufnimmt, verdiene den Schutz der enthaftenden Wirkung.[642] Dies verdient zwar Zustimmung insoweit, als dass ein Vorstand, der den Rat nicht einmal zur Kenntnis nimmt, nicht anders zu behandeln ist, als derjenige der gänzlich ohne Beratung tätig wird. Doch wird hiergegen zu Recht eingewendet, dass dies nicht erklären kann, warum der Vorstand über das schlichte zur Kenntnisnehmen des Rats hinaus verpflichtet wird, das Gutachten auf etwaige Argumentationslücken und Widersprüche zu prüfen.[643]

(ii) Parallele zur Delegation an Hilfspersonen im allgemeinen Zivilrecht

Buck-Heeb hingegen sieht in dem Erfordernis der Plausibilitätsprüfung eine Parallele zur Verantwortung des Vorstands bei der Delegation des Handelns an Hilfspersonen.[644] Auch in solchen Fällen hafte der Vorstand zumindest wegen der Verletzung der Überwachungspflicht.[645] Dementsprechend solle die Plausibilitätsprüfung die Überwachungspflicht des Vorstands entsprechend darstellen.[646]

(iii) Höhere Anforderungen auf Grund berufsbedingter Sensibilität

Nach *Binder* rechtfertigt sich das Erfordernis der Plausibilitätskontrolle daraus, dass der Verschuldensmaßstab im Rahmen der Haftung aus § 93 Abs. 2 an den objektiven Kenntnissen und intellektuellen Fähigkeiten des Vorstands sowohl im rechtlichen als auch tatsächlichen Bereich anknüpft. Hierdurch ist es dann gerechtfertigt, eine größere Sensibilität und ein stärkeres Problembewusstsein des Vorstands zu erwarten, da dieser in einer exponierten Stellung am Rechtsverkehr teilnehme und somit auf einen besonderen Erfahrungsschatz zurückgreifen könne.[647] Dies würde insbesondere daran deutlich, dass den Vorstand eine Vielzahl sanktionsbewehrter Vorschriften treffen, die es rechtfertigten, dass den Vorstand die Pflicht zur „eigenständigen" Beurteilung der jeweiligen Rechts- bzw.

---

[641] *Fleischer*, in: FS Hüffer (2010), S. 187 (194).
[642] *Fleischer*, in: FS Hüffer (2010), S. 187 (194).
[643] *Buck-Heeb*, BKR 2011, S. 441 (448).
[644] *Buck-Heeb*, BKR 2011, S. 441 (448).
[645] *Buck-Heeb*, BKR 2011, S. 441 (448).
[646] *Buck-Heeb*, BKR 2011, S. 441 (448), wohl auch: OLG Schleswig-Holstein, GmbHR 2010, S. 864 (867).
[647] *Binder*, AG 2008, S. 274 (283).

Sachlage trifft. Diese Pflicht könne sich nicht im unreflektierten Einholen externer Beratung erschöpfen.[648] Vielmehr sei an die Eigenverantwortung des Vorstands anzuknüpfen, so dass dessen Pflichten entscheidend von dem Einzelfall und der zugrundliegenden Situation abhängen.[649]

(iv) Die Pflicht zur Plausibilitätsprüfung aus dem Erfordernis der Entscheidungsverantwortung des Vorstands

Strohn hingegen sieht in der Plausibilitätsprüfung den notwendigen Akt, wodurch *„die Verantwortung für die Übernahme der Meinung des Gutachters"* zum Ausdruck komme.[650]

Die Plausibilitätsprüfung sei auch nötig, da andernfalls die Systematik der Kompensation der schuldhaft verursachten Schäden konterkariert würde. Zudem würde andernfalls auch der präventive Zweck der Schadensersatzhaftung – das Verhalten der Organe entsprechende ihrer Sorgfaltspflichten zu sichern – gefährdet.[651]

(v) Stellungnahme zu den dogmatischen Hintergründen der Plausibilitätsprüfung

Das Erfordernis der Plausibilitätsprüfung bedarf es bereits deswegen, weil der Vorstand auch im Fall der Einholung einer externen Beratung entsprechend seines kraft Gesetzes zugewiesenen Aufgabenbereichs, insbesondere gemäß §§ 76, 77, eine eigenständige Entscheidung zu treffen hat.

Im Gegensatz zur Aufgabendelegation überträgt der Vorstand dem Berater nicht die Wahrnehmung von bestimmten ihm obliegenden Aufgaben. Der Vorstand bindet den Berater lediglich in den der Aufgabenerfüllung vorgelagerten Prozess der Entscheidungsfindung ein. Insoweit kann sich der Sinn und Zweck der Plausibilitätsprüfung gerade nicht allein in der Überwachung des Beraters erschöpfen. Vielmehr stellt der erteilte Rat lediglich eine Information – wenn auch oft die entscheidende – für die eigene Entscheidung und damit Aufgabenerfüllung durch den Vorstand dar.

Versteht man den erteilten Rat aber nur als eine Information, so sind dieser wie auch die sonstigen Informationen, die dem Vorstand im Rahmen seiner Entscheidungsfindung zur Verfügung stehen, auf ihren Wahrheitsgehalt und ihre Werthaltigkeit (eigenständig) zu prüfen.

Den erteilten Rat auch nur als solchen zu verstehen, der einer entsprechenden Prüfung durch den Vorstand bedarf, erklärt sich daraus, dass der Berater gerade kein Erfüllungsgehilfe des Vorstands ist.[652] Durch die Hinzuziehung des Beraters gibt der Vorstand gerade keine Kompetenzen im Rahmen seiner eigenen Aufgabenerfüllung ab. Er verbreitert hierdurch lediglich die Informationsgrundlage im Sinne

---

[648] *Binder*, ZGR 2012, S. 757 (769).
[649] *Binder*, ZGR 2012, S. 757 (769).
[650] *Strohn*, ZHR 2012, S. 137 (141f.).
[651] *Strohn*, ZHR 2012, S. 137 (141).
[652] Vgl. dazu B.III.3.c.ff.

einer „*angemessen Informationsgrundlage*" i.S.d. § 93 Abs. 1 S. 2 für seine Entscheidung. Dem Vorstand selbst obliegt es aber im Verhältnis zur Gesellschaft weiterhin die finale Entscheidung im Rahmen seiner Aufgabenerfüllung zu treffen. Insoweit ist eine bloße und unreflektierte zur Kenntnisnahme des Gutachtens eines Dritten als Grundlage der vorstandseigenen Entscheidung nicht ausreichend, um den gesetzlichen Sorgfaltsmaßstab des § 93 Abs. 1 S. 1 zu erfüllen. Dieser Fall wäre vergleichbar mit der Situation, dass der Vorstand erst gar kein Gutachten einholt und „ins Blaue hinein" seine Entscheidung trifft, da sich der Vorstand auch hier kein eigenes Bild von der Sach- bzw. Rechtslage macht. Dies wird auch durch § 93 Abs. 1 S. 2 gestützt.[653] Dieser fungiert als Leitbild des Sorgfaltsmaßstabs des § 93 Abs. 1 S. 1.[654] Danach ist erforderlich, dass der Vorstand annehmen darf, auf ausreichender Informationsgrundlage handeln zu dürfen. Ein derartiges Annehmendürfen ist – losgelöst vom Einzelfall – in Bezug auf eine Entscheidung auf Grundlage eines eingeholten Rats aber nur gegeben, wenn sich der Vorstand mit diesem Gutachten in reflektierter und kritischer Weise auseinandergesetzt hat und nach eigener Beurteilung auf Grund seiner Überzeugung eine Entscheidung in der dort empfohlenen Weise trifft.

Auf der anderen Seite wird der Umfang der Plausibilitätsprüfung aber durch ein gewisses Vertrauenselement auf die Objektivität und Sachkunde des Beraters beschränkt. Dieses wird durch den Vorstand auf Grund seiner sorgsamen Auswahl sowie umfassenden Beauftragung und Information des Beraters selbst geschaffen. Hat der Vorstand den Berater nämlich sorgfältig und interessengerecht ausgewählt und informiert, darf er im Anschluss auch – sofern und soweit sich insbesondere aus der erteilten Auskunft keine entgegenstehenden Anhaltspunkte ergeben – auf den Inhalt der Beratung vertrauen.

Dieses Vertrauenselement ist dabei Ausfluss des in § 275 BGB enthaltenen und auch im Bereich der Geschäftsleiterhaftung anerkannten Grundsatzes, dass selbst die Mitglieder einer großen Aktiengesellschaft gerade nicht alles wissen können und müssen.[655] Insoweit ist von den Vorstandsmitgliedern nur zu verlangen, dass sie den Beratungsbedarf erkennen und entsprechend sorgsam einen objektiven und kompetenten Berater auswählen und über die jeweilige Sachlage informieren. Kommen die Vorstandsmitglieder diesen Anforderungen nach, haben sie insoweit alles von ihnen Erwartbare getan, so dass die Vorstandsmitglieder dann auch darauf vertrauen können, dass der erteilte Rat fachlich korrekt ist, sofern ihnen bei aufmerksamer Durchsicht dessen keine Widersprüche oder Lücken auffallen.

Insoweit ergibt sich aus der Pflicht des Vorstands zur Erfüllung seiner Verpflichtungen (insbesondere der Leitung und Geschäftsführung der Gesellschaft) die Pflicht, den entsprechenden Rat zu prüfen und nicht einfach zu übernehmen. Andererseits wird diese Prüfung durch ein „Vertrauendürfen" auf die inhaltliche

---

[653] Für den Leitbildcharakter des § 93 Abs. 1 S. 2 bei der Einholung der Beratung: *Krieger*, ZGR 2012, S. 496 (502).

[654] *Cahn*, WM 2013, S. 1293 (1295); Scholz, AG 2018, S. 173 (176).

[655] So auch *Sander/Schneider*, ZGR 2013, S. 725 (746).

Richtigkeit des erteilten Rats auf Grund der eigenen sorgsamen Auswahl des Beraters beschränkt.

bbb. Die entwickelten konkreten Verhaltenspflichten des Vorstands im Rahmen der Plausibilitätsprüfung

Die Literatur leitet aus dem Kriterium der Plausibilitätsprüfung drei konkrete Verhaltenspflichten ab, die der Vorstand erfüllen muss, damit er sich später hierauf enthaftend berufen kann.[656]

(1) Zunächst muss der Vorstand prüfen, ob der Beratung der richtige und umfassende Sachverhalt zu Grund liegt.[657]

(2) Dann muss er abgleichen, ob die Empfehlung den beabsichtigten Beschluss vollständig abdeckt.[658] Hieran soll es bspw. fehlen, wenn sich der Vorstand bei einem über mehrere Jahre andauernden Rückerwerb eigener Aktien der Gesellschaft nur zu Anfang über das Vorliegen der Voraussetzungen des § 71 Abs. 2 S. 2 beraten lässt und dies in den folgenden Jahren für die dann aktuelle Situation unterlässt.[659]

(3) Schließlich muss der Vorstand im Rahmen der Fähigkeiten eines Laien das Gutachten sorgfältig auf evidente Widersprüche und fehlende bzw. ungenügende Begründungen durchsehen und die Ergebnisse *„mit den Erfahrungen des Geschäfts- und Wirtschaftslebens"* abgleichen und bei eventuellen Unverständlichkeiten Nachfragen stellen.[660] Die Intensität der Plausibilitätsprüfung hängt dabei von den Umständen im Einzelfall ab.

Insoweit richtet sich der Umfang der Prüfung insbesondere danach, ob irgendwelche erkennbaren Verdachtsmomente gegen die Richtigkeit des erteilten Ratschlags sprechen.[661]

ccc. Die Notwendigkeit der persönlichen Durchführung der Plausibilitätsprüfung durch die Vorstandsmitglieder

Fraglich bleibt, ob der Vorstand den eingeholten Rat stets selbst auf seine Plausibilität prüfen muss oder ob er auch unternehmensinterne Spezialisten wie bspw. die Rechtsabteilung der Gesellschaft damit beauftragen kann und diese ihm im Anschluss lediglich die Ergebnisse ihrer Prüfung berichten müssen?

---

[656] Siehe nur *Fleischer*, NZG 2010, S. 121 (124).
[657] *Goette*, DStR 2007, S. 1176 (1177); *Merkt/Mylich*, NZG 2012, S. 525 (529).
[658] *Merkt/Mylich*, NZG 2012, S. 525 (529); *Peters*, AG 2010, S. 811 (816).
[659] Vgl. OLG Stuttgart, AG 2010, S. 133 (135), nach dem sich der Vorstand im vorliegenden Fall *„gewissermaßen eine „Generalabsolution" einholen wollte"*.
[660] *Fleischer*, in: FS Hüffer (2010), S. 187 (195); *Peters*, AG 2010, S. 811 (816).
[661] BGH, AG 2011, S. 876 (878); *Fleischer*, ZIP 2009, S. 1397 (1404).

(i) Die Rechtsprechung des BGH betreffend die eigenständige Durchführung der Plausibilitätsprüfung durch den Vorstand

Gegen die Delegation der Durchführung der Plausibilitätsprüfung spricht, dass der BGH in seinem Beschluss vom 16.7.2007 davon spricht, dass ein organschaftlicher Vertreter seine Insolvenzantragspflicht nicht verletzt, wenn er u.a. *„nach eigener Plausibilitätskontrolle"* von der Insolvenzantragsstellung absieht.[662] Hieraus ist in der Literatur teilweise der Schluss abgeleitet worden, dass eine vollständige Delegation der Plausibilitätsprüfung an die interne Rechtsabteilung nicht möglich sei.[663] Jedoch solle der Vorstand berechtigt sein, etwa die Rechtsabteilung in unterstützender Funktion zur kritischen Auseinandersetzung mit dem erteilten Rat hinzuziehen.[664]

(ii) Die Kritik in der Literatur an dem Erfordernis der eigenständigen Durchführung der Plausibilitätsprüfung durch den Vorstand

In der Literatur wird hingegen zum Teil vertreten, dass der Vorstand das externe Gutachten nicht vollumfänglich prüfen und verstehen müsse.[665] Insoweit sei es oft *„sachgerechter"*, die Auswertung des erteilten Rats den Fachkräften der Gesellschaft zu überlassen. Diese müssten dann im Anschluss dem Vorstand lediglich einen Bericht über das erteilte Gutachten erstatten.[666]

(iii) Vermittelnde Ansicht zur Möglichkeit der Delegation der Plausibilitätsprüfung auf nachgeordnete Stellen

Im Kern geht es bei dem Kriterium der *„eigenen"* Prüfung durch den Vorstand, um dessen Verpflichtung die Gesellschaft (alleine) zu leiten bzw. die ihm zugewiesene Geschäftsführung wahrzunehmen. Daher muss gewährleistet sein, dass der Vorstand alle für seine Entscheidung erheblichen Tatsachen selbst kennt.

Für die Möglichkeit der Delegation der umfassenden Plausibilitätsprüfung spricht jedoch, dass der Prüfung durch nachgeordnete Fachabteilung, auf Grund deren oft sehr hohen Spezialisierungsgrade und Fachkenntnissen,[667] eine noch höhere Qualität zukommt als derjenigen durch das ggf. in diesem Bereich weniger fachkundige Vorstandsmitglied selbst.

Zudem wird die Fachabteilung auf Grund ihres Aufgabenbereichs und Anzahl von Berufsträger auch oft mehr Zeit aufwenden können, um den erteilten Rat zu prüfen. Es ist also gerade im Interesse der Gesellschaft, dass eine Prüfung durch die entsprechenden Fachabteilungen im Unternehmen in solchen Fällen (vorgelagert)

---

[662] BGH, DStR 2007, S. 1641 (1642).
[663] *Wagner*, BB 2012, S. 651 (657); *Weyland*, NZG 2019, S. 1041 (1045).
[664] *Wagner*, BB 2012, S. 651 (657).
[665] *Krieger*, ZGR 2012, S. 496 (502).
[666] *Krieger*, ZGR 2012, S. 496 (502).
[667] Vgl. zur Qualifikation von Syndikusanwälten: *U. H. Schneider*, DB 2011, S. 99 (102).

erfolgt. Hierdurch wird praktisch ein zweiter, versierter Blick auf die fragliche Sach- bzw. Rechtslage geworfen.[668]

Zudem kann der Vorstand dann die so eingesparte Zeit für die Wahrnehmung seiner weiteren Aufgaben im Interesse der Gesellschaft nutzen.

Gegen die Delegation im Rahmen der Plausibilitätsprüfung wird jedoch eingewendet, dass hierdurch eine zusammengefasste und dadurch gefilterte und pointierte Version des erteilten Rats dem Vorstand durch die Fachabteilung vorgelegt würde. Insoweit bestünde die Gefahr, dass dem Vorstand eine „verfälschte" Sichtweise auf den erteilten Rat weitergegeben wird.[669]

Versteht man einen eingeholten Rat – wie hier – lediglich als eine Information auf Grundlage dessen der Vorstand seine Entscheidung trifft, so bestehen gegen die Delegation der Plausibilitätsprüfung auf eine nachgeordnete fachkundige Ebene der Gesellschaft im Grundsatz jedoch keine grundsätzlichen Bedenken.

Dem Vorstand obliegt insoweit gemäß § 76 Abs. 1 lediglich als nicht delegierbaren Teil seines Aufgabenbereichs die Leitung der Aktiengesellschaft.

Kann der Vorstand außerhalb des Leitungsbereichs i.S.d. § 76 Abs. 1 selbst die letztliche Entscheidung auf nachgeordnete Stellen im Unternehmen delegieren, so muss dies auch für die schlichte Informationsauswertung in Form der Plausibilitätsprüfung gelten.[670] Zumal durch diese Delegation generell eine höhere Qualität der Auswertung der erhaltenen Information erreicht werden wird.

Betrifft das Gutachten jedoch den herausgehobenen Bereich der Leitungsentscheidungen und möchte der Vorstand diese Leitungsentscheidungen auf Basis des Gutachtens entsprechend treffen, so ist von einem ordentlichen und gewissenhaften Vorstandsmitglied auch zu verlangen, dass dieses einen derartigen Rat vollständig zur Kenntnis nimmt und sich von dessen Schlüssigkeit selbst überzeugt. Insoweit steht es dem Vorstand natürlich frei, eigene Fachdefizite durch die Hinzuziehung des Beraters oder ggf. auch der eigenen Fachabteilung im Unternehmen auszugleichen. Jedoch verbleibt die Verantwortung für die Entscheidung bei dem Vorstand selbst. Daher kann sich der Vorstand im Rahmen von Leitungsaufgaben auch nur dann auf den erteilten Rat enthaftend berufen, wenn er selbst den erteilten Rat nachvollzogen hat und – notfalls unter Erläuterungen durch die unternehmensinterne Fachabteilung – für überzeugend hält.[671]

Es ist daher festzuhalten, dass die Plausibilitätsprüfung im Rahmen von Leitungsaufgaben durch den Vorstand selbst durchgeführt werden muss.[672] In den Übrigen Bereichen der Geschäftsführung steht es dem Vorstand jedoch offen, die Überprüfung an eine nachgeordnete Stelle im Unternehmen zu delegieren und auf deren Beurteilung zu vertrauen.

---

[668] So auch *Krieger*, ZGR 2012, S. 496 (502) - mit dem Hinweis auf die Auswertung durch die Rechtsabteilung als „*sachgerechter*".

[669] *Merkt/Mylich*, NZG 2012, S. 525 (529).

[670] *Weyland*, NZG 2019, S. 1041 (1042).

[671] *Weyland*, NZG 2019, S. 1041 (1045).

[672] So im Ergebnis auch: *Weyland*, NZG 2019, S. 1041 (1042).

6. Die Verhaltenspflichten bei Zweifeln an der Richtigkeit bzw. fehlender Klarheit des erteilten Rats

Soweit der erteilte Rat die beabsichtigte Maßnahme für rechtmäßig erklärt und auch nach gebotener Überprüfung des Rats keine Zweifel an dessen Objektivität und Richtigkeit bestehen, so kann der Vorstand die beabsichtigte Maßnahme beschließen bzw. durchführen. Sollte die Maßnahme sich im Nachgang als rechtswidrig darstellen, kann sich der Vorstand in diesem Fall dann auch enthaftend auf den entsprechend erteilten Rat im Rahmen der Inanspruchnahme nach § 93 Abs. 2 berufen.[673]

Fraglich ist jedoch, welche Pflichten den Vorstand treffen, wenn er Zweifel an der Rechtmäßigkeit der von dem Berater erteilten Auskunft hat.

a. Die Pflicht zur konkreten Nachforschung und Verhaltenspflichten bei Bestätigung des Verdachts der Unrichtigkeit des erteilten Rats

Es herrscht insoweit Einigkeit, dass wenn sich bei der Durchsicht und Überprüfung des erteilten Rats Zweifel hinsichtlich der Richtigkeit ergeben, der Vorstand verpflichtet ist, konkrete Nachforschungen anzustellen und gegebenenfalls ein weiteres Gutachten in Auftrag zu geben. Dies gilt insbesondere bei umfangreichen und besonders bedeutenden Entscheidungen für die Gesellschaft.[674]

Daraus kann folgen, dass das zweite Gutachten zu einem anderen Ergebnis kommt. Somit bestehen dann weiterhin Zweifel bzgl. der gesetzmäßigen Entscheidung.[675]

Insoweit könnte gefordert werden, dass in solchen Fällen ein drittes „Obergutachten" angefertigt bzw. weitere Nachforschungen vom Vorstand anzustellen sind.[676]

Doch wird man in solchen Fällen vom Vorstand nicht verlangen können, ununterbrochen immer weitere Gutachten in Auftrag zu geben, sondern mit Blick auf die Leitungskompetenz des Vorstands gemäß § 76 diesem zubilligen können, das für ihn plausiblere Gutachten enthaftend heranzuziehen. Lediglich bei besonders relevanten Entscheidungen für die Gesellschaft kann dem Vorstand auferlegt werden, noch ein weiteres (drittes) Gutachten in Auftrag zu geben.[677]

Der BGH hat im Rahmen einer Entscheidung im Bereich des allgemeinen Zivilrechts entschieden,[678] dass derjenige, der einen bestehenden Widerspruch im Zu-

---

[673] BGH, AG 2011, S. 876 (878).

[674] *Freund*, GmbHR 2011, S. 238 (240).

[675] *Merkt/Mylich*, NZG 2012, S. 525 (529).

[676] Vgl. hierzu *Iwersen/Votsmeier*, Handelsblatt vom 14.2.2019, abrufbar unter https://www.handelsblatt.com/unternehmen/dienstleister/industriedienstleister-neues-gutachten-bringt-fruehere-bilfinger-vorstaende-in-die-defensive/23986582.html?ticket=ST-1984379-lJYy3uQOEZtI6AVWbMyb-ap1 - für durch den Aufsichtsrat der Bilfinger AG in Auftrag gegebene Gutachten in Bezug auf die mögliche Inanspruchnahme früherer Vorstandsmitglieder; *Fleischer*, in: FS Hüffer (2010), S. 187 (195).

[677] So auch *U. H. Schneider*, DB 2011, S. 99 (103).

[678] BGH, VersR 1968, S. 148 (150).

sammenhang mit einer Beratung nicht aufklärt, schuldhaft i.S.d. § 254 BGB handelt.[679] Allerdings weicht die vom BGH entschiedene Fallgestaltung maßgeblich von der hier fragliche Konstellation ab. Dort erteilte ein Rechtsanwalt seinem Mandanten einen unzutreffenden Rat. Der Mandant erhielt später Kenntnis von der widersprechenden Einschätzung eines Notars. Der Mandant hatte keine Zweifel an der Richtigkeit des anwaltlichen Rats, so dass er dem anwaltlichen Rat ohne weitere Nachprüfung Glauben schenkte.[680]

Dies ist der entscheidende Unterschied zu der hier in Frage stehenden Konstellation. In dieser kommt der Vorstand seiner Pflicht zur Prüfung der Plausibilität nach und hat gerade deshalb Zweifel an dem ihm zuerst erteilten Rat. Er holt darum einen weiteren zusätzlichen Rat ein.

Ist das zweite Gutachten dann in sich schlüssig, bestehen zwar wegen des ersten Gutachtens bestimmte Anhaltspunkte, dass auch eine andere Einschätzung der Sach- bzw. Rechtslage möglich ist. Doch ist dessen Existenz wegen der nicht überzeugenden Argumentation allein kein stichhaltiger Hinweis, der es rechtfertigt, dem Vorstand noch weitere Nachforschungspflichten aufzuerlegen.

Vielmehr ist das Zweitgutachten dann für sich zu betrachten. D.h., wenn dieses Gutachten der gebotenen Schlüssigkeitsprüfung standhält, bestehen für den Vorstand gerade keine Gründe, an der Richtigkeit des zweiten Gutachtens zu zweifeln. Schließlich hat der Vorstand dieses ja gerade in Auftrag gegeben, weil ihn das erste Gutachten nicht überzeugt hat.

b. Handeln bei einem bestätigenden Zweitgutachten

Wird das erste Gutachten durch das Zweitgutachten wiederum bestätigt und hält dieses Gutachten einer (verstärkten) Prüfung durch den Vorstand stand, so kann sich der Vorstand dann auch auf die Gutachten enthaftend berufen. Gleichwohl ist der Vorstand auf Grund der aus dem Erstgutachten resultierenden Zweifel in diesen Fällen gehalten, auch das Zweitgutachten mit einer höheren Intensität zu prüfen, um seine bei dem Erstgutachten vorhandenen Zweifel auszuräumen. Insoweit ist das den Umfang der Plausibilitätsprüfung beschränkende Vertrauenselement gerade auf Grund der bestehenden Zweifel hinsichtlich des Erstgutachtens eingeschränkt. Der Vorstand ist daher gehalten, die Plausibilität des Zweitgutachtens kritischer zu prüfen als ohne entsprechende entgegenstehende Anhaltspunkte durch das Erstgutachten.

Folglich genügt der Vorstand seinen Sorgfaltspflichten, wenn er bei Zweifeln am Erstgutachten ein weiteres überzeugendes (Zweit-)Gutachten einholt und sich nach ggf. gesteigerter kritischer Prüfung entsprechend dem dort erteilten Rat verhält.

---

[679] *Fleischer*, in: FS Hüffer (2010), S. 187 (195).
[680] Vgl. zum Sachverhalt: BGH, VersR 1968, S. 148 (148f.).

c. Die Verhaltenspflichten im Fall von nicht eindeutigen Auskünften des Beraters

Fraglich ist weiterhin, wie der Vorstand zu verfahren hat, wenn die Auskunft des Gutachtens nicht eindeutig ist, weil bspw. bei einer rechtlichen Frage auf Grund der Komplexität und fehlenden obergerichtlichen Rechtsprechung die Rechtslage nicht als geklärt angesehen werden kann?

aa. Das Bestehen eines der Geschäftsleitung eingeräumten Beurteilungsspielraums

Teilweise soll in derartigen Fällen dem Vorstand ein gewisser Beurteilungsspielraum einzuräumen sein. Innerhalb dieses Beurteilungsspielraums habe der Vorstand die Chancen und Risiken hinsichtlich der in Betracht kommenden Entscheidung abzuwägen.[681] Insoweit soll der Vorstand dann bei ordnungsgemäßer Ausübung seines Beurteilungsspielraums auch den für die Gesellschaft nützlicheren Standpunkt einnehmen dürfen, wenn hierfür vertretbare Gründe sprechen.[682] Es müsse dem Vorstand zudem freistehen, sich mit solchen Gründen gegen Rechtsnormen bzw. deren Interpretation in der Verwaltung bzw. in der (untergerichtlichen) Rechtsprechung zu entscheiden, um deren Rechtmäßigkeit zu überprüfen.[683]

Bei dieser Beurteilungsentscheidung soll der Vorstand aber zu beachten haben, welche Konsequenzen die Entscheidung, insbesondere mit Blick auf eine etwaige Haftung, für die Gesellschaft hat. Sind diese etwaigen Folgen gegenüber den Chancen unverhältnismäßig, so trifft die Geschäftsleitung die Pflicht, die Ausnutzung der unklaren Rechtslage zu unterlassen.[684]

Ein Verschulden des Vorstands soll insbesondere aber dann nicht in Betracht kommen, wenn das schnelle Handeln im Interesse der Gesellschaft geboten ist. Hier soll dann bereits eine summarische Prüfung durch den Vorstand in Bezug auf die Chancen und Risiken der Entscheidung ausreichend sein, um sich hierauf später enthaftend berufen zu können.[685] Dies soll sogar für den Fall gelten, dass aus Zeitgründen gar kein Rat eingeholt werden kann.[686]

Hierfür wird angeführt, dass sich dies aus der Gesetzesbegründung zum UMAG ableiten ließe. Insoweit hatte der Gesetzgeber zwar festgestellt, dass es *„für illegales Verhalten [...] keinen sicheren Hafen im Sinne einer haftungstatbestandlichen Freistellung"* gebe. Jedoch könne nach der Gesetzesbegründung eine Haftung aber ggf. wegen eines fehlenden Verschuldens ausscheiden.[687]

---

[681] *Fleischer,* ZIP 2005, S. 141 (149); *Hopt,* in: GroßkommAktG, § 93, Rn. 99; *Kiefner/Krämer,* AG 2012, S. 498 (499); für den GmbH-Geschäftsführer: *Koppensteiner/Gruber,* in: Rowedder/Schmidt-Leithoff, § 43, Rn. 10.

[682] KK-AktG/*Mertens/Cahn,* § 93, Rn. 75; *Fleischer,* BB 2008, S. 1070 (1071); für den GmbH-Geschäftsführer: Ulmer/*Paefgen,* GmbHG, § 43, Rn. 34.

[683] *Fleischer,* ZIP 2005, S. 141 (150); *Horn,* ZIP 1997, S. 1129 (1136).

[684] KK-AktG/*Mertens/Cahn,* § 93, Rn. 75; *Landwehrmann,* in: Heidel, AktG, § 93, Rn. 12.

[685] *Fleischer,* ZIP 2005, S. 141 (150).

[686] *Krause,* BB-Special 8/2007, S. 2 (6).

[687] *Fleischer,* in: FS Hüffer (2010), S. 187 (188); *ders.,* BB 2008, S. 1070 (1071).

bb. Die (unmittelbare) Anwendung der BJR auf Entscheidungen im Rahmen einer unsicheren Rechtslage?

Es wird zudem argumentiert, dass sich der Vorstand in solchen Fällen im gleichen „*Entscheidungsdilemma*" befände, für das die BJR eingeführt worden sei.[688] Daher sei die BJR (direkt) auf solche Fälle auszuweiten. Es wäre insoweit nämlich verfehlt, dem Vorstand die Anwendung der BJR nur deswegen zu versagen, weil es um die Auslegung von Gesetzen ginge.[689] Dies ist aber bereits nicht mit der Gesetzesbegründung zu § 93 Abs. 1 S. 2 in Einklang zu bringen und überzeugt auch bei inhaltlicher Betrachtung nicht.[690] Die Unterscheidung zwischen einer unternehmerischen Entscheidung mit mehreren Handlungsalternativen und einer rechtlich gebundenen Entscheidung ist objektiv zu treffen. Diese Entscheidung hängt gerade nicht von dem Wissen und der Kenntnis des Organmitglieds ab.[691] Im Unterschied zur unternehmerischen Entscheidung gibt es bei der rechtlich gebundenen Entscheidung kein rechtmäßiges Alternativverhalten. Deren Beurteilung kann sich – anders als bei der unternehmerischen Entscheidung – gerade nicht zwischen dem Zeitpunkt, in dem die Entscheidung getroffen wird und dem Zeitpunkt der späteren gerichtlichen Kontrolle, verändern.[692]

Auch wenn die gesetzeskonforme Entscheidung für den Vorstand zum Zeitpunkt der Entscheidungsfindung nur schwer erkennbar sein mag, so bleibt es dabei, dass es nur eine solche rechtmäßige Entscheidung gibt. Somit ist der unmittelbare Anwendungsbereich der BJR in diesen Fällen gerade nicht eröffnet. Die BJR kann daher im Rahmen von unklaren Beratungen auch keine (direkte) Anwendung finden.[693]

aaa. Die Rechtsprechung zum entschuldbaren Verbotsirrtum bei unklarer Rechtslage in anderen Bereichen des Zivilrechts

Fraglich ist jedoch, wie sich der Vorstand zu verhalten hat, um seinen aus § 93 Abs. 1 S. 1 fließenden Sorgfaltspflichten zu entsprechen, wenn der erteilte Rat des hinzugezogenen Beraters unklar bleibt. Insoweit könnten die Rechtsprechungsgrundsätze aus den anderen Bereichen des Zivilrechts – insbesondere des allgemeinen Schuldrechts – heranzuziehen sein.

(i) Die Risikoverteilung der unklaren Rechtslage im allgemeinen Schuldrecht

Die Rechtsprechung stellt im Schuldrecht hohe Anforderungen an einen entschuldbaren Irrtum im Rahmen einer unklaren Rechtslage.[694]

---

[688] *Kocher*, CCZ 2009, S. 215 (217).
[689] *Kocher*, CCZ 2009, S. 215 (217).
[690] *Vgl. zur Gesetzesbegründung: BT-Drs. 15/5092, S. 11.*
[691] *U. H. Schneider*, DB 2011, S. 99 (100), *S. Schneider*, DB 2005, S. 707 (710).
[692] *Schäfer*, ZIP 2005, S. 1253 (1256).
[693] So auch: *Thole*, ZHR 2009, S. 504 (521f.); *Verse*, ZGR 2017, S. 174 (193).
[694] Vgl. BGH, NJW 1972, S 1045 (1046); ders., NJW 1974, S. 1903 (1904).

So müsse der Schuldner bei unklarer Rechtslage hinsichtlich einer ihn treffenden Pflicht, stets mit einem Unterliegen im Prozess rechnen. Nimmt er dennoch den für ihn günstigen, aber im Nachhinein unzutreffenden Rechtsstandpunkt ein, sei ihm trotz ordnungsgemäßer Meinungsbildung hinsichtlich der Rechtslage ein Fahrlässigkeitsvorwurf zu machen.[695] Insoweit trägt daher der Schuldner das Risiko eines Irrtums über die Rechtslage. Dieses Risiko kann der Schuldner auch nicht auf den Gläubiger überwälzen.[696] Daher entschuldigt das Vertrauen auf eine für ihn günstige Rechtsposition den Irrtum des Schuldners nicht, wenn er bei der Beachtung der im Verkehr erforderlichen Sorgfalt damit rechnen muss, dass das Gericht seine Rechtsansicht nicht teilt.[697]

Zwar betont der BGH, dass diese strengen Anforderungen nicht bedeuten würden, dass ein entschuldbarer (Rechts-)Irrtum nur dann anzunehmen sei, wenn eine nachteilige Entscheidung aus Sicht des Schuldners undenkbar wäre.[698] Jedoch sprechen bei einer unklaren Rechtslage gerade plausible Argumente für beide Rechtsauffassungen.

Überträgt man diese Grundsätze auf die Fälle der Geschäftsleiterhaftung, so müsste der Vorstand daher bei einer unsicheren Rechtslage von einer für ihn bzw. für die Gesellschaft ungünstigen Entscheidung ausgehen, um sich nicht dem Vorwurf des fahrlässigen Pflichtenverstoßes auszusetzen.[699]

Der Vorstand müsste daher in Ausübung seiner Pflichten gegenüber der Gesellschaft bei der Entscheidungsfindung bei unsicherer Rechtslage stets befürchten, fahrlässig zu handeln, wenn das später entscheidende Gericht seiner Auffassung nicht folgt und die Gesellschaft daher im Außenverhältnis entsprechend in die Haftung genommen wird.

(ii) Die Risikoverteilung der unklaren Rechtslage im Arbeitsrecht

Jedoch werden die Anforderungen an einen unverschuldeten Rechtsirrtum bei unklarer Rechtslage in anderen zivilrechtlichen Bereichen von den jeweiligen obersten Gerichten auch anders beurteilt.

So hält das Bundesarbeitsgericht einen unverschuldeten Rechtsirrtum bereits dann für gegeben, *„wenn die Rechtslage objektiv zweifelhaft ist und der Schuldner sie sorgfältig geprüft hat"*, so dass er einen vertretbaren Rechtsstandpunkt einnimmt, auf den er auch vertrauen darf.[700]

Ob hierin eine Abweichung von der Rechtsprechung des BGH im Bereich der Rechtsirrtumsfälle gesehen werden muss oder das BAG nur eine fehlende Übertragbarkeit der Kriterien ins Arbeitsrecht sieht, muss an dieser Stelle jedoch offenbleiben.[701]

---

[695] OLG Hamm, BeckRS 2010, 08982.
[696] BGH, NJW 1974, S. 1903 (1904).
[697] BGH, NJW 1972, S. 1045 (1046); ders., NJW 1974, S. 1903 (1904f.).
[698] BGH, NJW 1972, S. 1045 (1046).
[699] *Buck-Heeb*, BKR 2011, S. 441 (445).
[700] BAG, BB 2003, S. 53 (54).
[701] Für Letzteres: *Buck-Heeb*, BKR 2011, S. 441 (446).

(iii) Keine Übertragbarkeit der Rechtsprechung des BGH zur Risikoverteilung bei unklarer Rechtslage auf Fälle im Bereich der Geschäftsleiterhaftung

Eine Übertragbarkeit der Rechtsprechung des BGH in Fällen einer unklaren Rechtslage aus dem Schuldrecht auf Fälle der Geschäftsleiterhaftung scheidet mangels Vergleichbarkeit nämlich aus. Die fehlende Übertragbarkeit ergibt sich daraus, dass im Unterschied zum klassischen Schuldner-Gläubiger-Verhältnis im Innenverhältnis zwischen der Aktiengesellschaft und dem Vorstand eine andere Interessenlage besteht.[702]

Während die Interessen im klassischen Schuldrecht zwischen Schuldner und Gläubiger grundsätzlich widerstreitender Natur sind, sind diese es in der hier betrachteten Konstellation grundsätzlich nicht. Der Vorstand will primär seiner Pflicht zur Geschäftsleitung/-führung nachkommen und ist durch die Legalitätspflicht an das Gesetz gebunden. Er wird daher schon zur Vermeidung der persönlichen Haftung im Rahmen von Recht und Gesetz handeln wollen.

Eine rechtskonforme Entscheidung ist andererseits aber grundsätzlich gleichsam im Interesse der Aktiengesellschaft, da sie sich andernfalls etwaigen Schadensersatzforderungen im Außenverhältnis ausgesetzt sehen wird.

Das grundsätzliche Argument des BGH, dass das Vertrauen des Schuldners auf eine für ihn positive Rechtsposition einen Irrtum nicht entschuldigt und damit das Risiko der Fehleinschätzung auf den Gläubiger abwälzen kann, verfängt in der hier gegebenen Konstellation dann eben nicht so stark. Dies wird umso deutlicher, wenn man die Auswirkungen der Entscheidung für die Gesellschaft im Fall einer sich im Nachgang als gesetzeskonform darstellenden Entscheidung des Vorstands betrachtet.[703]

Nimmt der Vorstand eine für die Gesellschaft positive Rechtsposition ein und wird diese dann später durch das Gericht bestätigt, so kommt der Vorteil unmittelbar der Gesellschaft zu Gute.

Auf der anderen Seite ist die Situation des Vorstands gegenüber der Gesellschaft eine andere als die des Schuldners gegenüber dem Gläubiger im Schuldrecht. Im Gegensatz zu dem Schuldner, der frei entscheiden kann, ob er mit dem Gläubiger einen Vertrag abschließt, trifft den Vorstand die gesetzliche Pflicht, die nach seinen Erkundigungen beste Entscheidung für die Gesellschaft zu treffen.[704] Insoweit ist der Vorstand auch verpflichtet, sich bietende Chancen für die Gesellschaft wahrzunehmen und der Aktiengesellschaft entsprechende Gewinne zu sichern. Andernfalls läuft er gleichfalls Gefahr, sich bei Unterlassen dieser Chancen einer Haftung oder zumindest einer Pflichtverletzung gegenüber der Gesellschaft auszusetzen.

---

[702] Vgl. hierzu auch: *Verse*, ZGR 2017, S. 174 (186).

[703] So auch *Verse*, ZGR 2017, S. 174 (187).

[704] *Dreher*, in: FS Konzen (2006), S. 85 (93).

bbb. Der dogmatische Anknüpfungspunkt für den Sorgfaltsmaßstab des Vorstands bei unklarer Sachlage

Fraglich ist allerdings, woran für die Bestimmung des Sorgfaltsmaßstabs der Geschäftsleitung bei unklarer Rechtslage angeknüpft werden soll. Wie oben dargestellt, kommt als solch unmittelbarer Anknüpfungspunkt die in § 93 Abs. 1 S. 2 kodifizierte BJR nicht in Betracht.

Allerdings scheint auch die h.M. – wenn auch stillschweigend – diese als Ausgangspunkt ihrer Überlegungen zu nehmen, wenn sie auf die Gesetzesbegründung des UMAG zur Begründung des Beurteilungsspielraums des Vorstands in der hier zu betrachtenden Konstellation verweist.[705]

Die Vergleichbarkeit der Interessenlage im Fall der von § 93 Abs. 1 S. 2 unmittelbar geregelten unternehmerischen Entscheidung und der bei unklarer Rechtslage zeigt sich, wenn man die Konstellation aus dem subjektiv-objektivierten Maßstab des Vorstands zum Zeitpunkt der Entscheidung betrachtet. Insoweit besteht ohne Weiteres eine der unternehmerischen Entscheidung vergleichbare Ungewissheit für den Vorstand und damit ein Element der Prognose hinsichtlich der Kongruenz zur richterlichen Entscheidung.[706]

Fraglich ist allerdings, was einen derartigen Perspektivwechsel im Rahmen einer unsicheren Rechtslage rechtfertigt und womit dieser begründen werden kann? Hierfür wird angeführt, dass schon allen unternehmerischen Entscheidungen ein rechtlicher Rahmen zu Grunde liege und daher das Verhalten der Geschäftsführung stets einer gewissen Vorbestimmung unterliege.[707]

Zudem spreche die vergleichbare Fehleranfälligkeit der Entscheidungen in solchen Situationen für eine solche Gleichbehandlung mit unternehmerischen Entscheidungen.[708]

Zudem zeigten Bereiche, wie die Wahl der Maßnahmen im Rahmen des Compliance-Systems nach § 91 Abs. 2, bei der dem Vorstand ein Beurteilungsspielraum im Sinne der BJR zugestanden wird,[709] dass sich das *„Legal Judgement"* und das *„Business Judgement"* nicht stets eindeutig voneinander trennen ließen, da auch im Bereich des *„Legal Judgement"* teilweise erhebliche Wertungsspielräume bestünden.[710]

---

[705] Vgl. B.III.6.c.aa.

[706] *Spindler*, in: FS Canaris (2007), S. 403 (415); *Thole*, ZHR 2009, S. 504 (523).

[707] *Spindler*, in: FS Canaris (2007), S. 403 (415).

[708] *Thole*, ZHR 2009, S. 503 (523).

[709] MüKo/*Spindler*, AktG, § 91, Rn. 36.

[710] *Thole*, ZHR 2009, S. 503 (523).

ccc. Stellungnahme zum Sorgfaltsmaßstab des Vorstands bei einer unklaren Rechtslage

Der Vorstand ist verpflichtet, dafür zu sorgen, dass die Gesellschaft im Rahmen der Gesetze handelt.[711] Dies ergibt sich daraus, dass die Gesellschaft als Rechtspersönlichkeit, vertreten durch ihre Leitungsorgane und somit auch deren einzelnen Mitgliedern, wie jede Rechtspersönlichkeit an Rechtspflichten gebunden ist.[712] Ein Verstoß hiergegen wird in der Regel im Außenverhältnis zur Haftung der Gesellschaft führen. Fraglich ist also, wer dieses Risiko bzw. bei einem unklaren Rat des Beraters den möglichen Verstoß gegen die Legalitätspflicht im Innenverhältnis zu tragen hat.

Die generelle Zuweisung der Haftung an den Vorstand als Schuldner ist nicht sachgerecht, wenn er das seinerseits Mögliche getan hat; insbesondere einen qualifizierten Berater ordnungsgemäß um Rat gefragt hat.

Nichts desto weniger wird sich der Vorstand in den meisten Fällen dennoch für eine der Handlungsalternativen entscheiden müssen. Kommen die unmittelbaren Vorteile einer Entscheidung, die sich später als rechtmäßig erweist, der Aktiengesellschaft zu Gute, so erscheint es auch sachgerecht, dass die Gesellschaft dann im Innenverhältnis das Risiko trägt, dass sich diese Entscheidung als unrechtmäßig herausstellt, soweit der Vorstand sich pflichtgemäß verhalten und die rechtliche Unsicherheit soweit wie möglich aufzuklären versucht hat.[713]

Dies rechtfertigt sich daraus, dass der Vorstand, soweit er sich ordnungsgemäß beraten lässt und dann entsprechend handelt, gerade nicht schuldhaft handelt.[714] Insoweit kann hierfür auch auf § 93 Abs. 1 S. 2 zurückgegriffen werden, der für den Sorgfaltsmaßstab im Innenverhältnis zwischen der Gesellschaft und dem Vorstand zumindest einen gewissen gesetzlich normierten Leitcharakter auch im Bereich der gesetzlich gebundenen Entscheidungen darstellt.[715] Bei einer unklaren, zum Zeitpunkt der Entscheidungsfindung vollkommen offenen Rechtslage kann der Vorstand nämlich gerade *„vernünftigerweise annehmen [...] zum Wohle der Gesellschaft zu handeln"*, wenn er insoweit die für die Gesellschaft günstige Rechtsposition einnimmt. Hatte er im Vorhinein einen Berater nämlich ordnungsgemäß hinzugezogen, handelt er auch *„auf Grundlage angemessener Informationen"* und erfüllt somit den in § 93 Abs. 1 S. 2 normierten Leitcharakter.

Da die Zweifelhaftigkeit der Rechtslage aus *ex-ante* Perspektive weder von der Gesellschaft noch vom Vorstand verursacht oder vorwerfbar herbeigeführt wurde,[716] besteht eine Vergleichbarkeit mit der Lage, in der sich der Vorstand befindet, wenn er sich im Anwendungsbereich der BJR befindet. Im klassischen

---

[711] *Goette*, in: FS 50 Jahre BGH (2000), S. 125 (131); *Hopt*, in: GroßkommAktG; § 93, Rn. 89 u. 98.

[712] *Dreher*, in: FS Konzen (2006) S. 85 (92).

[713] So auch *U. H. Schneider*, DB 2011, S. 99 (100); *Dreher*, in: FS Konzen (2006), S. 85 (94).

[714] Vgl. B.III.3.c.

[715] So auch kann *Cahn*, WM 2013, S. 1293 (1295); *P. Scholz*, AG 2018, S. 173 (175).

[716] Vgl. *Harnos*, BKR 2009, S. 316 (322); *Buck-Heeb*, BKR 2011, S. 441 (446), jeweils zur Aufklärungspflicht von Banken bei Anlagerückvergütungen.

Anwendungsfall der BJR ist eine fundierte Zukunftsprognose auf Grund der vielfältigen und sehr variablen äußeren Marktfaktoren nicht möglich. Im Bereich der unsicheren Rechtslage kann auf Grund fehlender hinreichender gesetzgeberischer Ausgestaltung bzw. mangelnder obergerichtlicher Rechtsprechung eine fundierte Aussage zum Zeitpunkt der Entscheidungsfindung ebenfalls nicht getroffen werden.[717] In beiden Fällen ist insoweit eine Prognose über das Verhalten von Personen bzw. Umständen maßgebend, die weder in der Einflusssphäre der Gesellschaft noch der des Vorstands stehen.[718] Insoweit besteht für den handelnden Vorstand gerade kein maßgeblicher Unterschied zu einer Entscheidung im unternehmerischen Bereich.[719]

Mag es auf der rechtlichen Seite zwar für die Gesellschaft und den Vorstand im Zeitpunkt der Entscheidungsfindung unerkannt bereits feststehen, wie die Entscheidung ausfällt und unterscheidet sich dies eben von der unternehmerischen Entscheidung, so bleibt in beiden Fällen dem Vorstand nichts Anderes übrig, als nach sondierter Prüfung eben die nach seiner Sicht für die Gesellschaft vertretbar vorteilhafteste Entscheidung zu treffen.

Dies wirkt sich im Unterschied zur unternehmerischen Entscheidung dogmatisch allerdings dahingehend aus, dass eine Pflichtverletzung des Vorstands besteht, die aber mangels Vorwerfbarkeit entschuldigt ist.[720]

Dem Vorstand hingegen ohne einen gesetzlichen Bezugspunkt einen Beurteilungsspielraum schon dann einzuräumen, wenn er für seine Rechtsposition „*vertretbare*"[721] bzw. „*gute*"[722] Gründe nachweisen kann, überzeugt nicht.[723]

Nimmt der Gesetzgeber bereits ausdrücklich Entscheidungen über Rechtsfragen aus der „*haftungstatbestandlichen Freistellung*" heraus und betont hinsichtlich der Anwendung der Rechtsfigur des unvermeidbaren Verbotsirrtums im Rahmen von rechtlich gebundenen Entscheidungen, dass es nur „*im Einzelfall am Verschulden*" fehlen kann,[724] so müssen in solchen Fällen zumindest die Voraussetzungen, die eine Enthaftung nach § 93 Abs. 1 S. 2 ermöglichen, gegeben sein. Daher bildet § 93 Abs. 1 S. 2 in solchen Fällen den Ausgangspunkt für die an das Verhalten des Vorstands beim Vorliegen einer unsicheren Rechtslage zu stellenden Sorgfaltspflichten.[725]

Weiter wird hinsichtlich der Anforderungen an den Sorgfaltsmaßstab von entscheidender Bedeutung sein, in wieweit fundierte Gegenstimmen in Bezug auf die

---

[717] So im Ergebnis auch: *Verse*, ZGR 2017, S. 174 (193).
[718] *Thole*, ZHR 2009, S. 504 (523).
[719] *Thole*, ZHR 2009, S. 504 (523).
[720] So auch: *Verse*, ZGR 2017, S. 174 (193).
[721] *Fleischer*, ZIP 2005, S. 141 (149f.).
[722] *Fleischer*, in: FS Hüffer (2010), S. 187 (199).
[723] *Thole*, ZHR 2009, S. 504 (522).
[724] Vgl. B.III.3.c.
[725] Im Ergebnis ebenso: *Thole*, ZHR 2009, S. 504 (523f.); *Spindler*, in: FS Canaris (2007), S. 403 (415).

eingenommene Rechtsposition vorhanden sind.[726] Soll von einer bestehenden Verwaltungspraxis abgewichen werden, bedarf es besserer Argumente für die abweichende Rechtsposition, als bei bloß vereinzelt gebliebenen Gegenstimmen in der Literatur.[727] Noch stärkere Argumente sind nötig, wenn gegen eine untergerichtliche Rechtsprechung gehandelt werden soll.[728] Je gefestigter die Rechtsprechung ist, desto weniger Beurteilungsspielraum verbleibt dem Vorstand bei der Entscheidung, da insoweit immer weniger von einer unklaren Rechtslage gesprochen werden kann.[729]

Im Falle einer unklaren bzw. nicht geklärten Rechtslage ist dem Vorstand also kein Beurteilungsspielraum eingeräumt. Vielmehr hat der Vorstand die Entscheidung zu treffen, für welche die besseren Argumente sprechen.

ddd. Sonderfall bei der beabsichtigten Vermeidung bestimmter Rechtsfolgen?

Fraglich ist allerdings, ob sich der Vorstand durch Einholung eines entsprechenden Expertenrats enthaften kann, wenn er die Beratungsleistungen einholt, um die Umgehung von Gesetzen oder bestimmter Rechtsfolgen zu erreichen.

Mit der h.M. im Strafrecht[730] wird in solchen Fällen die Möglichkeit eines haftungsbefreienden Irrtums generell abgelehnt.[731] Dies wird damit begründet, dass derjenige, der sich bewusst in den Grenzbereich zwischen dem legalen und illegalen Verhalten bewegt, stets mit einer beschränkten Unrechtseinsicht handelt.[732]

Etwas anderes soll aber gelten, wenn der Vorstand von einem nach den oben dargestellten Kriterien sorgfältig ausgesuchten Berater einen nicht mit Zweifel behafteten Rat erhält und sich mit dem entsprechend vorgeschlagenen Verhalten noch im legalen Bereich befindet.[733]

Dies gelte aber nur insoweit, als die Einholung des Gutachtens nicht nur dazu diene, dem Vorstand eine „*Freifahrtschein*" zu gewähren, ohne sich entsprechend ausreichend mit den entgegenstehenden Argumenten auseinanderzusetzen.[734]

Insoweit wird danach zu unterscheiden sein, ob der Vorstand legale – z.B. etwa durch Gerichte bestätigte – Gestaltungsspielräume ausnutzt oder ob hierdurch bewusst – z.B. durch komplexe Gestaltungskonstruktionen – Tatsachen verschleiert werden sollen, um so eine bestimmte gesetzliche Rechtsfolge zu umgehen.[735]

---

[726] *Dreher*, in: FS Konzen (2006), S. 85 (93*); Spindler*, in: FS Canaris (2007), S. 403 (422); a.A. wohl: *Fleischer*, ZIP 2005, S. 141 (150), der auf die Vertretbarkeit abstellt.

[727] *Thole*, ZHR 2009, S. 504 (524); *Spindler*, in: FS Canaris (2007), S. 403 (422).

[728] *Thole*, ZHR 2009, S. 504 (524); *Spindler*, in: FS Canaris (2007), S. 403 (422).

[729] *Thole*, ZHR 2009, S. 504 (524).

[730] BGHSt 3, S. 99 (101); KG, JR 1977, S. 379 (380); dasselbe, JR 1978, S. 166 (168).

[731] *Fleischer*, in: FS Hüffer (2010), S. 187 (195f.); *ders.*, DB 2009, S. 1335 (1338); *U. H. Schneider*, in: Assman/Schneider WpHG, § 28, Rn. 67.

[732] *Meyer*, JuS 1979, S. 250 (254); LK-*Vogel*, StGB, § 17, Rn. 86; KK/*Rengier*, OWiG, § 11, Rn. 78.

[733] *Fleischer*, in: FS Hüffer (2010), S. 187 (196); *ders.*, DB 2009, S. 1335 (1339).

[734] *Fleischer*, in: FS Hüffer (2010), S. 187 (196).

[735] Vgl. in diesem Zusammenhang zur Beratung im Rahmen von sog. „Cum/ex-" Geschäften: *Florschütz*, NZG 2017, S. 601 (601ff.).

Beabsichtigt der Vorstand vom Gesetzgeber offen gehaltene Gestaltungsspielräume zu nutzen und erhält von einem Berater einen entsprechenden und uneingeschränkten Rat, der auf entsprechende Urteile bzw. Verwaltungsschreiben hinweist, so besteht für den Vorstand kein Anhaltspunkt dafür, dass seine Entscheidung gegen geltendes Recht verstößt. Sollte sich die Rechtsprechung dann im Nachgang ändern oder die Verwaltungspraxis für ungültig erklärt bzw. aufgehoben werden, so handelt es sich gerade um eine derartige Ausnahmesituation, die die Annahme eines unvermeidbaren Rechtsirrtums durch den Vorstand rechtfertigt.

Beabsichtigt der Vorstand hingegen durch aufwendige Konstruktionen ein Ergebnis zu erzielen, das schon dem gesunden laienhaften Rechtsempfinden widerspricht und letztlich keine sachlich nachvollziehbare Rechtfertigung für eine andere gesetzliche Bewertung in sich trägt, kann sich der Vorstand auch bei einem entsprechenden „hinweislosen" Rat nicht darauf enthaftend berufen. Wird die Vermeidung der ansonsten einschlägigen Rechtsfolgen nämlich nur auf Grund der durch die Gestaltung konstruierten „Sonderkonstellationen" oder wegen (vermeintlicher) Gesetzeslücken erreicht, so entstehen bereits daraus ausreichende Anhaltspunkte für den Vorstand, dass der erteilte Rat unabhängig von seiner konkreten Ausgestaltung nicht über jeden Zweifel erhaben ist. Der Vorstand setzt mit seiner beabsichtigten Umgehung bestimmter Rechtsfolgen gerade selbst das Risiko, dass seine eingenommene Rechtsposition sich später als unzutreffend herausstellt. Insoweit ist es dann für den Vorstand auch nicht unvermeidbar, zu erkennen, dass die von ihm eingenommene Rechtsansicht fehlerhaft sein kann bzw. wird und dadurch für die Aktiengesellschaft eine Haftung im Außenverhältnis begründet wird, für die er im Innenverhältnis haftbar gemacht werden kann.

IV. Die Rechtsfolgen bei einem Verstoß gegen den anzuwendenden Sorg-faltsmaßstab

Relevant werden die Fragen hinsichtlich der Beratung stets, wenn sich die darauf erfolgte Entscheidung als fehlerhaft darstellt und der Vorstand dann von der Aktiengesellschaft vertreten durch den Aufsichtsrat gemäß § 93 Abs. 2 in Haftung genommen wird.
Die Haftung des Vorstands stellt sich dabei grundsätzlich als Innenhaftung der Vorstandsmitglieder gegenüber der Aktiengesellschaft dar.[736] Wie dargestellt, kann sich der Vorstand im Rahmen des Regresses durch die Gesellschaft im Innenverhältnis auf die erteilten Auskünfte des Beraters enthaftend berufen, wenn er die entsprechenden Sorgfaltspflichten eingehalten hat und der Verbotsirrtum daher unvermeidbar für ihn war.
Hieran knüpfen sich insbesondere mit Blick darauf, dass bei vielen Aktiengesellschaften das Organ Vorstand aus mehreren Personen besteht, eine Vielzahl von Rechtsfragen im Zusammenhang mit der Hinzuziehung von organexternen Dritten an.

1. Die Problematik hinsichtlich der Haftung einzelner Vorstandsmitglieder

Gemäß § 76 Abs. 2 S. 1 kann der Vorstand einer Aktiengesellschaft aus einer oder mehreren Personen bestehen, sofern keine abweichenden gesetzlichen Regelungen einschlägig sind.[737] Ein mehrköpfiger Vorstand ist in der Praxis dabei der Regelfall.[738] Hieran anknüpfend stellt sich die Frage, welche Anforderungen hinsichtlich der Auswahl, Beauftragung und Überprüfung der Beratung an die einzelnen Mitglieder in der konkreten Situation zu stellen sind, damit sich diese im Falle der Fehlberatung dennoch auf einen haftungsbefreienden Irrtum berufen können?
Aufschluss diesbezüglich könnte insoweit die Ausgestaltung der Pflichten der einzelnen Vorstände im Rahmen der gleichgelagerten Fälle der horizontalen Aufgabendelegation innerhalb des Vorstands geben.

a. Die Möglichkeiten und Grenzen der horizontalen Delegation innerhalb des Vorstands

Im Rahmen der horizontalen Aufgabendelegation wandeln sich die Pflichten der nicht unmittelbar ressortverantwortlichen Vorstandsmitglieder in sog. horizontale Überwachungspflichten. Die horizontalen Überwachungspflichen betreffen die organinterne Organisation.[739] Ihnen kommen insbesondere in mittelständischen

---

[736] MüKo/*Spindler*, AktG, § 93, Rn. 126; Hüffer/Koch/*Koch*, § 93, Rn. 11.
[737] Vgl. § 76 Abs. 2 S. 2 AktG, §§ 13 MontanMitbestG, 33 MitbestG, 4 DrittelbG; für börsennotierte AGs siehe auch die Empfehlung in Ziff. 4.2.1. DCGK.
[738] Beck AG-Hdb/*Liebscher*, § 6, Rn. 8.
[739] *Bürgers/Ismael*, in: Bürgers/Körber AktG, § 93, Rn. 5.

bis größeren Aktiengesellschaften, in denen der Vorstand aus mehr als einer Person besteht, eine erhebliche Bedeutung zu. Die Überwachungspflichten resultierten aus dem, zwar nicht gesetzlich explizit kodifizierten, aber allgemein anerkannten Grundsatz der Gesamtverantwortung des Vorstands.[740] Dieser besagt, dass grundsätzlich jedes Mitglied einer Gesellschaft *„die Pflicht zur Geschäftsführung im Ganzen [trifft], denn die Führung der Geschäfte umfasst nicht in erster Linie die Besorgung bestimmter Geschäfte, sondern die verantwortliche Leitung der Geschäfte in ihrer Gesamtheit.“*[741] Dieser Grundsatz hindert den Vorstand allerdings nicht daran, intern durch Satzung oder Geschäftsordnung die einzelnen Geschäftsbereiche unter den einzelnen Mitgliedern aufzuteilen (sog. Ressortverantwortung).[742] Zudem sind die Anforderungen hinsichtlich der Kontrolldichte im Unterschied zur Kontrollpflicht der Vorstandsmitglieder in Bezug auf das Verhalten nachgeordneter Stellen abgesenkt,[743] da die anderen Organmitglieder grundsätzlich darauf vertrauen dürfen, dass das jeweils unmittelbar zuständige Organmitglied seinen Pflichten ordnungsgemäß nachkommen wird.[744]

aa. Die gesetzliche Ausgangslage hinsichtlich der Gesamtverantwortung des Vorstands

§ 76 Abs. 1 weist dem Vorstand die Leitung der Gesellschaft zu, während nach § 77 Abs. 1 S. 1 grundsätzlich sämtliche Vorstandsmitglieder gemeinschaftlich zur Geschäftsführung befugt sind.[745] § 77 Abs. 1 S. 2 lässt aber hinsichtlich der Geschäftsführung eine Abweichung durch Satzung oder Geschäftsordnung zu, von der in der Praxis im Regelfall Gebrauch gemacht wird.[746]
Diese Möglichkeit der Zuweisung einzelner Sparten oder Ressorts an einzelne Mitglieder ist aber eben nur im Rahmen der Geschäftsführung möglich.
Insoweit folgt dann aus dem Grundsatz der Gesamtverantwortung, dass das primär zuständige Vorstandsmitglied zwar die volle Handlungsverantwortung trifft. Die übrigen Vorstandsmitglieder trifft dann insoweit eine (eingeschränkte) Überwachungspflicht.[747]
Die zweite Komponente des Grundsatzes der Gesamtverantwortung betrifft die Gesamtleitung.[748] Hiernach darf der Gesamtvorstand bestimmte Entscheidungen,

---

[740] Fleischer/*Fleischer*, Hdb VorstandsR, § 8, Rn. 5.
[741] BFH, ZIP 1984, S. 1345 (1346); BGHZ 133, S. 370 (376f.) - zwar jeweils für Geschäftsführer einer GmbH aber verallgemeinerungsfähig.
[742] Hüffer/Koch/*Koch*, § 77, Rn. 14; Münch Hdb. GesR IV/*Wiesner*, § 22, Rn, 12ff.
[743] *Fleischer*, NZG 2003, S. 449 (452); OLG Hamm, GmbHR 1992, S. 375 (377), das davon spricht, dass *„der überwachungspflichtige Geschäftsführer kein Oberrevisor“* sei.
[744] BGHZ 133, S. 370. (377) - für den GmbH-Geschäftsführer.
[745] Vgl. zur Unterscheidung zwischen Unternehmensleitung und Geschäftsführung: *Hüffer*, in: Liber amicorum W. Happ (2006), S. 93 (98f.); KK-AktG/*Mertens/Cahn*, § 76, Rn. 4.
[746] *v. Hein*, ZHR 166, S. 464 (484); *Turiaux/Knigge*, DB 2004, S. 2199 (2202). *Wettich*, a.a.O. (Fn. 29), S. 12.
[747] Vgl. BGHZ 133, S. 370 (377).
[748] *Fleischer*, NZG 2003, S. 449 (450); *Wettich*, a.a.O. (Fn. 29), S. 28f.

die dem Kernbereich der unternehmerischen Leitung unterfallen, nicht an einzelne Mitglieder delegieren. Vielmehr hat der Vorstand diese Entscheidungen in seiner Gesamtheit zu treffen.[749] Neben grundlegenden Fragen zur Unternehmenspolitik, -planung und -kontrolle,[750] gehören insbesondere Entscheidungen, die durch das Aktiengesetz dem Vorstand als Gesamtheit zugewiesen sind, zu diesem Kernbereich.[751] Weiter fallen in diesen unabdingbaren Aufgabenbereich des Gesamtvorstands die diesem zugewiesenen Maßnahmen gegenüber den beiden anderen Organen der Aktiengesellschaft (Aufsichtsrat und Hauptversammlung). Hierzu zählen beispielsweise das Verlangen des Vorstands gegenüber der Hauptversammlung, über Fragen der Geschäftsführung nach § 119 Abs. 2 abzustimmen sowie die Rechte des Vorstands im Status- und Überleitungsverfahren (§§ 97, 98, 104).[752] Um die Auswirkung des Grundsatzes der Gesamtverantwortung auf die Hinzuziehung organexterner Berater klären zu können, ist zunächst zu ermitteln, woraus sich der Grundsatz der Gesamtverantwortung und die daraus fließende Gesamtleitung ergeben.

bb. Die dogmatischen Hintergründe des Grundsatzes der Gesamtverantwortung des Vorstands

Durch die gleichrangige Verantwortung aller Vorstandsmitglieder im Kernbereich der Geschäftsleitung soll verhindert werden, dass sich die Mitglieder des Vorstands im Haftungsfall die Verantwortung gegenseitig zuweisen, weil die einzelnen Verantwortungsbereiche nicht immer klar voneinander getrennt werden können.[753]

Zudem soll hierdurch mit Blick auf die Schadensprävention erreicht werden, dass durch die mit der Gesamtverantwortung einhergehende Einbindung des gesamten Vorstands in den Entscheidungsprozess mögliche Fehlentwicklungen und -entscheidungen schon im Vorhinein erkannt und rechtzeitig beseitigt werden können. Aus diesem Grund folgt auch die Pflicht der Vorstandsmitglieder zur gegenseitigen Kontrolle, um so etwaige „Alleingänge" einzelner Vorstandsmitglieder präventiv zu verhindern.[754]

---

[749] *Fleischer*, NZG 2003, S. 449 (450); *Wettich*, a.a.O. (Fn. 29), S. 28f; vgl. auch: BGH, NJW 2002, S. 1128 (1128).

[750] *Kort*, in: GroßkommAktG, § 77, Rn. 31; KK-AktG/*Mertens/Cahn,* § 77, Rn. 23; Hüffer/Koch/*Koch*, AktG, § 76, Rn. 8; *Schiessl*, ZGR 1992, S. 64 (68).

[751] *Kort*, in: GroßkommAktG, § 77, Rn. 33; *Schiessl*, ZGR 1992, S. 64 (67); KK-AktG/*Mertens/Cahn*, § 77, Rn. 24; *v. Hein*, ZHR 166 (2002), S. 464 (485).

[752] *Kort*, in: GroßkommAktG, § 77, Rn. 34; Hüffer/Koch/*Koch*, § 77, Rn. 17; *Semmler*, Leitung und Überwachung der Aktiengesellschaft, S. 18, Rn. 23; *Götz*, ZIP 2002, S. 1745 (1745).

[753] *Martens*, in: FS Fleck (1988), S. 191 (195); *Fleischer*, ZIP 2003, S. 1 (7); *Wicke*, NJW 2007, S. 3755 (3757).

[754] *Martens*, in: FS Fleck (1988), S. 191 (195); vgl. zu den Vorteilen durch das Erfordernis der Gesamtentscheidung auch: *Wicke*, NJW 2007, S. 3755 (3757).

aaa. Die herrschende Lehre zur dogmatischen Einordnung des Grundsatzes der Gesamtverantwortung

Als dogmatischen Anknüpfungspunkt für den Grundsatz der Gesamtverantwortung und damit auch für die Komponente der Gesamtleitung sieht eine weit verbreitete Meinung im Schrifttum § 76 Abs. 1.[755] Hiernach sei § 76 Abs. 1 nicht lediglich als eine Kompetenzvorschrift in dem Sinne zu verstehen, die das Verhältnis der Zuständigkeit des Vorstands gegenüber dem Aufsichtsrat und der Hauptversammlung regelt, sondern drücke im Bereich der Leitung der Gesellschaft das Erfordernis der Zuständigkeit des gesamten Vorstands aus.[756]

Andere sehen die Rechtsgrundlage für die Gesamtverantwortung des Vorstands und die damit einhergehende Gesamtleitungsverantwortung in § 77 Abs. 1.[757]

Teilweise wird aber auch vertreten, dass die Pflicht zur Selbstkontrolle des Kollegialorgans „Vorstand" die Gesamtverantwortung des Vorstands begründe.[758] Zum Teil wird hierbei noch weiter unterschieden zwischen dem *„Prinzip der Gesamtleitung"* und dem *„Prinzip der gegenseitigen Überwachung"*, wobei sich nur letzteres aus der Organstellung des Vorstands ergebe, während das Prinzip der Gesamtleitung Ausfluss des § 76 Abs. 1 sei.[759]

Andere wiederum sehen die Grundlage für die Gesamtverantwortung des Vorstands in einem für alle Kollegialorgane geltenden allgemeinen Grundsatz, sofern in diesem die Mitglieder gleichberechtigt sind und gleich ob diese dem Öffentlichen- oder dem Privatrecht zuzuordnen sind.[760]

Dies begründe sich u.a. daraus, dass der Grundsatz der Gesamtverantwortung auch im GmbH-Recht zur Anwendung komme,[761] wenn die Gesellschaft mit beschränkter Haftung mehr als einen Geschäftsführer habe, sowie im Recht für Vorstände von Vereinen, obwohl es hier keine den §§ 76 Abs. 1 bzw. 77 Abs. 1 vergleichbare Vorschriften für eine mehrgliedrige Geschäftsführung gibt.[762]

Zudem komme § 76 Abs. 1 als gesetzliche Grundlage des Gesamtverantwortungsgrundsatzes nicht in Betracht, da dieser nur organexternen Zuweisungscharakter gegenüber den anderen Organen der Aktiengesellschaft habe.[763] Dies zeige bereits die Historie der Norm, die als unveränderte Nachfolgevorschrift des § 70 Abs. 1 AktG 1939 anzusehen sei. Mit dieser habe der damalige Gesetzgeber

---

[755] *Fleischer*, NZG 2003, S. 449 (450); Hüffer/Koch/*Koch*, § 77, Rn. 18; *Martens*, in: FS Fleck (1988), S. 191 (194); *Schiessl*, ZGR 1992, S. 64 (67); *Wettich*, a.a.O. (Fn. 29), S. 35.

[756] *Martens*, in: FS Fleck (1988), S. 191 (194); *Kort*, in: GroßkommAktG, § 76, Rn. 2 u. 158; Hüffer/Koch/*Koch*, § 76, Rn. 1.

[757] *Hanau*, ZGR, 1983, S. 346 (370); *Rottnauer*, NZG 2000, S. 414 (416); *Preußner/Zimmermann*, AG 2002, S. 657 (661); vgl. auch 1. Strafrechtssenat des BGH im Rahmen der Strafbarkeit durch Untreue nach § 266 StGB wegen der Zuwendungen aus dem Vermögen der Aktiengesellschaft, NZG, 2002, S. 471 (473).

[758] *Kort*, in: GroßkommAktG, § 77, Rn. 35.

[759] *Fleischer*, NZG 2003, S. 449 (450).

[760] *Hoffmann-Becking*, ZGR 1998, S. 497 (507); *ders.*, NZG 2003, S. 745 (747).

[761] BGH, GmbHR 1990, S. 298 (299); BFH, WM 1986, S. 1023 (1024); Scholz/*U. H. Schneider*, GmbHG, § 43, Rn. 35; Michalski/*Lenz*, GmbHG, § 43, Rn. 37.

[762] *Hoffmann-Becking*, ZGR 1998, S. 497 (507); *ders.*, NZG 2003, S. 745 (747).

[763] *Hoffmann-Becking*, NZG 2003, S. 745 (747) *ders.*, ZGR 1998, S. 497 (506f.).

aber allein den Einfluss der Hauptversammlung auf die Geschäftsführung der Gesellschaft verhindern wollen.[764] Insoweit sei § 76 Abs. 1 daher nur ein externer Zuweisungsgehalt zu entnehmen.[765]

bbb. Kritische Würdigung und Stellungnahme zur dogmatischen Grundlage des Grundsatzes der Gesamtverantwortung des Vorstands

Die Pflicht zur Selbstkontrolle als Grundlage für die Gesamtverantwortung des Vorstands anzusehen, überzeugt nicht, da sich diese Pflicht ja gerade aus der Gesamtverantwortung des Vorstands ergibt. Daher kann diese nicht als Grundlage für die Gesamtverantwortung angesehen werden.[766]

Auch die Annahme, dass § 77 Abs. 1 die Grundlage des Verantwortungsprinzips und damit des Grundsatzes der Gesamtleitung sei, überzeugt nicht. Zum einen kann dies nicht erklären, warum trotz des Fehlens einer vergleichbaren Vorschrift im GmbH-Recht das Prinzip der Gesamtverantwortung dort ebenfalls zur Anwendung kommt.[767]

Zum anderen erklärt es auch nicht, warum für einen „*Kernbereich*" der Unternehmensleitung die Verantwortung unabdingbar beim Vorstand verbleibt.[768] Hiermit verträgt es sich nicht, wenn § 77 Abs. 1 S. 2 gerade die Möglichkeit eröffnet, durch Satzungsbestimmung oder Geschäftsordnung eine Abweichung von der gemeinschaftlichen Geschäftsführung zu treffen.[769] Dies erklärt sich eben nur aus dem Unterschied zwischen Geschäftsführung und Unternehmensleitung, wobei letztere gerade die nicht an einzelne Mitglieder delegierbaren Aufgaben des Gesamtvorstands betrifft, so dass § 77 Abs. 1, der ausschließlich die Geschäftsführung zum Gegenstand hat, nicht als Grundlage für die hieraus resultierende Gesamtverantwortung herangezogen werden kann.[770]

Ob § 76 Abs. 1 als gesetzliche Grundlage für den Grundsatz der Gesamtverantwortung in Betracht kommt, hängt maßgeblich davon ab, ob diesem ein organinterner Regelungsgehalt entnommen werden kann.

(i) Das historisches Verständnis des § 76 Abs. 1

Die Gesetzesmaterialien zu § 76 Abs. 1 besagen lediglich, dass „*eine Aktiengesellschaft [...] nur gedeihen [kann], wenn sie von wenigen sachkundigen Personen geleitet wird.*"[771] Dies kann sowohl so verstanden werden, dass der Vorstand als Gesamtheit seiner Mitglieder die Aktiengesellschaft zusammen leiten muss

---

[764] *Hoffmann-Becking*, ZGR 1998, S. 497 (507); vgl. auch: Schlegelberger/*Quassowski*, AktG, § 70, Rn. 1.

[765] *Hoffmann-Becking*, NZG 2003, S.745 (747) *ders.*, ZGR 1998, S. 497 (506f.).

[766] So auch *Wettich*, a.a.O. (Fn. 29), S. 31; *Hoffmann-Becking*, NZG 2003, S. 745 (747), der insoweit von einem „*Zirkelschluss*" spricht.

[767] *Hoffmann-Becking*, ZGR 1998, S. 497 (507); *ders.*, NZG 2003, S. 745 (747).

[768] *Kort*, in: GroßkommAktG, § 77, Rn. 35; Hüffer/Koch/*Koch*, § 77, Rn. 17.

[769] *Wettich*, a.a.O. (Fn. 29), S. 31; *Hoffmann-Becking*, NZG 2003, S. 745 (747).

[770] So auch *Wettich*, a.a.O. (Fn. 29), S. 31; *Hoffmann-Becking*, NZG 2003, S. 745 (747).

[771] RegBegr. § 76 *AktG, abgedr. in: Kropff, Aktiengesetz,* S. 95 (96).

oder aber auch dahingehend, dass jedes Mitglied in dem ihm zugewiesenen Bereich für alle zusammen handeln kann. Auch gibt ein Blick in die Vorgängervorschrift des § 70 Abs. 1 AktG 1937 und die dazugehörige Kommentarliteratur nur bedingt Aufschluss.

Nach der entsprechenden zeitgenössischen Kommentarliteratur lag das Hauptaugenmerk des Gesetzgebers bzgl. dieser Vorschrift darin, den Einfluss der Aktionäre auf die Geschäftsführung zu unterbinden. Doch kann daraus allein nicht geschlossen werden, dass § 70 Abs. 1 AktG 1937 daher keinerlei organinternen Zuweisungsgehalt hat.

Dies zeigt sich schon daran, dass durch das Aktiengesetz von 1937 das dem nationalsozialistischen Staat als Grundlage dienende Führerprinzip ins Kapitalgesellschaftsrecht eingeführt wurde.[772] Dies erfolgte allerdings auf zweierlei Weise: Zum einen in der Zuweisung der Leitungsbefugnis an den Vorstand gegenüber den anderen Organen der Aktiengesellschaft und zum anderen eben auch durch die Regelung der Binnenorganisation innerhalb des Vorstands selbst.[773] Jene Binnenorganisation wurde dadurch in § 70 Abs. 2 S. 2 AktG 1937[774] verwirklicht, dass dieser im Streitfall dem Vorstandsvorsitzenden das alleinige Entscheidungsrecht zusprach.[775] Sieht man nun diese rein binnenorganisatorische Regelung im systematischen Zusammenhang mit § 70 Abs. 1 AktG 1937, so ist dies zumindest ein Indiz dafür, dass mit der Vorschrift nicht allein die Abgrenzung der Befugnisse zwischen den einzelnen Organe der Aktiengesellschaft intendiert wurde.[776] Darüber hinaus finden sich in der zeitgenössischen Kommentarliteratur Verweise darauf, dass der Grundsatz der Gesamtleitung durch den gesamten Vorstand gerade aus § 70 AktG 1937 entstamme.[777]

Zudem war ausgewiesene Intention des Gesetzgebers im Aktiengesetz von 1965 das Kollegialitätsprinzip zu verfestigen,[778] so dass dies ein weiteres Indiz dafür darstellt, dass der Gesetzgeber dies durch die für den Vorstand zentrale Norm des § 76 Abs. 1 verwirklicht wissen wollte.[779]

(ii) Der organinterne Regelungsgehalt des § 76 Abs. 1

Nach *Wettich* spricht auch die Auslegung des Wortlauts des § 76 Abs. 1 bereits für einen internen Regelungsgehalt dieser Vorschrift.[780] Zum einen zeige die amtliche Überschrift des § 76 „Leitung der Aktiengesellschaft" und der Umstand,

---

[772] *Schlegelberger/Quassowski*, AktG, § 70, Rn. 1; v. Hain, ZHR 166 (2002), S. 464 (477f.).

[773] *Schlegelberger/Quassowski*, AktG, § 70, Rn. 1; v. Hain, ZHR 166 (2002), S. 464 (478); Wettich, a.a.O. (Fn. 29), S. 33; vgl. auch: Schubert, Akademie für Deutsches Recht 1933-1945, Protokoll der Ausschüsse, Bd. I, Ausschuss für Aktienrecht, 1986, Protokolle S. 484 - 494.

[774] *§ 70 AktG 1939, abgedruckt in: Schubert, Akademie für Deutsches Recht 1933-1945, Protokoll der Ausschüsse, Bd. I Fn. 655, S. XL*

[775] *Frels*, ZHR 122 (1959), S. 8 (33); v. Hain, ZHR 166 (2002), S. 464 (478); Schlegelberger/Quassowski, § 70, Rn. 1.

[776] *Wettich*, a.a.O. (Fn. 29), S. 33.

[777] Vgl. Schlegelberger/*Quassowski*, AktG, § 70, Rn. 1; *Schmidt*, in: GroßkommAktG, § 70, Anm. 10.

[778] Vgl. Begr. RegE zum AktG v. 6.9.1965: abgedruckt bei Kropff, Aktiengesetz, S. 99.

[779] *Wettich*, a.a.O. (Fn. 29), S. 34.

[780] *Wettich*, a.a.O. (Fn. 29), S. 34.

dass § 76 als einzige Vorschrift im AktG den Begriff „Leitung" verwendet, dass dieser einen solchen internen Regelungsgehalt enthalte. Dies ergebe sich daraus, dass, wenn § 76 Abs. 1 die Aufgaben der Leitung dem Vorstand zuweise, die hieraus resultierenden Pflichten die einzelnen Mitglieder des Organs Vorstand treffen. Insoweit komme § 76 Abs. 1 daher nicht allein ein zwischenorganschaftlicher Regelungsgehalt zu.[781]

Zudem zeige eine systematische Zusammenschau, dass der Begriff „Vorstand" als seine Mitgliedergesamtheit in § 76 Abs. 1 zu verstehen sei, da außerhalb der Vertretung der Gesellschaft nach außen hin der Begriff „Vorstand" stets in diesem Sinne zu begreifen sei.[782]

Weiter zeige ein Blick auf §§ 76 Abs. 2 und 3, dass das AktG hier zwischen dem Organ Vorstand und den einzelnen Mitgliedern und dahinterstehenden Personen unterscheide.[783]

Insoweit sei § 76 Abs. 1 auch ein organinterner Regelungsgehalt in Form der Zuweisung der Leitung der Gesellschaft durch die Vorstandsmitglieder in ihrer Gesamtheit zu entnehmen.

(iii) § 76 Abs. 1 als dogmatische Grundlage des Grundsatzes der Gesamtverantwortung des Vorstands

Fraglich ist allerdings, ob von diesem organinternen Regelungsgehalt des § 76 Abs. 1 auch der Grundsatz der Gesamtverantwortung des Vorstands umfasst ist.

Nach allgemeiner Meinung ergibt sich aus § 76 Abs. 1 nicht nur das Recht des Vorstands zur Leitung des Unternehmens, sondern auch die Pflicht der einzelnen Mitglieder hierzu.[784] Dies zeigt auch die amtliche Begründung des § 70 AktG 1937, in der es heißt: „Aus dem Recht des Vorstands zur Leitung folgt seine Pflicht, für das Wohl der Gesellschaft zu dem auch die Belange der Aktionäre gehören, zu sorgen und sich für dieses Ziel tatkräftig einzusetzen."[785]

Weist § 76 Abs. 1 nun dem Vorstand in seiner Gesamtheit die Leitung der Gesellschaft zu[786] und legt man dem zu Grunde, dass dies die gesamte Leitung umfasst, ergibt sich hieraus für die einzelnen Mitglieder des Vorstands eine Pflicht zur Leitung. Daraus resultiert für die Mitglieder des Vorstands in ihrer Gesamtheit eine gemeinsame umfassende Verantwortung für die vollständige Unternehmensleitung als spiegelbildliche Ausprägung zur Allzuständigkeit der Unternehmensleitung.[787]

---

[781] *Wettich*, a.a.O. (Fn. 29), S. 34.

[782] *Wettich*, a.a.O. (Fn. 29), S. 34 u. 8ff.

[783] So auch *Wettich*, a.a.O. (Fn. 29), S. 34.

[784] *Hefermehl*, in: Geßler/Hefermehl, § 76, Rn. 9; *Fleischer*, ZIP 2003, S. 1 (2).

[785] Vgl. amtl. *Begründung zu §§ 70, 71 AktG 1937, abgedruckt bei: Klausing, Aktienrecht, 1937, S. 58f.*

[786] *Martens*, in: FS Fleck, S. 191 (194).

[787] *Wettich*, a.a.O. (Fn. 29), S. 34; BGHZ 133, S. 370 (377); BFH, ZIP 1984, S. 1345 (1346), beide für mehrere GmbH-Geschäftsführer.

Daher ist § 76 Abs. 1 als gesetzliche Grundlage für den Grundsatz der Gesamtverantwortung sowie für das Prinzip der Gesamtleitung als Ausfluss des Gesamtverantwortungsgrundsatzes anzusehen.[788]

**b. Die Hinzuziehung organexterner Berater im Rahmen von Entschei-
dungen der Unternehmensleitung**

Hinsichtlich der Informationsbeschaffung durch externe Beratung bei Kol-
lektiventscheidungen, die zum Gegenstand eine Leitungsaufgabe haben, fragt sich
folglich, ob der gesamte Vorstand für die sachgerechte Hinzuziehung des Beraters
zuständig ist bzw. wenn dies an einzelne Mitglieder delegiert werden kann, welche Pflichten dann die anderen Organmitglieder ggf. treffen.

**aa. Die grundsätzliche Delegierbarkeit von Vorbereitungsmaßnahmen zu
Leitungsentscheidungen des Vorstands**

Eine Delegierbarkeit auf einzelne Mitglieder des Vorstands für Maßnahmen im
Vorbereitungsstadium wird grundsätzlich befürwortet.[789] Hierfür wird angeführt,
dass mit Blick auf die Praktikabilität und die Effizienz der Unternehmensorganisation eine solche Delegierbarkeit notwendig sei.[790] Den Gesamtvorstand treffe
dann aber die Pflicht, die (Vorbereitungs-)Maßnahmen angemessen zu überwachen und bei etwaigen Komplikationen einzuschreiten.[791] Dies wiederum setze
eine entsprechende Versorgung der übrigen Vorstandsmitglieder mit Informationen voraus. Dies hat das beauftragte Vorstandsmitglied zu gewährleisten.[792]
Grundsätzlich ist festzuhalten, dass mit Entscheidungen, die in den Bereich der
Geschäftsleitung fallen, der gesamte Vorstand befasst werden muss. Es reicht also
nicht aus, dass diese von einzelnen Vorstandsmitgliedern getroffen werden.[793]
Auch reicht es nicht aus, dass die übrigen Vorstandsmitglieder die Vorlage des
damit betrauten Vorstandsmitglieds einfach „abnicken".[794]
Der Wortlaut des § 76 Abs. 1 steht der Annahme einer Delegation von Vorberei-
tungsmaßnahmen auch im Rahmen von Leitungsentscheidungen nicht entgegen.
Durch den Satzteil „unter eigener Verantwortung" wird gerade deutlich, dass

---

[788] *Wettich, a.a.O. (Fn. 29), S. 3, für die Frage der Geltung der Gesamtverantwortung über das
Aktienrecht hinaus vgl. eben da, S. 35ff.*
[789] *Turiaux/Knigge*, DB 2004, S. 2199 (2204); *Hoffmann-Becking*, ZGR 1998, S. 497 (508);
*MüKo/Spindler, AktG, § 76, Rn. 19 u. 24; Wettich, a.a.O. (Fn. 29), S. 39; Hefermehl, in:
Geßler/Hefermehl, § 77, Rn. 22; Fleischer, ZIP 2003, S. 1 (6); Dreher/Schaaf, WM 2008, S. 1765
(1768); Froesch, DB 2009, S. 722 (724); Stein, ZGR 1988, S. 163 (170ff.); Hachenburger/Mertens,*
GmbHG, § 35, Rn. 110.
[790] *Turiaux/Knigge*, DB 2004, S. 2199 (2204); *Hommelhoff*, a.a.O. (Fn. 57), S. 165f., für den
Konzernvorstand.
[791] *Turiaux/Knigge*, DB 2004, S. 2199 (2204).
[792] *Turiaux/Knigge*, DB 2004, S. 2199 (2204).
[793] *Hoffmann-Becking*, ZGR 1998, S. 497 (507); *ders.*, NZG 2003. S. 745 (747).
[794] *v. Werder*, DB 1987, S. 2265 (2270); KK-AktG/*Mertens/Cahn*, § 93, Rn. 94.

nicht jede Maßnahme eigenhändig durch den Vorstand in seiner Gesamtheit ausgeführt werden muss. Vielmehr trägt er nur das Risiko der Haftung, wenn sich die getroffene Maßnahme als fehlerhaft erweist.

Auch ein systematischer Vergleich zeigt, dass Vorbereitungshandlungen zu Entscheidungen des Vorstands als Gesamtorgan nicht von allen Mitgliedern des Vorstands durchgeführt werden müssen. Dies ergibt sich aus einer Zusammenschau mit § 121 Abs. 2 S. 1, 83 Abs. 1 S. 1. Hiernach ist der Vorstand als Gesamtheit – wie § 121 Abs. 1 S. 1 HS. 2. zeigt –[795] dazu bestimmt, die Hauptversammlung einzuberufen. Gleichzeitig legt das Gesetz in § 83 Abs. 1 S. 1 fest, dass der Vorstand als Gesamtheit[796] Maßnahmen, die in die Zuständigkeit der Hauptversammlung fallen, „*vorzubereiten*" hat.

Im Umkehrschluss kann das Schweigen des Gesetzes in Bezug auf andere Vorbereitungsmaßnahmen als Hinweis verstanden werden, dass hier dann gerade keine zwingende Gesamtkompetenz des Vorstands besteht.

Dem kann auch nicht entgegengehalten werden, dass § 83 Abs. 1 S. 1 hinsichtlich der Vorbereitungsmaßnahmen, die Maßnahmen und Entscheidungen des Gesamtvorstands betreffen, Vorbildcharakter habe. § 83 Abs. 1 S. 1 begrenzt seinen Anwendungsbereich dem Wortlaut nach schon nur auf solche Maßnahmen, die in die Zuständigkeit der Hauptversammlung fallen. Grund hierfür ist ausschließlich, dass die Hauptversammlung für solche Maßnahmen, für die sie die Kompetenz innehat grundsätzlich – im Gegensatz zum Vorstand – die Möglichkeit fehlt,[797] eine entsprechende Entscheidungsgrundlage zu schaffen, da sie diese meistens gar nicht durch eigenes Handeln erlangen kann.[798]

Folgt das Erfordernis der Befassung des Gesamtvorstands im Rahmen von Vorbereitungshandlungen im Kompetenzbereich der Hauptversammlung gemäß § 83 Abs. 1 S. 1 lediglich aus praktischen Erwägungen, so kann hieraus gerade kein Grundsatz für das Handeln innerhalb des Aufgabenbereichs des Vorstands abgeleitet werden. Dies ergibt sich daraus, dass es hierbei um eine innerorganschaftliche Entscheidungsvorbereitung geht. Blickt man nämlich auf den Zweck des Gesamtleitungsprinzips – Verantwortlichkeit aller Mitglieder auf Grund der schweren Erkennbarkeit der Einzelverantwortlichkeit für Organexterne –,[799] so trifft dies im Rahmen von § 83 Abs. 1 S. 1 gerade für die Mitglieder der Hauptversammlung zu.

Die Mitglieder der Hauptversammlung als Aktionäre haben dabei nur einen begrenzten Informationsstand. Sie werden in der Regel nicht in der Lage sein, die

---

[795] *Hüffer*, in: Liber amicorum W. Happ (2006), S. 93 (99); *Wettich*, a.a.O. (Fn. 29), S. 50f.; *Kort*, in: GroßkommAktG, § 77, Rn. 33; *Schiessl*, ZGR 1992, S. 64 (67).

[796] *Seibt*, in: K. Schmidt/Lutter, § 76, Rn. 9; *Kort*, in: GroßkommAktG, § 76, Rn. 35.

[797] Vgl. RegBegr. § 83 AktG 1965, abgedruckt in: Kropff, Aktiengesetz 1965, S. 104.

[798] Habersack, in: GroßkommAktG, § 83, Rn. 2; MüKo/*Spindler*, AktG, § 83, Rn. 8; Spindler/Stilz/*Fleischer*, § 83, Rn. 1; *Oltmanns*, in: Heidel, § 83, Rn. 1; KK-AktG/*Mertens/Cahn*, § 83, Rn. 2.

[799] Vgl. B.IV.1.b.bb.

genauen Verantwortungsbereiche der einzelnen Vorstandsmitglieder präzise voneinander abzugrenzen.[800] Insoweit ist eine umfassende Verantwortlichkeit aller Mitglieder des Vorstands zur Qualitätssicherung der Vorbereitungsmaßnahmen der Hauptversammlung gerechtfertigt.

Demgegenüber bedarf es einer derartigen Gesamtverantwortung des Vorstands bei rein vorstandsinternen Entscheidungen im Bereich der Vorbereitungsmaßnahmen nicht. Hier kennen die Mitglieder ihren Verantwortungsbereich sowie den ihrer Vorstandskollegen. Es besteht somit gerade nicht die Gefahr einer Verantwortlichkeitsabwälzung auf andere Mitglieder zu Lasten der Gesellschaft und deren Aktionäre.

Fleischer meint sogar, dass den Leitungsaufgaben grundsätzlich eine Reduzierung der Pflichten immanent sei.[801] So beschränke sich die Pflicht der einzelnen Vorstandsmitglieder darauf, die *„Richtlinien der Unternehmenspolitik"* sowie im Rahmen der Unternehmensorganisation deren *„wesentlichen Grundzüge"* zu bestimmen. Daher könnten die einzelnen (Vorbereitungs-)Maßnahmen durchaus an einzelne Mitglieder weitergegeben werden.[802]

Als gesetzliches Leitbild hierfür wird § 91 Abs. 1 herangezogen. Dieser besäße über die Buchführung hinaus Geltungscharakter. Danach habe der Vorstand *„dafür zu sorgen"*, dass die erforderlichen Handelsbücher geführt werden.[803] Entgegen der Regierungsbegründung zu § 91 Abs. 1, die insofern davon spricht, dass *„der Vorstand verpflichtet [sei], die erforderlichen Handelsbücher zu führen"*,[804] wird im Einklang mit dem Wortlaut der Vorschrift eine Delegierbarkeit auf einzelne Vorstandsmitglieder oder nachgeordneter Stellen hinsichtlich der Buchführung angenommen.[805] Beim Vorstand verbleibt in diesem Fall hingegen eine Pflicht zur sorgfältigen Auswahl, Instruktion und Überwachung.[806]

Auch der Sinn und Zweck des in § 76 Abs. 1 verankerten Prinzips der Gesamtverantwortung spricht dafür, dass Vorbereitungsmaßnahmen grundsätzlich delegiert werden können. Das haftungsauslösende Moment bei Fehlentscheidungen des Vorstands, die auf Grund von Fehlinformationen im Rahmen von Vorbereitungsmaßnahmen getroffen werden, ist nicht die fehlerhafte Vorbereitungsmaßnahme, sondern die letztliche Entscheidung des (Gesamt-)Vorstands selbst.

Jedes Mitglied des Vorstands trifft im Rahmen von Leitungsentscheidungen, die dem Gesamtvorstand obliegen, die Pflicht, sich mit der Sache selbst zu befassen. Die Mitglieder haben selbst die erforderliche Prüfung des Beschlussvorschlags

---

[800] *Wettich*, a.a.O. (Fn. 29), S. 8ff.

[801] *Fleischer*, ZIP 2003, S. 1 (6).

[802] *Fleischer*, ZIP 2003, S. 1 (6); *Geßler*, in: FS Hefermehl (1976), S. 263 (274).

[803] *Hommelhoff*, a.a.O. (Fn. 57), S. 165f.; *Fleischer*, ZIP 2003, S. 1 (6).

[804] Vgl. RegE zu § 91 AktG, abgedruckt in: Kropff, Aktiengesetz, S. 120.

[805] *Grigoleit/Grigoleit/Tomasic, § 91, Rn. 3; Bürgers/Ismael, in: Bürgers/Körber, § 91, Rn. 3; Krieger/Sailer, in K. Schmidt/Lutter, § 91, Rn. 4.*

[806] *Grigoleit/Grigoleit/Tomasic, § 91, Rn. 3; Bürgers/Ismael, in: Bürgers/Körber, § 91, Rn. 3; Krieger/Sailer, in: K. Schmidt/Lutter, § 91, Rn. 4.*

durchzuführen bzw. bei fehlender eigener Kompetenz sich zu vergewissern, dass diese durch einen kompetenten Vorstandskollegen erfolgt ist.[807] Daher liegt eine Pflichtverletzung der einzelnen Mitglieder bereits dann vor, wenn sie auf Grund einer fehlerhaften Überprüfung die mangelhaften Vorbereitungsmaßnahmen nicht erkennen und somit als Gesamtvorstand eine falsche Entscheidung treffen. Da diese Verantwortung wiederum alle Vorstandsmitglieder trifft, besteht hierdurch auch nicht die Gefahr, dass Außenstehende nicht erkennen können, welches Mitglied des Vorstands die Verantwortung hierfür trifft.[808] Daher bleibt festzuhalten, dass Vorbereitungsmaßnahmen als solche grundsätzlich an einzelne Vorstandsmitglieder delegierbar sind.

bb. Die Delegation der Hinzuziehung eines externen Beraters

Aus den vorstehenden Grundsätzen wird geschlossen, dass es auch im Rahmen von Entscheidungen, die vom Gesamtvorstand als solchem zu treffen sind, keinerlei Abweichungen gibt. Daher könne auch die Auswahl eines Beraters durch ein einzelnes Mitglied des Vorstands vorgenommen werden. Die weiteren Organmitglieder hätten dann bzgl. dieser Vorbereitungsmaßnahme lediglich eine Überwachungspflicht zu erfüllen.[809]

Gegen die Delegierbarkeit der Auswahl des Beraters könnten jedoch die Anforderungen im Rahmen des § 91 Abs. 1 sprechen. Diesem kommt insoweit ein gewisses Leitbild im Rahmen der Delegierungsbefugnisse des Vorstands zu.[810] Hiernach ist der Vorstand als Gesamtorgan weiterhin verpflichtet, bei der Übertragung der Buchführung in horizontaler oder vertikaler Richtung, die beauftragte Person sorgsam auszusuchen, entsprechend ordnungsgemäß zu instruieren und anschließend zu überwachen.[811]

Hierbei handelt es sich um die identischen Aufgaben, mit denen der Vorstand bei der Hinzuziehung eines externen Beraters konfrontiert wird. Daher könnte hieraus geschlossen werden, dass auch die Auswahl, Instruktion und Überwachung eines externen Beraters dem gesamten Vorstand im Bereich der Leitungsentscheidungen obliegt.

Dagegen spricht aber, dass es sich bei der Hinzuziehung eines Beraters im Unterschied zur Führung der Handelsbücher gemäß § 91 Abs. 1 gerade nicht um eine direkte Aufgabenerfüllung durch den Vorstand handelt. Vielmehr verschafft sich der Vorstand durch die Hinzuziehung des organexternen Beraters im Rahmen von Leitungsentscheidungen lediglich eine weitere Informationsquelle, um dann hierauf basierend eine bestimmte Aufgabe (eigenständig) zu erfüllen.

Wegen dieses grundsätzlichen Unterschieds sind die beiden Situationen nicht miteinander vergleichbar. Daher können die im Rahmen von § 91 Abs. 1 geltenden

---

[807] *KK-AktG/Mertens/Cahn,* § 93, Rn. 94.

[808] Im Ergebnis so auch: *Fleischer,* ZIP 2003, S. 1 (6).

[809] *Binder,* AG 2008, S. 274 (287).

[810] *Hommelhoff,* a.a.O. (Fn. 57), S. 165f.; *Fleischer,* ZIP 2003, S. 1 (6).

[811] Grigoleit/*Grigoleit/Tomasic,* § 91, Rn. 3; *Bürgers/Ismael,* in: Bürgers/Körber, § 91, Rn. 3; *Krieger/Sailer-Coceani,* in: K. Schmidt/Lutter, § 91, Rn. 4.

Grundsätze auch nicht auf die Situation der Hinzuziehung eines externen Beraters übertragen werden.

Es ist daher zu untersuchen, ob hinsichtlich der Einholung der externen Beratung nach den einzelnen Abschnitten – Auswahl und Beauftragung des Beraters sowie der Überprüfung des erteilten Rats – zu unterscheiden ist oder sämtliche Maßnahmen an ein Mitglied des Vorstands delegiert werden können.

Die Einteilung der Maßnahmen hinsichtlich der Notwendigkeit der Wahrnehmung durch den Gesamtvorstand oder aber als delegierbare Maßnahme an ein einzelnes Mitglied des Vorstands steht im Spannungsfeld zwischen der notwendigen Praktikabilität und damit einhergehenden Effizienz der Entscheidungsvorbereitung sowie andererseits dem hinter dem Prinzip der Gesamtzuständigkeit stehenden Gedanken der klaren Verantwortungszuweisung.[812]

aaa. Die Erkenntnis des Beratungsbedarfs sowie die Auswahl des Beraters

Fraglich ist, ob die Auswahl der Person des Beraters bereits eine Aufgabe darstellt, die vom Vorstand als Gesamtheit zu treffen ist.

Für eine Gesamtzuständigkeit aller Vorstandsmitglieder in ihrer Gesamtheit könnte sprechen, dass die Auswahl der Person des Beraters oft die entscheidende Bedeutung für die Qualität des später erteilten Rats hat. Hierdurch wird also regelmäßig die entscheidende „Weichenstellung" für die Ordnungsgemäßheit des eingeholten Rats gestellt.

Gegen die zwingende Zuständigkeit des Gesamtvorstands spricht jedoch, dass es bei der Auswahl des Beraters darum geht, die erforderliche Sachkenntnis hinzuzuziehen und etwaige Interessenkonflikte des Beraters im Vorhinein aufzudecken und zu vermeiden.[813]

Hierzu bedarf es einer gewissen grundsätzlichen Kenntnis der Materie sowie einer gewissen Erfahrung hinsichtlich des „Beratermarkts" in diesem Bereich. Diese Kenntnis wird in der Regel gerade bei strategischen und umfassenden Entscheidungen – wie bspw. der Übernahme eines anderen Unternehmens – das jeweils ressortnächste Vorstandsmitglied haben. Dazu kommt, dass bei derart umfassenden Leitungsentscheidungen oft für unterschiedliche Bereiche unterschiedliche Berater hinzuzuziehen sind. Insoweit werden ggf. sogar die Ressorts von unterschiedlichen Vorstandsmitgliedern betroffen sein.

Hierbei ist allerdings zwischen der Erkenntnis, externe Beratung einholen zu wollen/müssen und der konkreten Auswahl des Beraters zu unterscheiden.

Da die Hinzuziehung eines externen Beraters durch den Vorstand im Rahmen von Leitungsentscheidungen ohnehin nur in Betracht kommt, wenn die notwendige Sachkompetenz im Gesamtorgan Vorstand nicht ausreicht, obliegt die Feststellung, dass ein Beratungsbedarf vorliegt, dem Vorstand als Gesamtorgan.

---

[812] *Martens*, in: FS Fleck, S. 191 (195); *v. Werder*, DB 1987, S. 2265 (2270) *Wettich*, a.a.O. (Fn. 29), S. 34.
[813] Vgl. B.III.5.

Die konkrete Auswahl kann und sollte der Gesamtvorstand hingegen an dasjenige Mitglied des Vorstands abgeben, dass die notwendigen Einblicke in den jeweiligen Beratermarkt sowie die Sachlage hat bzw. die ausreichende Erfahrung innehat, um eine sachgerechte Auswahl des Beraters zu treffen.

Positiver Nebeneffekt der Möglichkeit, die Auswahl des Beraters zu delegieren, ist, dass dadurch die spätere Kontrolle der Ergebnisse des Beraters objektiviert wird. Wählt nämlich nur ein Mitglied des Vorstands den Berater aus, besteht nämlich nicht die Gefahr, dass die anderen Mitglieder des Vorstands durch die Auswahl des Beraters voreingenommen sind. Sie werden den erteilten Rat daher zur Kenntnis nehmen und unvoreingenommen auswerten.[814]

Auch eine Abwägung der hinter dem Prinzip der Gesamtleitung stehenden Interessen und dem Bedürfnis nach einer praktikablen Unternehmensführung wird bei nicht ganz kleinen Aktiengesellschaften zu keinem anderen Ergebnis führen. Durch die Übertragung der Auswahl an ein einzelnes Mitglied des Vorstands wird ein schnellerer Entscheidungsprozess ermöglicht. Dies steht gerade im Interesse der Gesellschaft, die gerade auf eine hohe Handlungsfähigkeit im heutigen Wirtschaftsleben angewiesen ist.

Zudem wird durch die Eröffnung der Delegierbarkeit der Auswahl des Beraters auch das zweite hinter dem Prinzip der Gesamtverantwortung stehende Ziel – eine klare Zuordnung der Verantwortlichkeit innerhalb des Vorstands – nicht wesentlich beeinträchtigt. Dies folgt daraus, dass falls die Auswahl des Beraters nicht den oben erarbeitenden Maßstäben entspricht, jedes Vorstandsmitglied hier bereits deshalb verantwortlich ist, da es seiner Überwachungspflicht nicht nachgekommen ist, sofern die Ungeeignetheit des Beraters deutlich erkennbar war.

Insoweit steht die Delegierbarkeit der Auswahl des Beraters gerade im Interesse der Gesellschaft, ohne dass hierdurch verantwortungsfreie Bereiche entstehe bzw. Kontrollmechanismen innerhalb des Vorstands außer Kraft gesetzt werden.

bbb. Die Beauftragung und das Informieren des Beraters

Auch gegen die Beauftragung und das Informieren des Beraters durch ein einzelnes Mitglied des Vorstands sprechen keine durchschlagenden Gründe, sofern der Vorstand in seiner Gesamtheit sichergestellt hat, dass dem Berater alle notwendigen Informationen zugänglich gemacht werden und das handelnde Vorstandsmitglied dem Berater als kompetenter Ansprechpartner für etwaige Rückfragen zur Verfügung steht.

Missverständnissen und Informationsverlusten wird vorgebeugt, wenn nur ein einzelnes Mitglied des Vorstands dafür zuständig ist, den Berater zu informieren. Das zuständige Vorstandsmitglied hat insoweit nämlich einen genauen Überblick, welche Informationen an den Berater weitergeleitet wurden. Zudem hat der Berater wiederum bei etwaigen Rückfragen einen konkreten Ansprechpartner. Weiterhin wird durch das Informieren durch das fachnächste Vorstandsmitglied am bes-

---

[814] Vgl. zum Erfordernis der Auswertung des erteilten Rats B.IV.1.b.bb.

ten sichergestellt, dass die Instruktion des Beraters zielgerichtet und problemorientiert erfolgt. Dadurch kann es dann auch weniger schnell zu etwaigen Missverständnissen hinsichtlich der Weitergabe der Informationen und Instruktionen kommen. Dies fördert sowohl die Effektivität der Beratung als auch deren Qualität und dient der zeitnahen Fertigstellung des zu erstellenden Gutachtens. Zudem wird durch eine klare Zuweisung hin zu einem Mitglied des Vorstands sichergestellt, dass keine etwaigen Kompetenzstreitigkeiten zwischen den Mitgliedern des Vorstands entstehen. Insoweit wird von Anfang an eine klare Zuweisung der Verantwortlichkeit zwischen den Mitgliedern des Vorstands sichergestellt.

Darüber hinaus besteht dann auch nicht die Gefahr, dass Vorstandsmitglieder bei der späteren Überprüfung des erteilten Rats in ihrer Objektivität getrübt sein könnten, weil sie bei der Aufdeckung etwaiger Mängel eingestehen müsste, dass sie ihrer Pflicht zur sorgsamen Überwachung und Inkenntnissetzen des Beraters nicht ordnungsgemäß nachgekommen sind bzw. Pflichten im Rahmen der Informationsweitergabe versäumt zu haben.

ccc. Die Delegierbarkeit der Prüfung und Auswertung des erteilten Rats

Zu untersuchen bleibt, ob die notwendige Auswertung des erteilten Rats auf seine Plausibilität bzw. das Berichtenlassen hierüber auch nur von einem Mitglied des Vorstands durchgeführt werden kann oder ob dies durch den Vorstand in seiner Gesamtheit geschehen muss.

Für die Notwendigkeit der Befassung des Gesamtvorstands mit der Prüfung des erteilten Rats könnte sprechen, dass ein Gutachten eines Sachverständigen im Rahmen von Leitungsentscheidungen eine – wenn nicht die – maßgebliche Entscheidungsgrundlage für die Entscheidung des (Gesamt-)Vorstands darstellt.[815]

Andererseits darf nicht verkannt werden, dass das Erfordernis einer Gesamtbefassung des Vorstands in jedem einzelnen Fall zu einem erheblichen Mehraufwand für die einzelnen Vorstandsmitglieder des Vorstands führen wird. Dies würde dann beträchtliche Arbeitskapazitäten der Vorstandsmitglieder binden. Diese stünden dann nicht für andere Vorstandtätigkeiten zur Verfügung.

(i) Die Pflicht des Gesamtvorstands zur Prüfung und Auswertung des erteilten Rats?

Eine Bindung der Arbeitskapazität aller Vorstandsmitglieder im Zuge der Gesamtbefassung durch den Vorstand erscheint jedoch nur dann gerechtfertigt, wenn hierdurch die Effektivität der Kontrolle erkennbar gesteigert wird oder wenn der Plausibilitätsprüfung eine so große Bedeutung zukommt, dass sie zumindest de facto eine Leitungsaufgabe darstellt, die gemäß § 76 Abs. 1 vom Gesamtvorstand durchgeführt werden muss.

---

[815] Vgl. für die Bedeutung von Gutachten im Rahmen der Unternehmensführung auch die Regierungsbegründung zu § 93 Abs. 1 S. 2 - *BT-Drs. 15/5092, S. 12.*

Die Plausibilitätsprüfung soll insbesondere verhindern, dass sich der Vorstand auch dann enthalten kann, wenn weder er noch der hinzugezogene Berater sich unvoreingenommen mit der Sach- bzw. Rechtslage auseinandergesetzt haben.[816] Darüber hinaus dient sie der Kontrolle, ob das Gutachten alle wesentlichen Sachverhalts- und weitergegebenen Informationsaspekte aufgegriffen hat. Die Plausibilitätskontrolle soll gewährleisten, dass der Vorstand seiner Pflicht zur eigenverantwortlichen Leitung durch kritische Prüfung des erteilten Rats nachkommt.[817] Zwar ist unbestreitbar, dass durch eine Prüfung aller Mitglieder des Vorstands unabhängig voneinander nach dem potenzierten „Vier-Augen-Prinzip"[818] ein noch höherer Grad an Kontrolle gewährleistet würde.

Daraus würde folgen, dass jedes einzelne Mitglied detaillierter informiert wäre, als wenn es nur das Ergebnis der Auswertung mitgeteilt bekäme. Doch ist zu beachten, dass hierdurch den einzelnen Vorstandsmitgliedern Verhaltenspflichten aufgebürdet würden, die insbesondere bei großen Aktiengesellschaften das Maß des Machbaren überspannen, ohne dass dies zu einem erkennbaren Vorteil für die Gesellschaften führt.

Dies erklärt sich daraus, dass der Nutzen einer Plausibilitätsprüfung sich insbesondere bei diffizilen Fragen mit der Fachkenntnis des Prüfers entsprechend steigert.

Insoweit ist zu beachten, dass insbesondere in großen Aktiengesellschaften das Aufgabengebiet des Vorstands mannigfaltige Geschäftsfelder umfasst und diese von den einzelnen Vorstandsmitgliedern eine zunehmende Spezialisierung erfordern.

Daher wird es insbesondere bei komplexen Fragestellungen, die einer externen Begutachtung bedürfen, wenig Mehrwert haben, wenn neben dem ressortnächsten Vorstandsmitglied, das seinerseits – nach hier vertretener Ansicht – interne Mitarbeiter bei der Auswertung unterstützend hinzuziehen kann[819] und somit zweifelsohne die höchste Fachkompetenz aufweist, weitere Vorstandsmitglieder eine Plausibilitätskontrolle in Form der Informationsauswertung durchführen.[820]

Somit ist festzuhalten, dass sich (zumindest) aus dem Sinn und Zweck des Erfordernisses der Plausibilitätsprüfung in Bezug auf die Kontrollfunktion keine zwingende Gesamtzuständigkeit des Vorstands auch nicht hinsichtlich solcher Gutachten ableiten lässt, die sich mit Fragen der Unternehmensleitung befassen.

(ii) Die Plausibilitätsprüfung als ein Teil der Unternehmensleitung?

Fraglich ist aber, ob die Plausibilitätsprüfung als Ausfluss der Unternehmensleitung nicht eine Gesamtkompetenz des Vorstands auslöst. Die im Rahmen der Plausibilitätsprüfung durchzuführende Informationsauswertung dient neben der

---

[816] Vgl. B.III.5.c.
[817] Vgl. B.III.5.c.
[818] MüKo/*Spindler*, AktG, § 93, Rn. 67.
[819] Vgl. B.III.5.a.
[820] Wohl auch: *Kremer*, in: Gesellschaftsrecht in der Diskussion 2012, S. 171 (177).

Kontrollfunktion dazu, sicher zu stellen, dass der Vorstand seine Aufgaben im Bereich der Geschäftsführung bzw. Leitung selbst wahrnimmt. Gegen eine sich hieraus ergebende Zuständigkeit des Gesamtvorstands spricht jedoch, dass dies nur die Kompetenzzuweisung im Außenverhältnis betrifft. Hierdurch soll gewährleistet werden, dass der Vorstand nicht lediglich als „Marionette" des externen Beraters fungiert und dessen erteilten Ratschlag ohne entsprechende Reflektion umsetzt.[821] Vielmehr soll der Vorstand sich sein eigenes Meinungsbild verschaffen und so seiner ihm durch §§ 76ff. übertragenen Verantwortung gerecht werden. Dient die Plausibilitätsprüfung aber gerade dazu, dass sich der Vorstand ein eigenes Meinungsbild macht und ist im Rahmen von Entscheidungen der Unternehmensleitung jedes Mitglied entsprechend verpflichtet, sich sein eigenes Bild zu machen, so könnte hieraus der Schluss zu ziehen sein, dass dann auch jedes Mitglied verpflichtet ist, die Plausibilitätsprüfung eigenständig durchzuführen. Allerdings ist dieser Schluss nur zwingend, wenn der Vorstand auf anderem Wege seiner Gesamtverantwortung nicht nachkommen kann.

Insoweit ist aber auch denkbar, dass das mit der Prüfung betraute Vorstandsmitglied die Plausibilitätsprüfung durchführt und hieran anschließend die wesentlichen Inhalte und Argumente des erteilten Rats seinen Vorstandskollegen mitteilt. Diese Vorgehensweise wäre aber – unabhängig von der Materie der Vorstandsentscheidung – nur dann rechtlich zulässig, wenn die Plausibilitätsprüfung als Vorbereitungsmaßnahme in Bezug auf die Entscheidung des Gesamtvorstands angesehen werden kann.[822]

Es ist also zu untersuchen, wann noch eine delegierbare Vorbereitungsmaßnahme vorliegt und wann bereits eine nicht mehr delegierbare Entscheidung vorliegt.

(iii) Die Abgrenzung von Vorbereitungsmaßnahmen und letztlicher Entscheidung

Insoweit unterscheidet die Literatur hierbei zwischen dem „*decision shaping*" und dem „*decision taking*".[823] Ersteres liege bei der Vorbereitung von Entscheidungsvarianten und Beschlussvorlagen vor. Dahingehend sei die am Schluss stehende Entscheidung wohlerwogen und in eigener Verantwortung durch den Vorstand zu treffen.[824]

Problematisch im hier zu betrachtenden Fall ist, dass die Durchführung der Plausibilitätsprüfung an sich ohne Weiteres als Vorbereitungsmaßnahme anzusehen ist, da durch sie keine Entscheidung getroffen wird. Allerdings bekommt das insbesondere fachfremde Vorstandsmitglied erst durch diese Informationsauswertung einen entsprechenden Einblick in die Stichhaltigkeit der in dem Gutachten vertretenen Meinung und kann sich anhand des Gutachtens einen besseren Überblick über die Materie verschaffen. Dies ist wiederum aber nötig, damit das einzelne Vorstandsmitglied sich entsprechend seiner Pflicht – sich im Rahmen von

---

[821] Vgl. B.IV.1.a.
[822] Vgl. zur Delegation von Vorbereitungsmaßnahmen B.IV.1.b.aa.
[823] *Fleischer*, ZIP 2003, S. 1 (6).
[824] *Fleischer*, ZIP 2003, S. 1 (6).

Beschlussentscheidungen ein eigenes Bild zu machen, auf Grund dessen es dann seiner Leitungsverantwortung in der Abstimmung gerecht wird – nachkommen kann.[825]

Insoweit ist zu beachten, dass die Plausibilitätsprüfung in der Form, in der sie vom BGH verlangt wird, zwei wesentliche Pflichten statuiert. Zum einen ist der erteilte Rat auf seine Vollständigkeit und Reichweite zu prüfen.[826] Zum anderen hat der Vorstand

Die Auswertung des erteilten Rats auf die Vollständigkeit in Bezug auf die weitergegebenen Informationen und hinsichtlich der Frage, ob die vom Vorstand zu entscheidende Maßnahme von dem Gutachten gedeckt ist, stellt eine Maßnahme im Vorbereitungsstadium der Entscheidungsfindung dar. Hierdurch wird keine inhaltliche Aussage in Bezug auf die Entscheidung getroffen. Die damit kontrollierten Parameter sind vielmehr nur eine Grundvoraussetzung dafür, dass das Gutachten überhaupt in der Auseinandersetzung hinsichtlich der Entscheidungsfindung berücksichtigt werden kann.

Durch eine Delegation an ein einzelnes Mitglied wird also kein „inhaltlicher Filter" in Bezug auf den Wissensstand der anderen Mitglieder gesetzt. Vielmehr wird lediglich eine Prüfung hinsichtlich der generellen Geeignetheit des Gutachtens in Bezug auf die Entscheidungsfindung durchgeführt. Insofern ist die Prüfung vergleichbar zur Auswahl des Gutachters selbst. Auch hier ist nur die Auswahl der generellen Geeignetheit maßgeblich und nicht eine inhaltliche Auseinandersetzung mit dem konkret erteilten Rat.

Daher kann die Aufgabe – genauso wie die Auswahl eines Beraters – einem einzelnen Mitglied des Vorstands anvertraut werden. Hierdurch entsteht nämlich nicht die Gefahr, dass die weitere Entscheidungsfindung im Vorhinein in eine bestimmte Richtung gelenkt wird.

Aber auch die inhaltliche Auswertung – im Rahmen der Plausibilitätsprüfung des Rats – stellt eine Vorbereitungsmaßnahme dar, die – unabhängig von der Materie – durch ein einzelnes Vorstandsmitglied durchgeführt werden kann.

Insoweit greift im Grundsatz das zwischen den einzelnen Mitgliedern des Vorstands bestehende Vertrauen. Hat der Vorstand nämlich in seiner Gesamtheit das fachlich versierteste Mitglied mit der inhaltlichen Nachprüfung des erteilten Rats sachgemäß ausgewählt, so müssen die anderen Vorstandsmitglieder auch auf dessen Prüfung vertrauen dürfen, sofern es keine Anhaltspunkte für eine fehlende Objektivität des prüfenden Vorstandskollegen gibt. Freilich erfordert der insoweit variable Sorgfaltsmaßstab des § 93 Abs. 1 S. 1, dass die entsprechende „Berichterstattung" des betrauten Vorstandsmitglieds gegenüber seinen Kollegen umso ausführlicher ausfallen muss, umso bedeutender die im Raum stehende Frage für die Aktiengesellschaft ist.

Nichts desto weniger muss das in diesem Bereich weniger versierte Vorstandsmitglied ohne entsprechend entgegenstehende Anhaltspunkte auf die Expertise

---

[825] *Wettich*, a.a.O. (Fn. 29), S. 272; KK-AktG/*Mertens/Cahn*, § 93, Rn. 94; *Hopt*, in: GroßkommAktG, § 93, Rn. 64; *v. Werder*, DB 1987, S. 2265 (2270).
[826] Vgl. B.III.5.c.

seines in diesem Bereich zuständigen Vorstandsmitglieds im Rahmen der inhaltlichen Auswertung vertrauen können.

c. Zwischenergebnis zu der Delegierbarkeit der Maßnahmen im Rahmen der Hinzuziehung eines Beraters bei Leitungsentscheidungen des Vorstands

Auch im Rahmen von Entscheidungen, die zwingend in der Kompetenz des Gesamtvorstands liegen, können sowohl die Auswahl und Instruktion des Beraters als auch die Plausibilitätsprüfung auf das sachnächste Vorstandsmitglied delegiert werden. Dieses Vorstandsmitglied hat im Anschluss daran die wesentlichen Ergebnisse dem Vorstand mitzuteilen. Der Detaillierungsgrad der Mitteilung durch das beauftragte Vorstandsmitglied ist dabei variabel. Er hängt dabei von der Bedeutung der jeweiligen Maßnahme für die Gesellschaft ab. Der Gesamtvorstand kann dann auf dieser Grundlage seine Entscheidung treffen und sich ggf. enthaftend auf den eingeholten Rat berufen.

2. Die Zurechnung im Rahmen einer Fehlberatung

a. Grundsatz

Fraglich ist allerdings, ob den übrigen Mitgliedern eine fehlerhafte Beratung zuzurechnen ist, wenn das betraute Mitglied des Kollegialorgans gegen die einzuhaltenden Voraussetzungen im Rahmen der Einholung der Beratung verstößt.[827] Dies würde voraussetzen, dass den anderen Mitgliedern die fehlerhafte Beratung vorwerfbar zuzurechnen ist.

Hierfür könnte in Form einer Art Umkehrschluss sprechen, dass wenn eine ordnungsgemäße Beratung die anderen Mitglieder enthaftet, eine fehlerhafte Beratung eine Enthaftung dieser ausschließt.

Andernfalls könnte zudem eingewendet werden, dass die nicht mit der Einholung der Beratung beauftragten Mitglieder des Kollegialorgans unbillig privilegiert würden.

Insoweit könnte nämlich ein „doppeltes Vertrauen" – zunächst auf den erteilten Rat des Beraters und dann auf die ordnungsgemäße Wahrnehmung der Pflichten durch den Organkollegen – den anderen Organmitgliedern zu einer Enthaftung gegenüber der Gesellschaft verhelfen.

Dies verfehlt aber den Kern der Fragestellung. Die anderen Mitglieder des Kollegialorgans vertrauen zwar mittelbar auf den erteilten Rat des Beraters. Aber haftungsbefreiend wirkt insoweit, dass sie ihren beauftragten Kollegen sorgsam ausgewählt und im Rahmen der Grundsätze der horizontalen Aufgabendelegation in Kollegialorganen überwacht haben. Kommen die übrigen Mitglieder des Kollegialorgans diesen Pflichten nämlich nach, so dürfen sie gerade darauf vertrauen,

---

[827] Dies bejahend: BGH, DStR 2015, S. 1635 (1638); a.A.: *Beyer/Scholz*, ZIP 2015, S. 1853 (1860f.).

dass das beauftragte Mitglied seine Pflichten – hier zur sorgsamen Auswahl, Instruktion und Überwachung des Beraters – ordnungsgemäß nachgekommen ist, so dass auch im Falle einer Fehlberatung der Rat enthaftend wirkt. Das Vertrauen auf den erteilten Rat des Beraters ist hier also nicht der entscheidende Anknüpfungspunkt für eine mögliche Enthaftung der übrigen Mitglieder des Kollegialorgans.

Insoweit ergeben sich gerade keine Unterschiede zu den grundsätzlichen Anwendungsfällen der horizontalen Aufgabendelegation. Sucht das Kollegialorgan ein Mitglied ordnungsgemäß aus und übernimmt dieses die Vorbereitungsmaßnahme der Einholung der Beratung, so müssen die übrigen Mitglieder ohne entgegenstehende Anhaltspunkte darauf vertrauen dürfen, dass der erteilte Rat ordnungsgemäß erfolgt ist.

Hierdurch entsteht auch kein Verantwortungsfreiraum, da das beauftragte Organmitglied für die Hinzuziehung des Beraters vollumfänglich verantwortlich und damit im Falle einer sorgfaltswidrigen Fehlberatung der Gesellschaft auch gegenüber haftet.

Dies wird in der Praxis auch nicht dazu führen, dass kein Organmitglied die Beauftragung eines Beraters übernehmen wird. Auf Grund der internen Aufgabenverteilung innerhalb des Kollegialorgans ist hierzu nämlich stets das fachnächste Organmitglied verpflichtet.

b.   Eine Ausnahme bei Entscheidungen, die dem Kollegialorgan in seiner Gesamtheit zugewiesenen sind?

Dies gilt jedoch nicht im Rahmen von Entscheidungen, die dem Kollegialorgan in seiner Gesamtheit – bspw. Leitungsentscheidungen i.S.d. § 76 Abs. 1 – zugewiesen sind.

Hier schlägt der Grundsatz der Gesamtverantwortung des Kollegialorgans Vorstands durch. Das Kollegialorgan bleibt für seine Entscheidung gesamtverantwortlich. D.h., sämtliche Mitglieder sind für die zu treffende Entscheidung verantwortlich. Die übrigen Mitglieder können sich insoweit auch nicht unter Verweis auf die Beauftragung und Überwachung ihres Kollegen enthaftend.

Zwar mag man insoweit einwenden können, dass der hinter der Gesamtverantwortung stehende Gedanke – nämlich keine verantwortungsfreien Räume zuzulassen – hier nicht eingreift. Das beauftragende Mitglied des Kollegialorgans ist insoweit nämlich (auch von außen) erkennbar verantwortlich. Jedoch würde eine Möglichkeit der Haftungsbefreiung der übrigen Organmitglieder die gesetzlichen Grenzen durchbrechen. Die Gesamtverantwortung würde hierdurch nämlich de facto aufgehoben.

Dass die Beauftragung als Vorbereitungsmaßnahme an ein einzelnes Mitglied delegiert werden darf, dies jedoch keine haftungsbefreiende Wirkung für die anderen Vorstandsmitglieder entfaltet, lässt sich mit dem haftungspräventiven Gedanken des Grundsatzes der Gesamtverantwortung begründen. Wenn die übrigen Mitglieder nämlich die Beauftragung, Instruktion und Überwachung des Beraters einem einzelnen Mitglied überlassen, so müssen sie sich dann im Rahmen von

Entscheidungen, die ihrer Gesamtverantwortung unterfallen, dessen Versäumnisse auch zurechnen lassen.

Auf Grund der Wichtigkeit solcher Entscheidungen sollen sich gerade sämtliche Mitglieder des Kollegialorgans mit der jeweiligen Entscheidung im Vorfeld befassen, um sicherzustellen, dass so die optimale Entscheidung getroffen wird. Werden Teile der Entscheidung im Vorfeld – wenn auch aus notwendigen praktischen Gründen – auf einzelne Mitglieder übertragen, so bleibt es dennoch bei der Gesamtverantwortung aller Mitglieder in Bezug auf die zu treffende Entscheidung. Beruht diese Entscheidung auf einer im Vorfeld stattfindenden Beratung so kann diese zwar – wie oben dargestellt – enthaftend wirken, jedoch müssen sich alle Organmitglieder ein etwaiges pflichtwidriges Verhalten ihres beauftragten Kollegen im Umkehrschluss zurechnen lassen. Dies wird auch durch einen Erstrecht-Schluss mit dem Rechtsgedanken des § 276 Abs. 1 BGB gestützt. Muss sich bereits der Schuldner einer vertraglichen Pflicht – verschuldensunabhängig – die Pflichtverletzungen seines Erfüllungsgehilfen zurechnen lassen, so muss diese insbesondere auch für die Mitglieder der Organe einer Aktiengesellschaft im Rahmen von Pflichten gelten, die ihnen als Gesamtheit ihres Organs kraft Gesetzes gegenüber der Gesellschaft bestehen.

Insoweit können sich die übrigen Mitglieder des Kollegialorgans der Aktiengesellschaft nicht auf eine fehlerhafte Beratung berufen, auch wenn sie das jeweils mit der Einholung der Beratung beauftragte Organmitglied sorgfältig ausgesucht und überwacht haben.

3. Die Auswirkungen einer besonderen Expertise einzelner Vorstandsmitglieder auf den Sorgfaltsmaßstab in Bezug auf die Hinzuziehung eines externen Beraters

Es fragt sich zudem, ob besondere Anforderungen an den Sorgfaltsmaßstab bei der Beauftragung eines Beraters zu stellen sind, wenn ein Mitglied des Vorstands auf Grund seiner beruflichen Ausbildung oder besonderen Erfahrungen in dem betreffenden Bereich, besondere (Vor-)Kenntnisse aufweist.

Es ist umstritten, ob besondere Kenntnisse oder Fähigkeiten eines Organmitgliedes den Sorgfalts- bzw. Verschuldensmaßstab verschärfen. Im Rahmen der Beratung durch externe Berater und den damit verbundenen Pflichten kommt dieser Streit insbesondere bei der Plausibilitätsprüfung zum Tragen. Sollte nämlich für besonders fachkundige Vorstandsmitglieder ein höherer Sorgfaltsmaßstab gelten, so erscheint es nur folgerichtig, dass dann auch die Anforderungen an die Auswertung des erteilten Rats strenger sind.

Zur Erörterung stehen hier also ausschließlich die Fälle, in denen einem Vorstandsmitglied mit (ausreichend) durchschnittlichen Kenntnissen kein Vorwurf bzgl. des Nichterkennens der Fehlerhaftigkeit des erteilten Rats gemacht werden kann, während einem Vorstandsmitglied mit besonderen Sach- bzw. Fachkenntnissen jedoch eine schuldhafte Pflichtverletzung vorgeworfen werden kann.

Dies setzt allerdings voraus, dass man bei besonders versierten Vorstandsmitgliedern den Sorgfalts- und Verschuldensmaßstab derart verengt, dass als Maßstab nur ein Vorstandsmitglied mit vergleichbarem speziellem Fach- bzw. Sachwissen heranzuziehen ist. In der Literatur und Rechtsprechung wird diese Diskussion im Aktienrecht insbesondere um Aufsichtsratsmitglieder mit erhöhtem Wissens- bzw. Kenntnisstand geführt.[828] In großen Teilen der Rechtsprechung und Literatur wird hier ein besonderer Sorg- faltsmaßstab bejaht.[829] Es wird argumentiert, dass die gesetzlichen Formulierun- gen stets nur den untersten Grad der zu beachten Sorgfalt im jeweiligen Pflich- tenkreis bestimmen.[830]

Die Gegenansicht argumentiert, dass dem Zivilrecht eine Orientierung an den un- terschiedlichen subjektiven Fähigkeiten im Rahmen des Haftungsmaßstabs fremd sei.[831] Gegen die Subjektivierung des Haftungs- bzw. Sorgfaltsmaßstabs des § 93 Abs. 1 S. 1 spreche zudem, dass der Wortlaut als solcher allein auf *„die Sorg- falt eines ordentlichen und gewissenhaften Geschäftsleiters"* abstelle. Der hieraus abgeleitete Verschuldensmaßstab sei normativ und damit grundsätzlich objektiv zu verstehen.[832] Daraus folge, dass es grundsätzlich nicht auf die konkreten, eige- nen Fähigkeiten des Vorstandsmitglieds ankomme.[833]

Allerdings ist diese rein objektivierte Sicht hinsichtlich des Sorgfaltsmaßstabs mit Blick auf den Wortlaut des § 93 Abs. 1 S. 1 nicht zwingend, wenn man diesen mit den im BGB und HGB verwendeten, objektivierten Verschuldensmaßstäben ver- gleicht. Neben der in § 276 Abs. 1 S. 1 i.V.m. Abs. 2 BGB verwendeten *„im Ver- kehr erforderlichen Sorgfalt"* spricht § 347 Abs. 1 HGB hingegen von der Sorg- falt eines *„ordentlichen Kaufmanns"*. Hierin wird nach übereinstimmender Mei- nung eine Verschärfung der (Sorgfalts-)Anforderungen gesehen.[834] Dies folgt da- raus, dass der zur Bestimmung des objektivierten Sorgfaltsmaßstabs heranzuzie- hende Personenkreis samt seiner rollen- und berufsspezifischen Verkehrssitten auf eine kleinere Vergleichsgruppe – die der ordentlichen Kaufleute – beschränkt wird.[835]

Eine weitere Eingrenzung des normativen Leitbilds und die damit einhergehende Haftungsverschärfung folgen aus den §§ 93 Abs. 1 S. 1 und 43 Abs. 1 GmbHG.[836]

---

[828] Vgl. BGH, AG 2011, S. 876 (878); MüKo/*Habersack*, AktG, § 116, Rn. 28; Hüffer/Koch/*Koch*, AktG, § 116, Rn. 3; *Wirth*, ZGR 2005, S. 327 (334ff.); Spindler/Stilz/*Spindler*, § 116, Rn. 17.

[829] LG Hamburg, ZIP 1981, S. 194 (197); Krieger/U. H. Schneider/*Krieger*, Hdb. Managerhaftung, § 3, Rn. 38; Fleischer, KSzW 2013, S. 3 (9); Scholz/*U.H. Schneider/Krieger*, GmbHG, § 43, Rn. 232.

[830] *Binder*, ZGR 2012, S. 757 (774); Scholz/*U. H. Schneider/Krieger*, GmbHR, § 43, Rn. 232 - für den GmbH-Geschäftsführer.

[831] *Wirth*, ZGR 2005, S. 327 (335f.); *Schwark*, in: FS Werner (1984), S. 841 (850 u. 853f.) - in Bezug auf Aufsichtsratsmitglieder; was aber mit Blick auf das Rechtsinstitut der diligentia quam sui generis (vgl. § 277 BGB) zumindest in dieser Absolutheit fraglich ist.

[832] KK-AktG/*Mertens/Cahn*, § 93, Rn. 136; *Hopt*, in: GroßkommAktG, § 93, Rn. 255; Hüffer/Koch/*Koch*, AktG, § 93, Rn. 14; Spindler/Stilz/*Fleischer*, § 93, Rn. 205; MüKo/*Spindler*, AktG, § 93, Rn. 159.

[833] Münch Hdb. GesR IV/Wiesner, § 26, Rn. 10; Hüffer/Koch/Koch, AktG, § 93, Rn. 14; Hd. VorstandR/*Fleischer*, § 11, Rn. 55; BGH, NJW 1983, S. 1856 (1857) - für den GmbH-Geschäftsführer.

[834] MüKo/*K. Schmidt*, HGB, § 347, Rn. 2.

[835] Oetker/*Pamp*, HGB, § 347, Rn. 1; Röhricht/v. Westphalen/*Wagner*, HGB, § 347, Rn. 8.

[836] Oetker/*Pamp*, HGB, § 347, Rn. 1; Röhricht/v. Westphalen/*Wagner*, HGB, § 347, Rn. 4.

§ 93 Abs. 1 S. 1 statuiert hierbei einen Maßstab, der sich nach den verschiedenen Leistungsaufgaben der Vorstände bemisst.[837] Diese Aufgaben des Vorstands variieren anhand verschiedener Faktoren (u.a. der Größe der Gesellschaft, der Branche und der Situation, in der sich die Gesellschaft befindet).[838] Dies zeigt, dass die gesetzliche Formulierung stets nur einen gewissen Standard hinsichtlich eines bestimmten, maßgeblichen (begrenzten) vergleichbaren Personenkreises festlegt. Dieser vom Gesetz angelegte Standard orientiert sich dabei an einem normativ optimierten Leitbild.[839]

Beachtet man, dass das Gesetz stets an einen idealtypischen Vergleichsmaßstab anknüpft, so liegt auch im Fall eines überqualifizierten Vorstandsmitglieds der Schluss nahe, dieses an seinen besonderen Fähigkeiten und Kenntnissen zu messen. Hierfür spricht, dass das mit besonderen Kenntnissen oder Fähigkeiten ausgestattete Vorstandsmitglied gerade deshalb den Vorzug bei der Besetzung des Vorstandspostens vor anderen, weniger versierten Kandidaten erhalten haben wird.[840] Insoweit wird das besonders versierte Vorstandsmitglied in der Regel auch eine entsprechende höhere Vergütung erhalten.[841]

Es erscheint dann auch folgerichtig, dass das Gesetz einen gegenüber dem nicht so versierten Vorstandsmitglied strengeren Sorgfaltsmaßstab hinsichtlich der ihm zu erfüllenden Sorgfaltspflichten anlegt. Dies stellt auch keine ungerechtfertigte Ungleichbehandlung zwischen den einzelnen Organmitgliedern dar. Insoweit stellt das Gesetz nämlich gerade an jedes Mitglied relativ gesehen die gleichen Anforderungen, die sich jedoch wegen der einzelnen subjektiven Fähigkeiten unterscheiden.

Der Sorgfalts- und Verschuldensmaßstab im Sinne des § 93 Abs. 1 S. 1 ist somit an den besonderen Fähigkeiten und Kenntnissen des jeweiligen Vorstandsmitglieds zu orientieren. Daher sind an die Auswahl und Prüfung eines Beraters bzw. seines erteilten Rats entsprechend höhere Anforderungen zu stellen, wenn das Vorstandsmitglied ein ausgewiesener Fachmann in diesem Bereich ist.

V. Die Übertragbarkeit der Grundsätze zur Einholung externer Beratung auf den Anwendungsbereich der BJR

Im Rahmen von unternehmerischen Entscheidungen stellt sich die Frage, ob der Vorstand hier den gleichen Anforderungen bei der Einholung einer externen Beratung unterliegt, wie bei gesetzlich gebundenen Entscheidungen.

Soweit ersichtlich sind die in der Rechtsprechung entwickelten Grundsätze allein im Rahmen von rechtlich gebundenen Entscheidungen ergangen, so dass dies zweifelhaft sein könnte.[842]

---

[837] MüKo/*Spindler*, AktG, § 93, Rn. 24.

[838] MüKo/*Spindler*, AktG, § 93, Rn. 24, KK-AktG/*Mertens/Cahn*, § 93, Rn. 66.

[839] *Roth*, Das Treuhandmodell des Investmentrechts, S. 249.

[840] *Binder*, ZGR 2012, S. 757 (774) - für den Aufsichtsrat.

[841] So auch: *Roth*, Das Treuhandmodell des Investmentrechts, S. 247.

[842] *Wagner*, BB 2012, S. 651 (653); *Binder*, AG 2012, S. 885 (888).

1. Die Verneinung der Übertragbarkeit der Grundsätze hinsichtlich der Hinzuziehung eines externen Beraters auf unternehmerische Entscheidungen

Die Übertragbarkeit der vom BGH aufgestellten Grundsätze zur enthaftenden Wirkung eines eingeholten externen Rats auf den Bereich der unternehmerischen Entscheidungen wird teilweise verneint.[843] Insoweit würde der BGH im Rahmen seiner Argumentation entscheidend auf die Schuldnerstellung der Organmitglieder gegenüber der Gesellschaft abstellen. Maßgeblich sei daher die Pflicht des Vorstands, für Rechtsirrtümer einzustehen bzw. sich gesetzestreu zu verhalten.[844] Handelt es sich hingegen nicht um eine rechtlich gebundene Entscheidung, so sei entsprechend des Wortlauts des § 93 Abs. 1 S. 2 lediglich eine „angemessene Informationsgrundlage" maßgeblich.[845] Zudem spreche gegen eine undifferenzierte Übertragbarkeit, dass es bei solchen unternehmerischen Entscheidungen inhaltlich gerade nicht um die Einhaltung einer Rechtspflicht gehe. Vielmehr seien wirtschaftliche Gesichtspunkte entscheidend.[846] Diese können im Einzelfall die gleichen Maßnahmen wie eine rechtlich gebundene Entscheidung erfordern, setze diese aber nicht zwingend voraus.[847]

2. Die Möglichkeit der unveränderten Übertragbarkeit der Rechtsprechung des BGH auf den Anwendungsbereich der BJR

Nach der Gegenansicht sind die Anforderungen, die an die Vorstandsmitglieder zu stellen sind, damit diese sich auf die Haftungsprivilegierung nach § 93 Abs. 1 S. 2 berufen können, identisch mit denen, die die Vorstandsmitglieder erfüllen müssen, um sich auf einen enthaftenden (Verbots-)Irrtum im Rahmen von rechtlich gebundenen Entscheidungen berufen zu können.[848]

3. Stellungnahme betreffend die Übertragbarkeit der Grundsätze zur Einholung externer Beratung auf unternehmerische Entscheidungen

Gegen eine Übertragbarkeit könnte sprechen, dass der BGH in der „*ISION*"-Entscheidung[849] tatsächlich auf die Schuldnerstellung der Organmitglieder abstellt. Er führt insoweit aus, dass der Vorstand „*wie jeder Schuldner für einen Rechtsirrtum einstehen*" müsse.[850] Allerdings wird von der Gegenansicht zu Recht darauf hingewiesen, dass diese Feststellung „*inkonsequent*" ist, da das Organmitglied – anders als ein Schuldner im allgemeinen Schuldrecht – gerade nicht bedingungslos für jeden Rechtsirrtum

[843] *Wagner*, BB 2012, S. 651 (653f.).
[844] *Wagner*, BB 2012. S. 651 (653f.).
[845] *Wagner*, BB 2012, S. 651 (654).
[846] *Wagner*, BB 2012, S. 651 (654).
[847] *Wagner*, BB 2012, S. 651 (653).
[848] *Binder*, AG 2012, S. 885 (890); *Fleischer*, NJW 2009, S. 2337 (2339); wohl auch *Spindler*, in: FS Canaris (2007), Bd. II, S. 403 (420f.); *Binder*, AG 2008, S. 274 (280f.).
[849] BGH, AG 2011, S. 876 (876ff.).
[850] BGH, AG 2011, S. 876 (877).

einsteht.[851] Eine Einstandspflicht besteht nämlich dann nicht, wenn der Vorstand entsprechend der vom BGH formulierten Anforderungen Rat einholt.[852] Dementsprechend schränkt der BGH in der „*ISION*"-Entscheidung die Einstandspflicht der Organmitglieder hinsichtlich eines Rechtsirrtums auch dahingehend ein, dass eine Haftung nur bei schuldhaftem Handeln in Betracht komme.[853] Es erscheint daher auch weniger die Schuldnerstellung der Organmitglieder zu sein, die als maßgeblicher Anknüpfungspunkt für die Begründung der Haftung bzw. Enthaftung der Vorstandsmitglieder herangezogen wird. Vielmehr dient das Verschulden der Organmitglieder selbst dem BGH als Anknüpfungspunkt für die Haftung. Dies wird umso deutlicher, als der BGH gerade die zur Übertragung erörterten Grundsätze als Konkretisierung des Verschuldensmaßstabs aufzeigt.[854] Es liegt hier also gerade kein Gleichlauf zur bedingungslosen Einstandspflicht für eine Fehlberatung durch Dritte – wie im Rahmen von vertraglichen Schuldverhältnissen – vor.[855] Zwar kommt es im Rahmen von unternehmerischen Entscheidungen nicht auf die Einhaltung einer Rechtspflicht an.[856] Dies begründet sich jedoch nicht aus der fehlenden Schuldnerstellung der Vorstandsmitglieder. Auch im Bereich der unternehmerischen Entscheidung ist der Vorstand zumindest Adressat der (Sorgfalts-)Pflicht aus § 93 Abs. 1 S. 1 gegenüber der Aktiengesellschaft und somit gleichsam Schuldner. Daher kann also nicht die Schuldnerstellung (allein) der Grund dafür sein, eine Übertragbarkeit der Grundsätze zu verneinen.

Der Unterschied könnte sich vielmehr daraus ergeben, dass es bei Entscheidungen im originären Anwendungsbereich der BJR mehrere – auch unter Einhaltung der rechtlichen Rahmenbedingungen – erfolgsversprechende Lösungsansätze gibt. Daran anknüpfend könnte auch die Formulierung des § 93 Abs. 1 S. 2 als Herabsetzung des Sorgfaltsmaßstabs verstanden werden, wonach der Vorstand (nur) auf „*angemessener Grundlage von Informationen*" handeln muss. Wäre dem so, so würde eine Übertragbarkeit ausscheiden.

Insoweit ist zu klären, ob die Anforderungen an eine Beratung bei Vorliegen einer gesetzlich gebundenen Entscheidung strenger sind, als diejenigen, die an eine angemessene Informationsgrundlage i.S.d. § 93 Abs. 1 S. 2 gestellt werden.

---

[851] Vgl. B.III.4.a.
[852] *Binder*, ZGR 2012, S.757 (769).
[853] BGH, AG 2011, S. 876 (877).
[854] BGH, AG 2011, S. 876 (877).
[855] *Binder*, ZGR 2013, S. 757 (768).
[856] *Wagner*, BB 2012, S. 651 (654).

a. Die Anforderungen an die Einholung einer externen Beratung bei einer gesetzlich gebundenen Entscheidung als Konkretisierung der „Grundlage angemessener Informationen" i.S.d. § 93 Abs. 1 S. 2

Die Frage, wann eine angemessene Informationsgrundlage i.S.d. § 93 Abs. 1 S. 2 vorliegt, ist nicht abschließend geklärt. Teilweise wird vertreten, dass die Beurteilung, ob eine „*angemessene Informationsgrundlage*" vorliegt, selbst bereits ein Anwendungsfall der BJR sei.[857]
Sollte dies der Fall sein, so wäre auf Grund des großen Beurteilungsspielraums eine Übertragbarkeit mangels Vergleichbarkeit der Situationen bereits abzulehnen. Denn wenn auch das Vorliegen einer „*angemessenen Informationsgrundlage*" ein Anwendungsfall der BJR wäre, so wäre die spätere Entscheidung des Vorstands allein auf ihre Unverantwortlichkeit hin zu überprüfen.[858] In Anlehnung an die Rechtsprechung des BGH zur „*Leichtfertigkeit*"[859] soll eine solche Unverantwortlichkeit im Rahmen der BJR vorliegen, wenn die getroffene Entscheidung „*schlechterdings nicht zu rechtfertigen [sei] und ein verantwortungsbewusst denkender und handelnder Kaufmann zu ihrer Durchführung zu keiner Zeit bereit wäre*".[860]
Diese generellen Anforderungen sind nicht vergleichbar mit den strengen Sorgfaltspflichtanforderungen, die an den Vorstand im Rahmen der Einholung externer Beratung bei rechtlich gebundenen Entscheidungen zu stellen sind.
Insoweit ist zu untersuchen, wie weit der Beurteilungsspielraum des Vorstands hinsichtlich des Vorliegens einer angemessenen Informationsgrundlage tatsächlich reicht.

b. Die Reichweite des Beurteilungsspielraums des Vorstands im Rahmen der Entscheidung über das Vorliegen einer angemessenen Informationsgrundlage i.S.d. § 93 Abs. 1 S. 2

Ausweislich der Gesetzesmaterialien steht dem Vorstand bei der Frage, ob eine angemessene Informationsgrundlage vorliegt, ein „*erheblicher Beurteilungsspielraum*" zu. Dieser Beurteilungsspielraum bezieht sich dabei sowohl auf die Frage, welche und wie viele Informationen der Vorstand in seine Entscheidung einfließen lassen muss, als auch wie er die vorhandenen Informationen gewichtet.[861] Gesetzlicher Anknüpfungspunkt hierfür ist insoweit die Formulierung in § 93 Abs. 1 S. 2 „*vernünftigerweise annehmen durfte, auf Grundlage angemessener Informationen [...] zu handeln*".[862]

---

[857] *Kocher*, CCZ 2009, S. 215 (221).
215 (221); *Freitag/Korch*, ZIP 2012, S. 2281 (2282).
[858] BGHZ 135, S. 244 (253), „*in unverantwortlicher Weise überspannt*"; *Henze*, NJW 1998, S. 3309 (3311).
[859] Vgl. BGHZ 119, S. 305 (331).
[860] *Henze*, NJW 1998, S. 3309 (3311); MüKo/*Spindler*, AktG, § 93, Rn. 51, „*ein Leitungsfehler [sich]... förmlich aufdrängt*".
[861] Vgl. BT-Drs 15/5092, S. 12.
[862] *Brömmelmeyer*, WM 2005, S. 2065 (2067).

Durch das Tatbestandsmerkmal der „*Annahme*" findet ein Perspektivwechsel hin zur Sicht des handelnden Organs statt. Dieser Perspektivwechsel wird wiederum durch das Tatbestandsmerkmal des „*Annehmendürfens*" objektiviert.[863] Der Maßstab für ein solches Annehmendürfen ist das Kriterium „*vernünftigerweise*".[864] Dies knüpft an die Rechtsprechung des BGH in der „*ARAG/Garmenbeck*"-Entscheidung an.[865] Hierin hatte der BGH seine Entscheidung maßgeblich an der Unverantwortlichkeit der Entscheidung des Vorstands aufgehängt.[866] Der Vorstand hat zudem bei der Bewertung, wann die Informationsgrundlage „*angemessen*" ist, „*ohne groben Pflichtverstoß*" die zur Verfügung stehende Zeit, die Bedeutung und das Ausmaß der Entscheidung sowie die „*anerkannten betriebswirtschaftlichen Verhaltensmaßstäbe*" zu berücksichtigen.[867] Fraglich ist aber, wie weit die objektiven Anforderungen hinsichtlich der Ermittlung der Informationsgrundlage bzw. deren Gewichtung und damit einhergehend die gerichtliche Nachprüfbarkeit reichen. Unstreitig ist in diesem Zusammenhang nur, dass zum einen die Entscheidung des Vorstands nicht per se einer gerichtlichen Kontrolle entzogen ist.[868] Dies begründet sich daraus, dass es für die Entscheidung des Vorstands – nach allen vertretenen Ansichten – eine objektiv nachprüfbare Grundlage geben muss.[869] Die hierzu vertretenen Ansichten variieren jedoch erheblich in Bezug auf die Reichweite dieser Nachprüfbarkeit und den damit einhergehenden Anforderungen, die an das Vorliegen einer „*angemessenen*" Informationsgrundlage zu stellen sind.[870]

c. Die Anforderungen an die angemessene Informationsgrundlage vor Kodifizierung der BJR

Die Rechtsprechung zur Rechtslage vor Einführung des § 93 Abs. 1 S. 2 und einige Stimmen in der Literatur verlangten, dass „*in der konkreten Entscheidungssituation alle verfügbaren Informationsquellen tatsächlicher und rechtlicher Art*" vom Vorstand auszuschöpfen sind.[871] Das Gegenstück hierzu bildet der sog „*Handlungsbereich*". In diesem sei dem Vorstand ein Beurteilungsspielraum zuzubilligen.[872] Dies begründe sich daraus,

[863] Vgl. BT-Drs. 15/5092, S. 11.
[864] Vgl. BT-Drs. 15/5092, S. 11.
[865] BGHZ 135, S. 244 (244ff.).
[866] Vgl. BT-Drs. 15/5092, S. 11.
[867] Vgl. BT-Drs. 15/5092, S. 12.
[868] Hüffer/Koch/*Koch*, AktG, § 93, Rn. 4g; *Redeke*, ZIP 2011, S. 59 (60ff.); Spindler/Stilz/*Fleischer*, § 93, Rn. 74.
[869] Hüffer/Koch/*Koch*, AktG, § 93, Rn. 4g.
[870] So auch: *Freitag/Korch*, ZIP 2012, S. 2281 (2282); a.A.: *Redeke*, ZIP 2011, S. 59 (60f.).
[871] BGH, NJW 2008, S. 3361 (3362), zu den Voraussetzungen des Haftungsprivilegs eines GmbH-Geschäftsführers; gegen eine Anwendbarkeit der BJR in der „*Planungsphase*" und für eine Abwägung anhand des objektiven Kriteriums der Angemessenheit: *Ulmer*, DB 2005, S. 859 (860); *Thümmel*, DB 2004, S. 471 (472), der eine Erweiterung des Haftungsfreiraums bejaht, aber für verfehlt hält.
[872] BGHZ 135, S. 244 (254).

dass im Erkenntnisbereich dem Organ keine unterschiedlichen Handlungsoptionen zustehen. Insoweit könne dem Vorstand hier nur in Ausnahmefällen ein *„begrenzte[r] Beurteilungsspielraum"* eingeräumt werden.[873] Hieraus könnte zu schließen sein, dass der Geschäftsleitung hinsichtlich der Auswahl der Informationsquellen kein Entscheidungsspielraum zukomme. Der Beurteilungsspielraum würde sich dann lediglich auf die Bewertung der jeweiligen Informationsquellen beschränken.[874]

aa. Die Auswirkungen der Rechtsprechung des BGH auf die kodifizierte BJR

Teilweise wurde anknüpfend an die Rechtsprechung des BGH[875] vor der Geltung des § 93 Abs. 1 S. 2 angenommen, dass das Erfordernis der Ausschöpfung *„aller verfügbaren Informationsquellen"* auch auf die kodifizierte BJR in § 93 Abs. 1 S. 2 Anwendung finden werde.[876]

bb. Stimmen in der Literatur hinsichtlich des Erfordernisses, alle ermittelbaren Informationen in die Entscheidung einzubeziehen

Teilweise wurde die Rechtsprechung des BGH in der Literatur aber auch so gedeutet, dass dem Vorstand ein Beurteilungsspielraum hinsichtlich der Informationsauswahl verbleibe. Dies wurde daraus abgeleitet, dass der BGH stets auf die *„ARAG/Garmenbeck"*-Rechtsprechung Bezug nahm.[877] Hierin hatte der BGH lediglich eine sorgfältige Ermittlung der Entscheidungsgrundlage gefordert.[878] Weiterhin wird argumentiert, dass die Rechtsprechung durch die Beschränkung auf den konkreten Einzelfall einen solchen Beurteilungsspielraum selbst eröffne, so dass eine flexible Handhabung hinsichtlich des Informationsumfangs ermöglicht werde.[879]

Gegen eine derartige Auslegung der Rechtsprechung des BGH sprach sich insbesondere der damalige Vorsitzende des zuständigen Zweiten Zivilsenates des BGH *Goette* aus.

Nach seiner Auffassung ist die Formulierung des § 93 Abs. 1 S. 2 verfehlt.[880] Vielmehr müsse der Gesetzeswortlaut lauten: *„Eine Pflichtverletzung liegt nicht vor, wenn das Vorstandsmitglied bei einer unternehmerischen Entscheidung auf der Grundlage angemessener Information vernünftiger Weise annehmen durfte,*

---

[873] BGHZ 135, S. 244 (254).

[874] *Wagner*, CCZ 2009, S. 8 (16).

[875] BGH, NZG 2008, S. 751 (752); ders., NZG 2013, S. 1021 (1023), worin die strenge Formulierung hinsichtlich der Ausschöpfung aller Informationsquellen aufgegriffen wird.

[876] *Goette*, ZHR 176 (2012), S. 588 (595).

[877] *Balthasar/Hammelmann*, WM 2010, S. 589 (591); dahin tendierend auch: *Klindt/Pelz/Theusinger*, NJW 2010, S. 2385 (2388f.).

[878] *Balthasar/Hammelmann*, WM 2010, S. 589 (591); dahin tendierend auch: *Klindt/Pelz/Theusinger*, NJW 2010, S. 2385 (2388f.).

[879] *Spindler*, AG 2012, S 889 (893).

[880] *Goette*, ZGR 2008, S. 436 (448) Fn. 46.

zum Wohle der Gesellschaft zu handeln."[881] Dies begründe sich daraus, dass u.a. erst nach ordnungsgemäßer Informationserlangung sowie der Abwägung der Chancen und Risiken das Haftungsprivileg des § 93 Abs. 1 S. 2 eingreife.[882] Er vermutete daher, dass sich zumindest die höchstrichterliche Rechtsprechung von diesem *„unglücklichen wording"* nicht in die Irre führen lassen werde.[883] Diese Ansicht hat in der Literatur teilweise heftige Kritik erfahren.[884] Auch die höchstrichterliche Rechtsprechung scheint dieser Ansicht nicht zu folgen.[885] So spricht der zuständige Zweite Senat des BGH bereits in seiner Entscheidung vom 3.11.2008 zur Haftung eines Vorstands einer Genossenschaftsbank nach § 34 Abs. 2 i.V.m. Abs. 1 GenG nur noch davon, dass *„für die Ausübung unternehmerischen Ermessens [...] Raum [ist], wenn der Vorstand die Entscheidungsgrundlagen sorgfältig ermittelt und das Für und Wider verschiedener Vorgehensweisen abgewogen hat."*[886]

cc. Die Informationsbeschaffung und die Bewertung der *„Angemessenheit"* als Anwendungsfall der BJR

Die Literaturmeinungen,[887] die bereits das Vorliegen einer angemessenen Entscheidung als Anwendungsfall der BJR verstehen, argumentieren, dass der Vorstand in diesem Fall eine Kosten-Nutzen-Abwägung hinsichtlich der benötigten Informationen zu treffen habe.[888] Insoweit sei daher lediglich ein Minimum an objektiver Informationsbasis zu fordern.[889] Eine *„Unangemessenheit"* sei nur dann anzunehmen, wenn nicht einmal *„jenes minimale Quantum"* an Information als Grundlage dient, das notwendig ist, damit eine sachliche Entscheidung überhaupt angenommen werden kann.[890] Positiv gewendet müsse die Entscheidung *„vertretbar"* sein.[891]

---

[881] *Goette,* ZGR 2008, S. 436 (448) Fn. 46.

[882] *Goette,* in: FS 50 Jahre BGH (2000), S. 123 (140f); *ders.,* ZGR 2008, S. 436 (448).

[883] *Goette,* ZGR 2008, S. 436 (448) Fn. 46.

[884] *Fleischer/Wedemann,* AcP 209, S. 597 (601ff.).

[885] *Freitag/Korch,* ZIP 2012, S. 2281 (2286); *Kindler,* in: FS Goette (2011), S. 231 (233), *„deutlich mehr Augenmaß".*

[886] BGH, DStR 2009, S. 176 (177), mit Verweis auf BGH, NJW 2008, S. 3361 (3362).

[887] *Hopt, in:* GroßkommAktG, § 93, Rn. 45; MüKo/*Spindler,* AktG, § 93, Rn. 48; *Freitag/Korch,* ZIP 2012, S. 2281 (2284f.), die aber mit Blick auf den objektivierenden Wortlaut des § 93 Abs. 1 S. 2 eine unmittelbare Übertragung der Rechtsfolgen verneinen.

[888] *Spindler,* AG 2006, S. 677 (681); *Lang/Balzer,* WM 2012, S. 1167 (1168f.); *Freitag/Korch,* ZIP 2012, S. 2281 (2284f.).

[889] *Hopt,* in: GroßkommAktG, § 93, Rn. 45.

[890] *Mutter,* Unternehmerische Entscheidungen und Haftung des Aufsichtsrats der Aktiengesellschaft, S. 264 hinsichtlich der Entscheidungsbasis des Aufsichtsrats; *Hopt, in:* GroßkommAktG, § 93, Rn. 45; *Hopt/Roth,* in: GroßkommAktG, § 116, Rn. 80.

[891] *Kocher,* CCZ 2009, S. 215 (221); Hüffer/Koch/*Koch,* AktG, § 93, Rn. 4g, *„noch als nachvollziehbar erscheinen";* ebenfalls für die Anwendung der BJR: MüKo/*Spindler,* AktG, § 93, Rn. 48.

aaa. Der eingeschränkte Beurteilungsspielraum bei der Auswahl und Bewertung von Informationen im Bereich von unternehmerischen Entscheidungen

Andere Stimmen in der Literatur billigen der Geschäftsleitung zwar einen Beurteilungsspielraum auch hinsichtlich der Entscheidung über das Vorliegen einer entsprechend angemessenen Informationsbasis zu. Sie stellen aber insofern höhere Anforderungen an deren Grundlage.[892] Der Entscheidung hierüber soll nicht das gleiche Haftungsprivileg wie sonstigen Entscheidungen im Anwendungsbereich der BJR zu Gute kommen. Vielmehr müsse die Entscheidung *„nachvollziehbar"* sein.[893]

Die Rechtsprechung des BGH fordert (ohne ausdrücklich von der älteren Rechtsprechung abzukehren) nunmehr, dass die Geschäftsleitung *„die Entscheidungsgrundlage sorgfältig"* ermittelt und die Handlungsvarianten *„sorgfältig"* gegeneinander abwägt.[894] Teilweise wird dies dahingehend verstanden, dass der Vorstand sich nicht solchen Informationen verschließen dürfe, die er mit verhältnismäßigem Aufwand erlangen kann.[895]

(i) Die Reichweite des Beurteilungspielraums bei der Beurteilung einer angemessenen Informationsgrundlage

Hinsichtlich der Frage, wann eine angemessene Informationsgrundlage i.S.d. des § 93 Abs. 1 S. 2 vorliegt, sind die Gesetzesmaterialien nur bedingt aussagekräftig. Zwar räumt der Gesetzgeber dem Vorstand auch im Rahmen der Informationsgewinnung und -gewichtung einen *„erheblichen Spielraum"* ein.[896] Jedoch soll dies nur *„in den Grenzen seiner Sorgfaltspflichten"* erfolgen.[897]

Für einen identischen Beurteilungsspielraum wie im originären Anwendungsbereich der BJR wird neben dieser Passage der Gesetzesbegründung[898] der Sinn und Zweck der BJR angeführt. Sollte nämlich die gerichtliche Kontrolle soweit reichen, dass das Gericht über den Bedarf an Informationen zu entscheiden hat, so müsste es sich zwangsläufig als Grundlage dieser Bewertung eine bestimmte Vorstellung über die Richtigkeit der getroffenen Entscheidung machen. Dies soll aber gerade durch die Einführung der BJR verhindert werden.[899]

Zieht man nun die Rechtsprechung des BGH in der *„ARAG/Garmenbeck"*-Entscheidung, in der sich ausweislich der Gesetzesbegründung *„Parallelen"* zu

---

[892] *Redeke,* ZIP 2011, S. 59 (62); wohl auch: *Spindler,* AG 2013, S. 889 (893).

[893] *Redeke,* ZIP 2011, S. 59 (62); wohl auch: *Spindler,* AG 2013, S. 889 (893).

[894] BGH, DStR 2009, S. 176 (177); vgl. auch: BGH, NZG 2011, S. 549 (550f.), wonach das Berufungsgericht die Anforderungen (hinsichtlich der Darlegungslast) an die Informationsgrundlage *„überspannt"* habe.

[895] *Brömmelmeyer,* WM 2005, S. 2065 (2067).

[896] BT-Drs. 15/5092, S. 12.

[897] BT-Drs. 15/5092, S. 12.

[898] *Lutter,* ZIP 2007, S. 841 (844f.).

[899] *Paefgen,* AG 2004, S. 245 (254); zustimmend: *Hopt/Roth,* in: GroßkommAktG, § 93, Rn. 45.

§ 93 Abs. 1 S. 2 finden,[900] hinzu, so erscheint allerdings ein so weitgehender Beurteilungsspielraum des Vorstands bei der Informationsbeschaffung und Gewichtung gleichsam fraglich.

Nach dem BGH ist der Entscheidungsprozess in einem Zwei-Stufen-System durchzuführen. Hiernach wird auf der ersten Stufe eine Analyse der zugrundeliegenden Frage erstellt. Auf der zweiten Stufe wird dann die entsprechende Entscheidung getroffen, sofern sich letztere als Wahrnehmung der Führungsaufgaben darstellt.[901]

Nach dem BGH müsse die Analyse auf der ersten Stufe, *„sorgfältig"* und *„sachgerecht"* durchgeführt werden.[902] Dies lässt zumindest auf einen deutlich begrenzteren Spielraum des Vorstands hinsichtlich der Ermittlung der Informationsgrundlage schließen.

Die Befürworter eines weiten Beurteilungsspielraums des Vorstands wenden dagegen allerdings ein, dass der Gesetzgeber zwar nicht intendierte von dieser Rechtsprechung abzuweichen, es allerdings auf Grund des Wortlauts (*„auf Grundlage angemessener Informationen"*) getan hätte.[903]

Hierfür könnte sprechen, dass sich der Konditionalsatz in § 93 Abs. 1 S. 2 sowohl auf die *„angemessene Information"* als auch auf das *„Wohl der Gesellschaft"* bezieht. Hieraus könnte zu schließen sein, dass daraus ein identischer Prüfungsmaßstab folge. Daraus könnte wiederum abzuleiten sein, dass nicht nur die *„unternehmerische Entscheidung"* selbst, sondern auch die Beurteilung hinsichtlich der Informationsbeschaffung und -auswertung dem Beurteilungsspielraum unterfällt.[904]

Weiterhin spricht für die Anwendbarkeit der BJR auf die Frage der Angemessenheit der Informationsgrundlage die Formulierung in der Gesetzesbegründung. Dort heißt es nämlich, dass diese Frage vom Vorstand *„ohne grobe Pflichtverstöße"* zu beurteilen ist.[905]

Die Betonung, dass der Vorstand bei der Einholung und Bewertung der Informationen als angemessen nur *„ohne grobe Pflichtverstöße"* handeln soll, legt nahe, dass der Gesetzgeber hierin dem Vorstand einen dem originären Anwendungsbereich der BJR vergleichbaren Beurteilungsspielraum einräumen wollte.

Dies wird auch durch einen Vergleich mit dem 1. Gesetzesentwurf zu § 93 Abs. 1 S. 2 gestützt. Danach sollten im Bereich der BJR Pflichtverletzungen des Vorstands nur auf Fälle der groben Fahrlässigkeit begrenzt werden.[906]

---

[900] BT-Drs. 15/5092, S. 11.

[901] BGHZ 135, S. 244 (254).

[902] BGHZ 135, S. 244 (254), konkret auf die entscheidungserhebliche Prozessrisikoanalyse bezogen, jedoch mit einer gewissen Gemeingültigkeit.

[903] *Kocher*, CCZ 2009, S. 215 (220); so im Ergebnis auch zum insoweit identischen Referentenentwurf: *Thümmel*, DB 2004, S. 471 (472).

[904] So angedacht, aber entkräftet von: *Redeke*, ZIP 2011, S. 59 (61).

[905] BT-Drs. 15/5092, S. 12.

[906] Vgl. dazu: *Hopt*, in: GroßkommAktG, § 93 Abs. 1 S. 2 u. 4 n.F., Rn. 44.

Dem ist aber entgegen zu halten, dass ein „*Annehmendürfen*", „*zum Wohle der Gesellschaft zu handeln*", nicht erst bei einem nicht mehr zu vertretenen Interessenkonflikt gegeben sein wird.[907] Vielmehr muss das Handeln laut der Gesetzesbegründung „*unbeeinflusst*" von Interessenkonflikten sein.[908] Es ist daher nicht anzunehmen, dass ein einheitlicher Prüfungsmaßstab für alle Tatbestandsmerkmale des § 93 Abs. 1 S. 2 und die unternehmerische Entscheidung selbst vom Gesetzgeber intendiert war.[909]

Weiterhin ist zu beachten, dass die Regierungsbegründung in Zusammenhang mit der Frage der Angemessenheit der Informationsgrundlage davon spricht, dass dem Vorstand „*in den Grenzen seiner Sorgfaltspflichten*" der grundsätzlich weite Beurteilungsspielraum gewährt wird.[910] Hierin soll allein die gesetzliche Kodifikation des durch den BGH in der „ARAG/Garmenbeck"-Entscheidung[911] eingeräumten Beurteilungsspielraums liegen.[912]

(ii) Die unveränderte Übernahme der Rechtsprechung der „ARAG/Garmenbeck"-Entscheidung im Bereich des Erkenntnisverfahrens hinsichtlich der Beurteilung des Informationsbedarfs durch den Gesetzgeber in § 93 Abs. 1 S. 2?

Nach anderer Ansicht hat die Kodifikation in § 93 Abs. 1 S. 2 allein Klarstellungsfunktion.[913] So wird in den Ausführungen der Gesetzesbegründung zum eingeräumten Spielraum allein die Bestätigung des vom BGH zugebilligten Beurteilungsspielraums gesehen.[914]

Durch die Einschränkung „*in den Grenzen seiner Sorgfaltspflichten*" nehme die Gesetzesbegründung auf die sich aus § 93 Abs. 1 S. 1 ergebenen Sorgfaltspflichten des Vorstands Bezug. Diese fänden sich wiederum auch in der „*ARAG/Garmenbeck*"-Rechtsprechung wieder.[915] Hieraus sei zu folgern, dass der Gesetzgeber hinsichtlich der Beurteilung der Angemessenheit des Informationsstands einen strengeren Sorgfaltsmaßstab angewendet wissen möchte.[916]

Hiergegen spricht allerdings, dass sich der grundsätzliche Tenor der „*ARAG/Garmenbeck*"-Entscheidung und der der Gesetzesbegründung maßgeblich unterscheiden. Der BGH spricht in der „*ARAG/Garmenbeck*"-Entscheidung lediglich davon, dass sich „*allenfalls*" ein „*begrenzter*" Beurteilungsspielraum im *Bereich der Erkenntnis ergeben könne*".[917] Die Gesetzesbegründung räumt dem

---

[907] *Redeke*, ZIP 2011, S. 59 (61); vgl. BT-Drs. 15/5092, S. 11.
[908] BT-Drs. 15/5092, S. 11.
[909] *Redeke*, ZIP 2011, S. 59 (61).
[910] BT-Drs. 15/5092, S. 12.
[911] BGHZ 135, S. 249 (254).
[912] *Redeke*, ZIP 2011, S. 59 (61).
[913] *Redeke*, ZIP 2011, S. 59 (61); *S. H. Schneider*, DB 2005, S. 707 (707), der aber auch auf die in der RegBr. angesprochenen „*Parallelen*" hinweist (Fn. 6).
[914] *Redeke*, ZIP 2011, S. 59 (61); *S. H. Schneider*, DB 2005, S. 707 (707).
[915] *Redeke*, ZIP 2011, S. 59 (61).
[916] *Redeke*, ZIP 2011, S. 59 (61).
[917] BGHZ 135, S. 245 (254).

Vorstand hingegen „*ein[en] erhebliche[n] Spielraum*" hinsichtlich der Einschätzung des Informationsbedarfs ein.[918]
Der BGH geht also in seiner Entscheidung von einem Regel-Ausnahme-Verhältnis derart aus, dass es grundsätzlich im Erkenntnisbereich keinerlei Beurteilungsspielraum gibt. Die Gesetzesbegründung statuiert hingegen solch einen Beurteilungsspielraum als Grundsatz.
Folglich kann in dem Tatbestandsmerkmal der „*angemessene[n] Informationsgrundlage*" des § 93 Abs. 1 S. 2 nicht bloß eine Übertragung der „*ARAG/Garmenbeck*"- Rechtsprechung des BGH gesehen werden.
Vielmehr scheint sich der Gesetzgeber hier bewusst für eine Modifikation entschieden zu haben. Dafür spricht auch, dass sich ausweislich der Gesetzesbegründung eben „*nur*" Parallelen in der Rechtsprechung finden und nicht etwaige „Vorbilder".[919]

bbb. Die Vergleichbarkeit der Entscheidungen über eine „angemessene Informationsgrundlage" und über unternehmerische Entscheidungen i.S.d. § 93 Abs. 1 S. 2

Hieraus kann aber nicht geschlossen werden, dass auch die Frage bzgl. einer angemessenen Informationsgrundlage unmittelbar einen Anwendungsfall der BJR darstellt. Eine unmittelbare Anwendbarkeit der BJR erscheint nur sachgerecht, wenn diese Entscheidung vergleichbar mit derjenigen über unternehmerische Entscheidungen ist und gleichfalls die Motive für den Haftungsfreiraum in diesem Bereich verfangen.
Für eine Vergleichbarkeit soll sprechen, dass - wie im originären Anwendungsbereich der BJR - bei der Überprüfung der Angemessenheit die Gefahr eines Rückschaufehlers bestünde.[920] Genauso wie bei unternehmerischen Entscheidungen werde auch die Entscheidung hinsichtlich der Informationsgrundlage unter erheblicher Unsicherheit getroffen.[921] Diese Unsicherheit folge daraus, dass die Frage der Angemessenheit der Informationsgrundlage stets für jede einzelne Entscheidung neu bewertet werden müsse.[922] Hierbei sei von der Geschäftsführung dann die Bedeutung der Entscheidung für die Gesellschaft sowie die hieraus resultierenden Gefahren für das Unternehmen zu bewerten.[923]
Zudem spreche für eine Vergleichbarkeit zur unternehmerischen Entscheidung i.S.d. § 93 Abs. 1 S. 2 der oftmals vorherrschende, erhöhte Zeitdruck, unter dem die Entscheidung über die Angemessenheit der Informationsgrundlage zu treffen ist.[924] Dieser führe gleichfalls dazu, dass die (nachträgliche) Überprüfung sich

---

[918] BT-Drs. 15/5092, S. 12.
[919] BT-Drs. 15/5092, S. 12.
[920] *Freitag/Korch*, ZIP 2012, S. 2281 (2285).
[921] *Oltmanns*, Geschäftsleiterhaftung und unternehmerisches Ermessen, S. 280f.; *Freitag/Korch*, ZIP 2012, S. 2281 (2285).
[922] *Freitag/Korch*, ZIP 2012, S. 2281 (2285).
[923] *Freitag/Korch*, ZIP 2012, S. 2281 (2285).
[924] *Freitag/Korch*, ZIP 2012, S. 2281 (2285).

wesentlich von der Entscheidungssituation, in der sich die Geschäftsführung im Zeitpunkt der Entscheidung befand, unterscheide, so dass auch hier das „Zeitdruckargument" für eine Anwendung der BJR spreche.[925] Hiergegen wird insbesondere eingewendet, dass die Gefahr einer aus ex-post-Perspektive getroffenen zu strengen Rückschau durch die überprüfenden Gerichte gerade nicht gegeben sei.[926] Dies ergebe sich daraus, dass die Überprüfung der Einhaltung der Sorgfalt in diesem Bereich bedeutend leichter und daher weniger anfällig für etwaige Rückschauirrtümer sei als im originären Anwendungsbereich der BJR.[927]

Zwar wird zugegeben, dass auch die Frage nach der Beurteilung der Informationsgrundlage erhebliche Schwierigkeiten hervorrufen kann. Dies rechtfertige jedoch nicht, den Geschäftsleitern eine Haftungsfreizeichnung – quasi im Voraus – zukommen zu lassen.[928] Vielmehr seien die Unterschiede hinsichtlich der Nachprüfbarkeit der Entscheidungen zu berücksichtigen.[929] Im Rahmen der Überprüfung der Entscheidung selbst sei danach zu fragen, welches Risiko die Geschäftsleitung noch hätte eingehen dürfen. Diese Frage würde sich im Rahmen der Informationsbeschaffung dagegen gerade nicht stellen. Insoweit würden sich die Gerichte bei der Nachprüfung der Informationsgrundlage auch nicht an die Stelle der Geschäftsleitung stellen. Daher sei auch eine Beschränkung der unternehmerischen Entscheidungsfreiheit nicht zu befürchten.[930]

Auch kann das Argument des erhöhten Zeitdrucks die Anwendbarkeit der BJR allein nicht begründen. Ein solcher Zeitdruck kann auch im Rahmen von gesetzlich gebundenen Entscheidungen – bspw. im Rahmen von Publikationspflichten – von immenser Bedeutung sein, ohne dass in dieser Konstellation die Anwendbarkeit der BJR in Betracht kommt.[931] Zudem würde in diesem Bereich auch der zweite Grund nicht eingreifen, der zur Kodifikation des § 93 Abs. 1 S. 2 führte. So sei nämlich im Bereich der Informationsbeschaffung ein derartiger Beurteilungsspielraum nicht notwendig, um die Entscheidung zu Gunsten risikobehafteter, aber erfolgversprechender Maßnahmen zu fördern.[932] Hierbei seien nämlich die Risiken und damit einhergehenden Kosten etwaiger Informationsbeschaffungsmaßnahmen weitaus überschaubarer als im Rahmen der darauf basierenden, unternehmerischen Entscheidungen. Diese könnten daher grundsätzlich bereits im Vorhinein meist bestimmt werden.[933]

---

[925] *Freitag/Korch*, ZIP 2012, S. 2281 (2285).
[926] *Redeke*, ZIP 2011, S. 59 (61f.).
[927] *Fleischer*, in: FS Wiedemann (2000), S. 827 (840); *Redeke*, ZIP 2011, S. 59 (61f.); *Eisenberg*, Der Konzern 2004, S. 386 (395), zur Beurteilung der BJR im US-amerikanischen Recht.
[928] *Thümmel*, DB 2004, S. 471 (472).
[929] *Eisenberg*, Der Konzern 2004, S. 386 (395), für das US-amerikanische Gesellschaftsrecht.
[930] *Eisenberg*, Der Konzern 2004, S. 386 (395), für das US-amerikanische Gesellschaftsrecht.
[931] *Redeke*, ZIP 2011, S. 59 (61f.).
[932] *Redeke*, ZIP 2011, S. 59 (61f.); *Eisenberg*, Der Konzern 2004, S. 386 (395), zum US-amerikanischen Recht.
[933] *Redeke*, ZIP 2011, S. 59 (61f.).

dd. Stellungnahme zur Reichweite des Beurteilungsspielraums des Vorstands bei der Bewertung der angemessenen Informationsgrundlage i.S.d. § 93 Abs. 1 S. 2

Es erscheint nicht sachgerecht, dem Vorstand den gleichen Beurteilungsspielraum – wie im originären Anwendungsbereich der BJR – bereits bei der Auswahl und Bewertung von Informationen einzuräumen. Würde man hier bereits jedes *„minimale Quantum"* an Information ausreichend lassen,[934] so ist weniger von einem *„Annehmendürfen"* als von einem *„Annehmenkönnen"* zu sprechen. Nach dem allgemeinen Sprachgebrauch erfordert ein „Dürfen" jedoch mehr als ein „Können". Daher überzeugt es schon vom Gesetzeswortlaut her nicht, nur derartige minimale Anforderungen an die Informationsgrundlage im Rahmen von § 93 Abs. 1 S. 2 zu stellen. Noch weniger kann dann von einem *„vernünftigerweise […] annehmen dürfen"* gesprochen werden.

Auch spricht die Regierungsbegründung nicht gegen eine solche Sichtweise. Der zu gewährende *„erhebliche Beurteilungsspielraum"* ist nur im Rahmen der Sorgfaltspflichten des Vorstands zu gewähren. Bei der Entscheidung über den Informationsbedarf sind jedoch auch der *„Zeitvorlauf"*, das *„Gewicht und die Art der Entscheidung"* sowie *„anerkannte betriebswirtschaftliche Verhaltensmaßstäbe"* zu berücksichtigen.[935]

Der Beurteilungsspielraum im Rahmen der Informationsbeschaffung resultiert anders als bei der BJR also weniger aus der Unsicherheit über die Richtigkeit der zu treffenden Entscheidung. Vielmehr folgen die eingeschränkten Anforderungen aus praktischen Gesichtspunkten, wie etwa einem etwaigen Zeitdruck und einer Kosten-Nutzenabwägung. Der Unterschied wird deutlich, wenn man sich vergegenwärtigt, dass es im Rahmen der unternehmerischen Entscheidungen zum Zeitpunkt des Treffens der Entscheidung mehrere Möglichkeiten gibt, die zumindest aus Sicht des Vorstands jeweils erfolgsversprechend sein können. Welche letztendlich erfolgreich sein wird, wird sich aber erst in der Zukunft herausstellen. Bei der Frage nach dem Informationsbedürfnis gibt es diese Alternative nicht. Ein „Mehr" an Information wird stets die Wahrscheinlichkeit hinsichtlich der „Richtigkeit" der Entscheidung erhöhen. Die Notwendigkeit der Entscheidung darüber, welche Informationen einbezogen und wie sie gewichtet werden, resultiert hier vielmehr aus einem zeitlichen Moment.

Auch die widerstreitenden Interessen im Rahmen der BJR sprechen gegen die Annahme eines entsprechend weiten, gerichtlich nicht überprüfbaren Beurteilungsspielraums bereits bei der Frage der Angemessenheit der Informationsbeschaffung.

Würde man das *„vernünftigerweise annehmen [dürfen] auf angemessener Informationsgrundlage zu handeln"* nur dann verneinen, wenn keinerlei Informationen der unternehmerischen Entscheidung zu Grunde liegen, so würde dies eine nicht

---

[934] *Hopt/Roth*, in: GroßkommAktG, § 93 Abs. 1 S. 2,4 n.F.; *Mutter*, Unternehmerische Entscheidungen und Haftung des Aufsichtsrats der Aktiengesellschaft, S. 264.

[935] BT-Drs. 15/5092, S. 12.

zu rechtfertigende Benachteiligung der Gesellschaft gegenüber der für sie handelnden Geschäftsleiter darstellen, ohne dass es einer solchen Freizeichnung zu Gunsten der Geschäftsleitung zu deren Schutz bedarf.

Dies würde nämlich gerade zu einem - ausweislich der Gesetzesbegründung - nicht gewollten *„Freifahrtschein"* für die Geschäftsleitung führen.[936] Die Geschäftsleitung könnte nämlich dann selbst den Anwendungsbereich der BJR festlegen.[937]

Nach der Rechtsprechung des BGH in der „ARAG/Garmenbeck"-Entscheidung braucht es die Freizeichnung des Vorstands u.a. auch deswegen, weil jeder Geschäftsleiter, *„mag er auch noch so verantwortungsbewusst handeln"*, einer Fehlbeurteilung unterliegen kann.[938] Es wäre mithin nicht zu rechtfertigen, dass die Geschäftsleitung der Haftung ausgesetzt wird, obwohl sie alles ihr objektiv Mögliche getan hat und nur auf Grund nicht vorhersehbarer Entwicklungen am Markt sich die getroffene Entscheidung als nicht günstig herausstellt.

Diese Risikoverteilung abweichend von dem in § 93 Abs. 1 S. 1 statuierten Grundsatz zu Lasten der Gesellschaft leuchtet ein, wenn man sich zudem vergegenwärtigt, dass die Gesellschaft auch die etwaigen Erfolge der Entscheidungen unmittelbar erlangt. Um eine derartige Abweichung vom Grundsatz der Einstandspflicht des Vorstands gemäß § 93 Abs. 1 S. 1 zu rechtfertigen, bedarf es dann eben einem Mehr als das die unternehmerische Entscheidung des Vorstands nicht nur auf einer *„nicht unverantwortlichen"* Informationsbasis getroffen wurde.

Die Anwendbarkeit einer solchen derartigen *„informationellen Business Judgement Rule"* würde vielmehr eine nicht zu rechtfertigende Verschiebung des Risikos einer Fehlentscheidung abweichend zu dem gesetzlichen Grundsatz des § 93 Abs. 1 S. 1 zu Lasten der Gesellschaft bedeuten.

4. Die Übertragbarkeit der Kriterien hinsichtlich der Hinzuziehung eines externen Beraters auf den Bereich der unternehmerischen Entscheidung

Billigt man dem Vorstand hinsichtlich der Beurteilung einer angemessenen Informationsgrundlage nicht den gleich (weiten) Beurteilungsspielraum wie im Rahmen der unternehmerischen Entscheidung zu, so ist weiter zu fragen, welche Sorgfaltspflichten der Vorstand bei der Einholung der externen Beratung im Rahmen einer unternehmerischen Entscheidung einzuhalten hat.

---

[936] BT-Drs. 15/5092, S. 11f.
[937] *Spindler*, AG 2013, S. 889 (893).
[938] BGHZ 135, S. 249 (253).

a. Der grundsätzliche Gleichlauf der Anforderungen bei der Einholung externer Beratung

Insoweit sind die Voraussetzungen, die der Vorstand bei der Einholung einer externen Beratung im Rahmen von gesetzlich gebundenen Entscheidungen einzuhalten hat, auch im Rahmen von unternehmerischen Entscheidungen einzuhalten. Dies folgt schon daraus, dass in beiden Fällen jeweils das subjektive Element der Vorwerfbarkeit des Handels des Vorstands verneint wird, wenn der Vorstand die entsprechenden Anforderungen einhält.

Bei gesetzlich gebundenen Entscheidungen entfällt die Vorwerfbarkeit dem allgemeinen Tatbestandsaufbau folgend (zwar erst) auf Ebene des Verschuldens.[939] Dies ist zwar anders als bei unternehmerischen Entscheidungen. Hier folgt aus der Kodifikation des § 93 Abs. 1 S. 2, dass eine Haftung bereits mangels Pflichtverletzung in solchen Fällen ausscheidet.

Dieser Unterschied resultiert aber lediglich daraus, dass bei unternehmerischen Entscheidungen sich die jeweiligen Entscheidungen im Nachhinein auf Grund von zum Zeitpunkt der Entscheidung nicht bzw. nur schwer vorhersehbaren Umständen als unvorteilhaft für die Gesellschaft herausstellen kann.[940] Im Unterschied dazu ist bei gesetzlichen Entscheidungen der rechtliche Rahmen zum Zeitpunkt der Entscheidungsfindung - wenn auch für den Vorstand oft nicht erkennbar - festgelegt. Durch die Kodifizierung des BJR wollte der Gesetzgeber dem Umstand der fehlenden Vorhersehbarkeit lediglich Rechnung tragen. Insoweit sollte daher das im Erfordernis der Prognose liegende Risiko auf die Gesellschaft verschoben werden. Durch den Ausschluss einer Pflichtverletzung in derartigen Fällen sollte rechtspolitisch lediglich die Entscheidungsfreudigkeit der Vorstandsmitglieder gestärkt werden. Dies erfolgt quasi durch Subjektivierung des Pflichtenkatalogs im Rahmen des § 93 Abs. 1 S. 2, so dass auch bei einem etwaigen Misserfolg der getroffenen Entscheidung keine Pflichtverletzung des Vorstands vorliegt.[941] Es ist nämlich nicht auszuschließen, dass ein anderer Geschäftsleiter ggf. eine andere – im Nachhinein erfolgreichere – Entscheidung getroffen hätte. Nur der Vorwurf – eine Pflicht verletzt zu haben – wird dem Vorstand hier wegen der der Entscheidung anhaftenden Unsicherheit nicht gemacht.

Diese Situation ist vergleichbar mit der Situation, in der sich der Vorstand im Rahmen eines schuldausschließenden Irrtums auf Grund einer ordnungsgemäßen – aber unzutreffenden – Beratung befindet. Auch hier kann dem Vorstand kein subjektiver Vorwurf gemacht werden. Auch hier hat der Vorstand alles getan, was ihm möglich war, um eine „richtige" Entscheidung zu treffen. Dass diese sich dann als falsch herausstellt, hängt auch hier von Umständen außerhalb der Sphäre des Vorstands – hier der fehlerhaften Auskunft des Beraters – ab.

---

[939] Vgl. B.III.3.c.
[940] BT-Drs. 15/5092, S. 11f.
[941] BT-Drs. 15/5092, S. 11f.

So ist durch die BJR auch nicht bezweckt, die Anforderungen an die Informationsgewinnung und -auswertung gegenüber der im Rahmen von gesetzlich gebundenen Entscheidungen abzusenken. Diesbezüglich unterscheiden sich die unternehmerische und die gesetzlich gebundene Entscheidung gerade nicht. Das Prognoserisiko berührt diesen vorgelagerten Teil der Entscheidungsfindung nicht. Die Verschiebung des Prognoserisikos auf die Gesellschaft rechtfertigt sich daraus, dass diese unzutreffend sein kann, auch wenn sich der Vorstand gerade hinsichtlich der Entscheidungsfindung gleich wie bei rechtlich gebundenen Entscheidungen gewissenhaft und ordnungsgemäß um die erfolgreichste Entscheidung für die Gesellschaft bemüht.

Rechtfertigt das ordnungsgemäße Verhalten im Vorfeld der Entscheidung die Verlagerung des Prognoserisikos im Innenverhältnis auf die Gesellschaft, so wäre nicht erklärbar, warum dann gerade an dieses Verhalten im Vorfeld niedrigere Maßstäbe anzulegen sein sollten. Dies würde andernfalls dazu führen, dass der Vorstand in ungerechtfertigter Weise „doppelt privilegiert" wird. Auch kann für eine etwaige Absenkung des Sorgfaltsmaßstabs nicht der Wortlaut der BJR herangezogen werden. § 93 Abs. 1 S. 2 stellt zwar auf die Sichtweise des Vorstands ab („*annehmen durfte*"). Doch objektiviert er dies wieder („*vernünftigerweise*") und knüpft damit wiederum an das in § 93 Abs. 1 S. 1 statuierte Leitbild des „*gewissenhaften und ordnungsgemäßen*" Vorstandsmitglieds und damit den allgemein geltenden Sorgfaltsmaßstab an. Ein Vorstandsmitglied kann nämlich nur dann „*vernünftigerweise*" annehmen, auf einer angemessenen Informationsgrundlage zu handeln, wenn es gerade die Sorgfalt des § 93 Abs. 1 S. 1 im Rahmen der Informationsbeschaffung und -auswertung eingehalten hat.[942]

b. Die Modifikationen der Anforderungen im Bereich der unternehmerischen Entscheidungen

Das durch § 93 Abs. 1 S. 2 eingeführte Haftungsprivileg hat jedoch Auswirkungen auf die Frage der Hinzuziehung des Beraters. Während im Rahmen von gesetzlichen Entscheidungen die unbedingte Pflicht des Vorstands besteht, den Berater bei fehlender eigener Sachkunde hinzuzuziehen, besteht im Rahmen von unternehmerischen Entscheidungen entsprechend des Wortlauts des § 93 Abs. 1 S. 2 („*annehmen dürfen*") ein Beurteilungsspielraum des Vorstands. Dies rechtfertigt sich bereits daraus, dass es ein Haupttätigkeitsfeld des Vorstands einer Aktiengesellschaft ist, die Gesellschaft entsprechend seiner Erwartungen für die Zukunft auszurichten.[943] Zum anderen begründet sich dies daraus, dass auch dem Rat des Beraters die Ungewissheit der Prognoseentscheidung innewohnen kann, so dass dessen Mehrwert in diesen Fällen denklogisch beschränkt bleibt. Entscheidet sich der Vorstand jedoch einen Berater hinzuzuziehen und möchte sich später auf diese Beratung (entlastend) berufen, so muss er den gleichen Sorgfaltsmaßstab wie im Rahmen von gesetzlichen Entscheidungen einhalten. Somit

---

[942] So auch die Gesetzesbegründung: BT-Drs. 15/5092, S. 12.
[943] Spindler/Stilz/*Fleischer*, § 76, Rn. 92 m.w.N.

sind auch die hieraus resultierenden konkreten Anforderungen vom Vorstand gleichsam im Rahmen der Hinzuziehung bei unternehmerischen Entscheidungen zu beachten.

C. Der Sorgfaltsmaßstab des Aufsichtsrats einer Aktiengesellschaft bei der Einholung externer Beratung

Nicht nur Vorstandsmitglieder, sondern auch Mitglieder des Aufsichtsrats einer Aktiengesellschaft geraten im Rahmen von Unternehmenskrisen immer stärker in den Fokus, wenn es darum geht, Verantwortliche für die Krise der Gesellschaft auszumachen und in Anspruch zu nehmen.[944] Im Zuge dessen werden auch die Aufsichtsräte immer häufiger das Ziel von Regressansprüchen der Gesellschaft.[945] Auf Grund dieser Entwicklung stellt sich auch bei den Mitgliedern des Aufsichtsrats einer Aktiengesellschaft die Frage, wie diese sich gegen die Inanspruchnahme durch die Gesellschaft schützen können. Ein besonders haftungsträchtiger Bereich bilden hierbei insbesondere die dieser Arbeit zu Grunde liegenden Situationen, in denen der jeweilige Aufsichtsrat auf Grund der Komplexität oder Eilbedürftigkeit einen organfremden Dritten zur Beratung hinzuzieht. In diesen Situationen ist dann zu fragen, welche Maßnahmen der Aufsichtsrat zu ergreifen hat und welche Sorgfalt er dabei einzuhalten hat, damit sich die einzelnen Mitglieder später keiner Regressforderung durch die Gesellschaft im Innenverhältnis aussetzen.

Im Rahmen dieser Arbeit wird nachfolgend in einem ersten Schritt kurz der von Gesetzes wegen dem Aufsichtsrat zukommende Aufgabenbereich skizziert. Hieran anschließend werden dann die vom Aufsichtsrat zu beachtenden, gesetzlichen Rahmenbedingungen hinsichtlich der einzuhaltenden Sorgfalt dargestellt, um hieraus dann die konkreten Anforderungen im Fall der Hinzuziehung Dritter durch den Aufsichtsrat zu untersuchen.

Des Weiteren wird der Frage nachgegangen, ob sich hieraus signifikante Unterschiede zu den erarbeiteten Ergebnissen hinsichtlich der Anforderung an die Sorgfalt der Mitglieder des Vorstands einer Aktiengesellschaft bei der Hinzuziehung Dritter ergeben.

I. Der gesetzlich zugewiesene Aufgabenbereich des Aufsichtsrats

Die vornehmliche Aufgabe des Aufsichtsrats im Rahmen des dem deutschen Aktiengesellschaft zugrunde liegenden dualistischen Systems besteht in der Überwachung und Kontrolle der Geschäftsführung durch den Vorstand (vgl. § 111 Abs. 1).[946] Der Umfang der Überwachung erstreckt sich dabei von der Rechtmäßigkeit, über die Wirtschaftlichkeit, bis hin zur Zweckmäßigkeit der Geschäftsführung.[947] Sie ist dabei nicht auf die nachträgliche Kontrolle beschränkt,

---

[944] BGH, AG 2011, S. 876 (878), OLG Düsseldorf, BeckRS 2012, 21503, OLG Stuttgart, BeckRS 2012, 05280, *dasselbe*, BeckRS 2012, 14126.

[945] Vgl. BGH, NZG 2018, S. 1301 (1301ff.); BGH, NZG 2009, S. 550 (550ff.).

[946] BGH, NJW 1991, S. 1830 (1831); *Hopt/Roth*, Der Aufsichtsrat, § 111, Rn. 102; *Lutter/Krieger/Verse*, § 6, Rn. 191; MüKo/*Habersack*, AktG, § 111, Rn. 12; *Dieckmann/Wurst*, NZG 2014, S. 121 (121) m.w.N.

[947] BGH, NJW 1991, S. 1830 (1831); *Lutter/Krieger/Verse*, § 6, Rn. 191; *Dieckmann/Wurst*, NZG 2014, S. 121 (121) m.w.N; einschränkend mit Blick auf die operative Geschäftsführung insb. in großen Aktiengesellschaften u.a. wegen der nebenamtlichen Tätigkeit des Aufsichtsrats: KK-AktG/*Mertens/Cahn*, Vorb. § 95, Rn. 2 m.w.N.

sondern umfasst u.a. über das ggf. greifende Zustimmungserfordernis des Aufsichtsrats gemäß § 111 Abs. 4 S. 2 für satzungsmäßig bestimmte Arten von Geschäften auch die präventive Kontrolle.[948] Durch diese Befugnis wird der Aufsichtsrat dann auch mitunternehmerisch durch Beratung des Vorstands tätig.[949] Neben diesen Aufgaben obliegt es dem Aufsichtsrat auch, die Vorstandsmitglieder an- bzw. zu bestellen (vgl. §§ 84, 87). Darüber hinaus weist das AktG dem Aufsichtsrat weitere Befugnisse wie insbesondere im Zusammenhang mit der Feststellung der Jahresabschlüsse gem. § 171 zu.

Aus diesen – dem Gesamtorgan Aufsichtsrat zugewiesenen – Befugnissen entstehen für die einzelnen Mitglieder eine Vielzahl von Pflichten. Neben der Sicherstellung der Funktionsfähigkeit des Aufsichtsrats hinsichtlich der Arbeitsabläufe und sachgerechten Wahrnehmung der ihm obliegenden Aufgaben, haben die einzelnen Mitglieder die Verpflichtung zur Mitarbeit sowie zur eigenen Meinungsbildung, insbesondere hinsichtlich der Arbeit und der Fähigkeiten der bestellten bzw. designierten Vorstandsmitglieder.[950]

Darüber hinaus folgt aus der Kontrollfunktion des Aufsichtsrats, dass die einzelnen Mitglieder auf die Einhaltung der Berichtspflichten des Vorstands gemäß §§ 90, 171 hinzuwirken und die vorgelegten Unterlagen und Berichte zu prüfen haben (vgl. §§ 33, 171 und 314).[951]

II. Der allgemein zu beachtende Sorgfaltsmaßstab des Aufsichtsrats

Der vom Aufsichtsrat bei der Erfüllung seiner Aufgaben zu beachtende Sorgfaltsmaßstab wird über die entsprechende Verweisung in § 116 S. 1 auf § 93 näher bestimmt. Hiernach gilt *„für die Sorgfaltspflicht und Verantwortlichkeit der Aufsichtsratsmitglieder [...] § 93 [...] die Sorgfaltspflicht und Verantwortlichkeit der Vorstandsmitglieder sinngemäß.“* Die Verweisung auf § 93 führt aber nicht dazu, dass der gemäß §§ 116, 93 an das Handeln von Aufsichtsratsmitgliedern anzulegende Sorgfaltsmaßstab identisch mit dem für Vorstandsmitglieder geltende Sorgfaltsmaßstab ist.[952] Vielmehr statuiert § 116 S. 1 die *„sinngemäße“* Anwendung des § 93 und damit auch des § 93 Abs. 1 S. 1. Es sind daher die Unterschiede zwischen den Organen Vorstand und Aufsichtsrat insbesondere hinsichtlich ihrer Tätigkeitsfelder, der Ausübung als Haupt- oder Nebentätigkeit sowie hinsichtlich der Struktur der Organe zu beachten.[953]

---

[948] BGH, NJW 1991, S. 1830 (1831).

[949] *Lutter/Krieger/Verse*, § 2, Rn. 58; MüKo/Habersack, AktG, § 111, Rn. 12; KK-AktG/*Mertens/Cahn*, Vorb. 95, Rn. 3.

[950] Müko/*Habersack*, AktG, § 116, Rn. 17; KK-AktG/Mertens/Cahn, § 116, Rn. 7.

[951] KK-AktG/*Mertens/Cahn*, § 116, Rn. 10.

[952] Hüffer/Koch/*Koch*, § 116, Rn. 1; a.A.: Semler/v. Schenck/*v. Schenck*, AR-HdB, § 7, Rn. 186, nach dem der identische Sorgfaltsmaßstab anzuwenden ist.

[953] Müko/*Habersack*, AktG, § 116, Rn. 2; Hüffer/Koch/Koch, § 116, Rn. 1.

Gleichwohl resultiert aus der Organstellung der Mitglieder des Aufsichtsrats – gleich wie beim Vorstand – ein kooperationsrechtliches Rechtsverhältnis zur Gesellschaft.[954] Aus diesem ergeben sich u.a. die Pflichten, die die einzelnen Mitglieder des Aufsichtsrats hinsichtlich der Wahrnehmung der Befugnisse des Gesamtorgans Aufsichtsrat treffen.[955] Genauso wie für die Mitglieder des Vorstands haben die Mitglieder des Aufsichtsrats dabei einen gewissen Sorgfaltsmaßstab einzuhalten. Dieser ist genauso wie beim Vorstand an dem Gesellschaftsinteresse auszurichten.[956] Der geltende Vergleichsmaßstab für die Anforderungen an das Handeln eines Aufsichtsratsmitglieds ist insoweit ein *„ordentliches Aufsichtsratsmitglied".*[957]

Dieser Sorgfaltsmaßstab gilt für alle Mitglieder des Aufsichtsrats in gleichem Maße.[958] Insoweit sind jedoch Spezialkenntnisse bei dem jeweiligen Aufsichtsratsmitglied zu berücksichtigen.[959] Aus § 111 Abs. 5 folgt zudem, dass jedes Aufsichtsratsmitglied die Mindestkenntnisse und -anforderungen aufweisen muss, die zur ordnungsgemäßen Erfüllung *„alle[r] normalerweise anfallenden Geschäftsvorgänge"* notwendig sind.[960] Wie auch beim Vorstand hängen die Einzelheiten diesbezüglich sowohl von der Größe, dem Tätigkeitsfeld als auch von der jeweiligen (wirtschaftlichen) Situation ab, in der sich die Aktiengesellschaft befindet.[961] § 100 Abs. 5 statuiert zudem für gewisse kapitalmarktorientierte und börsennahe Aktiengesellschaften, dass *„mindestens ein Mitglied des Aufsichtsrats über den Sachverstand auf den Gebieten der Rechnungslegung oder Abschlussprüfung verfügen"* muss.[962]

Zwar werden diese Anforderungen in einigen Spezialgesetzen für Aufsichtsratsmitglieder von Aktiengesellschaften aus der Finanz- und Versicherungsbranche explizit statuiert.[963] Jedoch gehen diese Anforderungen inhaltlich nicht entscheidend über die im allgemeinen Aktiengesetz statuierten Grundsätze hinaus.[964] Über diese Mindestkenntnisse bzw. -anforderungen hinaus stehen die Aufsichtsratsmitglieder vorbehaltlich erworbener eigener besonderer Kenntnisse jedoch nur für die Kenntnisse und Fähigkeiten ein, die von ihnen auf Grund ihres Werdegangs und ihrer Erfahrungen zulässigerweise erwartet werden können.[965]

---

[954] Müko/*Habersack*, AktG, § 116, Rn. 1; Hopt/Roth, Der Aufsichtsrat, § 116, Rn. 24.

[955] BGH, NJW 1991, S. 1830 (1831).

[956] *Hopt/Roth*, Der Aufsichtsrat, § 116, Rn. 27ff.

[957] Hüffer/Koch/*Koch*, § 116, Rn. 2, Müko/*Habersack*, AktG, § 116, Rn. 10.

[958] BGH, NJW 1983, S. 991 (991); Spindler/Stilz/*Spindler*, § 116, Rn. 9; Hüffer/Koch/*Koch*, § 116, Rn. 3; Müko/Habersack, AktG, § 116, Rn. 10.

[959] BGH, AG 2011, S. 876 (878); MüKo/*Habersack*, AktG, § 116, Rn. 28; Spindler/Stilz/*Spindler*, § 116, Rn. 18.

[960] BGH, NJW 1983, 991 (991), hier ging es um die Einsichtnahme in einen Abschlussprüfungsbericht.

[961] Hüffer/Koch/*Koch*, § 116, Rn. 4; *Witte/Inderhuck*, BB 2014, S. 2563 (2563); MüKo/*Habersack*, AktG, § 116, Rn. 24; Spindler/Stilz/*Spindler*, § 116, Rn. 17; KK-AktG/*Mertens/Cahn*, § 116, Rn. 7.

[962] *U. Schneider/S. H. Schneider*, NZG 2016, S. 41 (43).

[963] Vgl. insb. § 119 Abs. 3 S. 1 KAGB, § 25d Abs. 1 KWG, § 6 Abs. 3 InvG.

[964] *Witte/Indenhuck*, BB 2014, S. 2563 (2563); vgl. aber hinsichtlich der gesteigerten Anforderungen bei Kredit- und Versicherungsgesellschaften: *U. Schneider/S. H. Schneider*, NZG 2016, S. 41 (42f.).

[965] *KK-AktG/Mertens/Cahn*, § 116, Rn. 7.

Die Konkretisierung der zu verlangenden Mindestkenntnisse eines Aufsichtsrats-mitglieds liegt dabei im Spannungsfeld zwischen dem tatsächlich Möglichen und den wünschenswerten Fähigkeiten. Einerseits ist anerkannt, dass nicht jedes - zumal nebenamtlich tätige – Aufsichtsratsmitglied in jedem Sachgebiet die notwendige Sachkunde inne habe kann.[966] Andererseits wird jedoch durch den Gesetzgeber mit Erlass des Gesetzes zur Kontrolle und Transparenz im Unternehmensbereich (KonTraG)[967] eine Entwicklung zur stärkeren Professionalisierung des Aufsichtsrats vorangetrieben.[968] Insoweit wird daraus geschlossen, dass nicht jedes einzelne Mitglied des Aufsichtsrats für jedes Gebiet die erforderliche Sachkunde aufweisen muss. Vielmehr sollen die Mitglieder des Aufsichtsrats in ihrer Gesamtheit die erforderlichen Kenntnisse und Erfahrungen mitbringen, um die sich dem Gesamtorgan Aufsichtsrat stellenden Aufgaben sach- und fachgerecht zu erfüllen.[969]

In der Literatur werden diese Mindestanforderungen dahingehend konkretisiert, dass die Aufsichtsratsmitglieder unabhängig von Größe, Tätigkeitsgebiet, Situation etc. der Gesellschaft ausreichende Kenntnisse über die aktienrechtlichen Rahmenbedingungen und Befugnisse mitbringen und insbesondere auch die speziellen Sanktionsvorschriften des Aktienrechts kennen müssen.[970]

Weiterhin müssen die Aufsichtsratsmitglieder fähig sein, eigenständig ihre Prüfungspflicht hinsichtlich der vom Vorstand vorgelegten Berichte und Jahresabschlüsse sachgerecht zu erfüllen.[971] Insoweit ist ein bilanzielles Grundverständnis zu verlangen, das die einzelnen Mitglieder befähigt, die entsprechenden Bilanzierungen sowie die Ausführungen des Abschlussprüfers nachzuvollziehen.[972]

Hinsichtlich der auf die Zukunft gerichteten Aufgaben des Aufsichtsrats (Zustimmungsvorbehalte, Vorstandsbestellung) wird vorausgesetzt, dass die Mitglieder des Aufsichtsrats jeweils mit der Unternehmensstrategie vertraut sind.[973]

III. Die gesetzlichen Rahmenbedingungen bei der Beratung des Aufsichts-rats durch einen organfremden Dritten

Es ist allgemein anerkannt, dass sich auch der Aufsichtsrat der Sachkunde organ-externer Dritter bedienen darf, wenn die (gewöhnliche) Sachkunde der Organmitglieder nicht ausreicht, um den sich stellenden Sachverhalt angemessen zu beurteilen.[974] Im Unterschied zur Rechtslage hinsichtlich des Vorstands enthält das

---

[966] *Witte/Inderhuck,* BB 2014, S. 2563 (2563 f.); vgl. hierzu auch Ziff. 5.4.1 DCGK, wonach *„die Mitglieder [des Aufsichtsrats] insgesamt über die zur ordnungsgemäßen Wahrnehmung der Aufgaben erforderlichen Kenntnisse, Fähigkeiten und fachlichen Erfahrungen verfügen"* müssen.

[967] KonTraG vom 27.04.1998, BGBl. I S. 786.

[968] Müko/*Habersack,* AktG, § 116, Rn. 24.

[969] Müko/*Habersack,* AktG, § 116, Rn. 24 m.w.N.

[970] KK-AktG/*Mertens/Cahn,* § 116, Rn. 7.

[971] Müko/*Habersack,* AktG, § 116, Rn 25; KK-AktG/*Mertens/Cahn,* § 116, Rn. 7.

[972] Müko/*Habersack* AktG, § 116, Rn. 25.

[973] *v. Werder/Wieczorek,* DB 2007, S. 297 (298); Müko/*Habersack,* AktG, § 116, Rn. 25.

[974] Semler/Schenk/*P. Doral/W. Doral,* § 14, Rn. 148.

AktG für den Aufsichtsrat in den §§ 109 Abs. 1 S. 2 und 111 Abs. 2 S. 2 Alt. 2[975] zumindest für gewisse Situationen unmittelbare gesetzliche Anknüpfungspunkte zur Hinzuziehung organfremder Dritter. So statuiert § 109 Abs. 1 S. 2, dass Sachverständige und Auskunftspersonen zur Beratung über einzelne Gegenstände bei Sitzungen des Aufsichtsrats oder dessen Ausschüssen hinzugezogen werden können.[976] § 111 Abs. 2 S. 2 andererseits bemächtigt den Aufsichtsrat, besondere Sachverständige (insbesondere Abschlussprüfer) für die Wahrnehmung hinsichtlich der Einsehung und Prüfung von Büchern und Schriften der Aktiengesellschaft sowie deren Vermögensgegenständen zu beauftragen. Anders als bei der Beratung gibt der Aufsichtsrat hier seine Befugnis in Form des Prüfungsrechts an den beauftragten, organexternen Dritten ab.[977]

Die Grenzen hinsichtlich der Hinzuziehung Dritter folgen zunächst aus dem Grundsatz der persönlichen und eigenverantwortlichen Aufgabenwahrnehmung durch die Mitglieder des Aufsichtsrats gemäß § 111 Abs. 6 sowie dem in § 109 Abs. 1 S. 2 statuierten Grundgedanken. Nach diesem kann eine Hinzuziehung organfremder Dritter nur *„über einzelne Gegenstände"* erfolgen. Hieraus folgt insoweit, dass die einzelnen Aufsichtsratsmitglieder nicht befugt sind, ihre Aufgaben oder wesentliche Teile davon permanent an einen Dritten zu übertragen bzw. sich von diesem beraten zu lassen.[978]

Weiter wird in der Literatur teilweise aus § 111 Abs. 6 abgeleitet, dass die Kompetenz zur Hinzuziehung organexterner Berater grundsätzlich nur dem Aufsichtsrat als Gesamtorgan zusteht. Das einzelne Aufsichtsratsmitglied soll mit Blick auf die Wahrung der Geheimhaltungspflicht nur in Ausnahmefällen das Recht zustehen, einen Dritten hinzuziehen.[979] Die Gegenansicht hält eine derartige *„Einzelbefugnis"* der Aufsichtsratsmitglieder für zulässig. Aber auch diese Ansicht sieht einen Vorrang in der Hinzuziehung und Aufklärung durch das Gesamtorgan Aufsichtsrat,[980] so dass sich hieraus keine nennenswerten Unterschiede ergeben dürften.

1. § 109 Abs. 1 S. 2 als Rechtsgrundlage für die Hinzuziehung eines Beraters durch den Aufsichtsrat

§ 109 Abs. 1 S. 2 eröffnet dem Aufsichtsrat die Möglichkeit, eine Ausnahme von dem in § 109 Abs. 1 S. 1 statuierten Grundsatz zu machen, dass Mitglieder, die weder Mitglied des Aufsichtsrats noch des Vorstands sind, von der Teilnahme an Sitzungen des Aufsichtsrats oder dessen Ausschüsse ausgeschlossen sind. Ob der Aufsichtsrat von dieser Ausnahme für Sachverständige und Auskunftspersonen

---

[975] Zur Frage eines etwaigen Leitbildcharakters der §§ 109, 111 im AktG, vgl.: B.III.3.a.
[976] Semler/Schenk/*P. Doral/W. Doral*, § 14, Rn. 148.
[977] MüKo/*Habersack*, AktG, § 111, Rn. 74 u. 72.
[978] BGH, NJW 1983, S. 991 (991).
[979] BGH, NJW 1983, S. 991 (991); Semler/Schenk/*P. Doral/W. Doral*, § 14, Rn. 154 u. Fn. 201, die aber im Wege der analogen Anwendung dem einzelnen Mitglied einen Anspruch auf Einholung einer externen Beratung zuerkennen wollen. Diese Raterteilung habe dann aber an das Gesamtorgan Aufsichtsrat zu erfolgen.
[980] Hölters/*Habloch-Gesinn/Gesinn*, AktG, § 116, Rn. 69.

Gebrauch macht, steht dabei grundsätzlich in seinem eigenen, jedoch pflichtgebundenen, Ermessen.[981] Hierin soll sich der Regelungsgehalt der Vorschrift jedoch erschöpfen.[982] Daher wird in § 109 Abs. 1 S. 2 auch kein Anknüpfungspunkt für die Beauftragung organexterner Dritter durch den Aufsichtsrat außerhalb von Sitzungen des Aufsichtsrats gesehen.

2. § 111 Abs. 2 S. 2 als Rechtsgrundlage für die Hinzuziehung eines Beraters

Auch § 111 Abs. 2 S. 2 soll über seinen unmittelbaren Anwendungsbereich – Hinzuziehung Dritter im Rahmen des Prüfens und Einsehens der Bücher der Gesellschaft – nicht als Rechtsgrundlage für die Hinzuziehung externer Berater im Rahmen anderer Beratungsgegenstände anzusehen sein.[983]

3. Die Rechtsgrundlage für die Hinzuziehung eines Beraters aus einer Analogie zu § 111 Abs. 2 S. 2

Die Mehrzahl der Stimmen in der Literatur leitet aus § 111 Abs. 2 S. 2 analog bzw. aus einer entsprechenden Annexkompetenz die Befugnis einschließlich der entsprechenden Vertretungsmacht des Aufsichtsrats her, einen organexternen Berater über die in §§ 109, 111 Abs. 2 S. 2 geregelten Fälle hinaus hinzuziehen.[984] Eine derartige Hilfskompetenz abseits der gesetzlichen Regelungen sei auf Grund des stetig steigenden Pflichtenkatalogs des Aufsichtsrats, der nicht mehr zu der ursprünglichen Gesetzeskonzeption des Aufsichtsratsamts als Nebentätigkeit passe, erforderlich.[985]

4. Stellungnahme zur Hinzuziehung externer Berater durch den Aufsichtsrat außerhalb der gesetzlich geregelten Anwendungsfälle

Es überzeugt in § 111 Abs. 2 S. 2 ein analogiefähiges Leitbild für die Hinzuziehung externer Berater über die Einsicht und Prüfung der Bücher der Gesellschaft zu sehen.

Wenn das Gesetz dem Aufsichtsrat als Mittel zur Wahrnehmung seiner Überwachungsaufgaben die Einsichtnahme und Prüfung der Bücher in § 111 Abs. 1 S. 1 zuweist und dem Aufsichtsrat auch hier die Möglichkeit eröffnet, dies auf einen Berater zu delegieren und im Ergebnis dann auch auf dessen Prüfung zu vertrauen, so muss es mit einem Erst-recht-Schluss dann dem Aufsichtsrat auch zustehen, in

[981] *Hopt/Roth*, in: Der Aufsichtsrat, § 109, Rn. 63.

[982] Vgl. Semler/v.Schenck/*Gittermann*, Der Aufsichtsrat, § 109, Rn. 1.

[983] *Hoffmann-Becking*, ZGR 2011, S. 136 (140); Münch Hdb. GesR IV/*Hoffmann-Becking*, § 29, Rn. 49; § 111 Abs. 2 S. 2 auch als Grundlage für sog. Internal Investigations sehend: Siepelt/*Pütz*, CCZ 2018, S. 78 (81).

[984] Münch Hdb. GesR IV/*Hoffmann-Becking*, § 29, Rn. 49; *Lutter/Krieger/Verse*, § 13, Rn. 1012; allgemein zu diesem Gedanken im Kapitalgesellschaftsrecht: *Fleischer/Wedemann*, GmbHR 2010, S. 449 (457); MüKo/*Habersack*, AktG, § 111, Rn. 135; KK-AktG/*Mertens/Cahn*, § 112, Rn. 16; *Lutter/Drygala*, in: FS Ulmer (2003), S. 381 (388).

[985] *Fleischer/Wedemann*, GmbHR 2010, S. 449 (457).

anderen – weniger exponierten – Bereichen seiner Aufgabenwahrnehmung organfremde Dritte beratend hinzu zu ziehen.

Dass § 109 Abs. 1 S. 2 insoweit keine analogiefähige Rechtsgrundlage bietet, erklärt sich insoweit bereits aus seinem speziellen Regelungsfeld – der Teilnahme an Sitzungen des Aufsichtsrats. Insoweit hat dieser nämlich eine besondere Situation in Form der Sitzung einschließlich der notwendigen Vertraulichkeit hinsichtlich des Austausches zwischen den Aufsichtsratsmitgliedern zum Gegenstand. Dies unterscheidet sich im Regelungsgegenstand erheblich zu der Situation, in welcher der Aufsichtsrat einen Berater hinzuzieht, um dessen vertiefte Fachkenntnisse für seine Aufgabenwahrnehmung fruchtbar zu machen. Hier geht es gerade nicht um die interne Willensbildung innerhalb des Gesellschaftsorgans, sondern um die Einholung weiterer Informationen als Grundlage für die Entscheidungsfindung des Organs, an der der Berater gerade nicht teilnimmt und daher auch keine Interna des Organs erfährt.

5. Die Konkretisierung des Sorgfaltsmaßstabs bei der Hinzuziehung Dritter durch die Rechtsprechung

a. Allgemeines

Gleich wie beim Vorstand ist auch hinsichtlich der Konkretisierung des grundsätzlich geltenden Sorgfaltsmaßstabs des Aufsichtsrats bei der Einholung externer Beratung zu beachten, dass die einzelnen Kriterien keine „starren" Pflichten darstellen. Vielmehr sind diese als Ausfluss des Sorgfaltsmaßstabs in Abhängigkeit von der Größe, dem Tätigkeitsfeld, der Situation der Gesellschaft sowie der Bedeutung der der Beratung zu Grunde liegenden Frage bzw. des Projekts zu verstehen. Daher sind diese Anforderungen im Einzelnen anzupassen und können sich insbesondere in Krisensituation erhöhen.[986]

b. Die Übertragbarkeit der Sorgfaltspflichten des Vorstands auf den Aufsichtsrat?

Soweit ersichtlich, hatte der BGH noch keine Fallkonstellation zu entscheiden, in der es entscheidungserheblich war, unter welchen Voraussetzungen sich ein Aufsichtsratsmitglied auf die Beratung eines organexternen Dritten enthaftend berufen kann.

In der Literatur wird einhellig angenommen, dass die Voraussetzungen, die der BGH hinsichtlich der enthaftenden Wirkung durch externe Beratung für den Vorstand aufgestellt hat,[987] „ohne Weiteres" auf den Aufsichtsrat übertragen werden können.[988]

---

[986] Vgl. zum erhöhten Sorgfaltsmaßstab des Aufsichtsrats: OLG Düsseldorf, BeckRS 2012, 21503, OLG Stuttgart, BeckRS 2012, 05280, *dasselbe*, BeckRS 2012, 14126.

[987] Vgl. hierzu B.III.5.

[988] *Witte/Indenhuck*, BB 2014, S. 2563 (2568); *Lutter/Krieger/Verse*, § 13, Rn. 1015ff., *Cahn*, WM 2013, S. 1293 (1302).

Dies lässt sich zunächst auf eine Formulierung des BGH in der „ISION"-Entscheidung stützen.[989] Der BGH wählte hier insoweit nämlich ein weite Formulierung. Danach sei für die Erfüllung der strengen Anforderungen, die nach dem Gesetz an die Prüfung der Rechtslage und der Beachtung von Gesetz und Rechtsprechung [durch den Vorstand] *„erforderlich [...], dass das Vertretungsorgan [der Gesellschaft]"* sich entsprechend beraten lässt.[990] Weiter wird in der Literatur angeführt, dass der Übertragbarkeit dieser aufgestellten Grundsätze auch die Unterschiede zwischen der Tätigkeit als Vorstandsmitglied oder als Aufsichtsratsmitglied nicht entgegenstünden.[991] Hinsichtlich der Einhaltung der Legalitätspflicht gelte nämlich für die Mitglieder der beiden Organe derselbe (strenge) Sorgfaltsmaßstab.[992] Insbesondere der Umstand, dass die Aufsichtsratsmitglieder ihr Amt nur nebenamtlich ausüben, soll insoweit keinen großzügigeren Sorgfaltsmaßstab rechtfertigen. Denn gerade die Überwachung des Vorstands hinsichtlich der Einhaltung der Gesetze und der Satzung ist die vordergründige Aufgabe des Aufsichtsrats, für die er sich - sofern erforderlich - auch der professionellen Hilfe von organexternen Dritten bedienen darf.[993] Hierfür spricht zudem, dass den Aufsichtsrat auch im Rahmen der gesetzlich geregelten Fälle der §§ 109, 111 Abs. 2 S. 2 derartige Pflichten treffen. Der Aufsichtsrat hat im Rahmen der Hinzuziehung des besonderen Sachverständigen nach § 111 Abs. 2 S. 2 einen weiten Beurteilungsspielraum hinsichtlich der Auswahl des besonderen Beraters und darf diesen auch hinzuziehen, wenn er sich selbst in der Lage sieht, die entsprechende Prüfung durchzuführen.[994] Gleiches gilt im Rahmen des § 109 Abs. 1 S. 2, wonach der Aufsichtsrat selbst entscheiden soll, wessen Sachkunde er hinzuzieht.[995] Auch ist für die Eigenschaft als *„Sachverständiger"* lediglich erforderlich, dass diese Person hinsichtlich eines bestimmten Sitzungsgegenstands eine besondere Expertise aufweist.[996] Jedoch soll die Prüfung des besonderen Sachverständigen auch nur dann den Aufsichtsrat entlasten, wenn die Arbeitsergebnisse des besonderen Sachverständigen keinerlei Anhaltspunkte für eine fehlende *„Sachkunde oder Integrität"* des Verfassers aufweisen und auch der Bericht selbst hinsichtlich des Verfahrens und des Inhalts einer kritischen Würdigung standhält.[997] Weiterhin bestehe - gleich wie bei der Hinzuziehung eines organexternen Dritten durch den Vorstand - die Pflicht, die Ergebnisse des besonderen Sachverständigen

[989] Vgl. B.III.b. bb.
[990] BGH, AG 2011, S. 876 (877).
[991] Vgl. zu den wesentlichen Unterschieden C.III.5.c.
[992] *Cahn*, WM 2013, S. 1293 (1302).
[993] *Cahn*, WM 2013, S. 1293 (1302).
[994] MüKo/*Habersack*, AktG, § 111, Rn. 76.
[995] *Hopt/Roth*, Der Aufsichtsrat, § 109, Rn. 58.
[996] Hüffer/Koch/*Koch*, § 109, Rn. 5.
[997] KK-AktG/*Mertens/Cahn*, § 111, Rn. 67; MüKo/*Habersack*, AktG, § 111, Rn. 77; *Hopt/Roth*, Der Aufsichtsrat, § 111, Rn. 528.

auf ihre Plausibilität zu prüfen und bei etwaigen Widersprüchen und Unklarheiten nachzufragen bzw. eigene (Nach-)Prüfungen durchzuführen.[998]

c. Die Unterschiede auf Grund des unterschiedlichen Sorgfaltsmaßstabs

Zu beachten gilt hier insoweit jedoch, dass es sich insbesondere im Anwendungsbereich des § 111 Abs. 2 S. 1 um den Kernaufgabenbereich des Aufsichtsrats handelt. Insbesondere die Prüfung der Bücher und Schriften dient maßgeblich der Wahrnehmung der Kontrollfunktion des Aufsichtsrats. Aber auch in diesem Bereich gehen die Prüfungspflichten des Aufsichtsrats nicht über dasjenige hinaus, was seine Mitglieder ohnehin als Mindestanforderung erfüllen müssen. Insoweit erscheint es unverhältnismäßig, bei Themen, die gerade nicht die Kernfunktion des Aufsichtsrats betreffen - wie bspw. im Rahmen von zustimmungspflichtigen Geschäften i.S.d. § 111 Abs. 4 S. 2 - die gleichen strengen Anforderungen hinsichtlich der Überprüfung eines erteilten Rats anzuwenden wie sie vom Vorstandeinzuhalten sind.

Insoweit ist weiterhin vom (noch bestehenden) gesetzlichen Leitbild des Aufsichtsrats auszugehen, wonach zwar eine zunehmende Professionalisierung des Aufsichtsrats verlangt wird,[999] jedoch dieser weiterhin stets nebenamtlich tätig wird. Daher kann gerade nicht verlangt werden, dass der Aufsichtsrat sich genauso detailliert in eine Materie einarbeitet wie der hauptamtlich tätig werdende Vorstand. Auch wenn von den Mitgliedern des Aufsichtsrats insbesondere wegen der besonderen Wichtigkeit der Angelegenheit im Einzelfall ein erhöhter Arbeitsaufwand – wie bspw. durch Abhaltung von Sondersitzungen verlangt werden kann – ist dies von Gesetzes wegen als die Ausnahme anzusehen und kann dementsprechend auch nicht derselbe Sorgfaltsmaßstab wie bei Mitgliedern des Vorstands angelegt werden

Der besondere Sorgfaltsmaßstab, der an die Mitglieder des Vorstands angelegt wird, rechtfertigt sich insbesondere aus der Vielzahl von Pflichten, die das Gesetz an diese stellt.[1000] Eine derartig vergleichbare Anzahl an Rechtspflichten legt das Gesetz den Mitgliedern des Aufsichtsrats gerade nicht auf. Dies zeigt bereits, dass das Gesetz geringere Anforderung an die Sorgfalt der einzelnen Mitglieder des Aufsichtsrats stellt, als an die des Vorstands.[1001]

Diese gesetzgeberische Wertung muss sich insoweit dann auch hinsichtlich der konkreten Anforderungen an die Einholung der organfremden Beratung widerspiegeln. Diese stellt nämlich lediglich die konkrete Ausformung des grundsätzlichen Sorgfaltsmaßstabs gemäß §§ 116 S. 1, 93 Abs. 1 S. 1 dar.

---

[998] *Hopt/Roth*, Der Aufsichtsrat, § 111, Rn. 529; KK-AktG/*Mertens/Cahn*, § 111, Rn. 67; MüKo/*Habersack*, AktG, § 111, Rn. 77.

[999] Vgl. hierzu *Rubner/Fischer*, NZG 2015, S. 782 (782ff.)

[1000] *Binder*, AG 2008, S. 274 (282).

[1001] MüKo/*Habersack*, AktG, § 116, Rn. 16; Münch Hdb. GesR IV/*Hoffmann-Becking*, § 33, Rn. 72; Semler/v. Schenck/*v. Schenk*, Der Aufsichtsrat, § 116, § 276; Spindler/Stilz/*Spindler*, § 116, Rn. 37.

Dem kann auch nicht entgegengehalten werden, dass sowohl ein *„ordentliches und gewissenhaftes Aufsichtsratsmitglied"* gleich wie ein *„ordentlicher und gewissenhafter Geschäftsleiter"* unbedingt die Legalitätspflicht einzuhalten hat.[1002] Insoweit kommt es nämlich – was unstreitig der Fall ist – nicht auf die Frage an, ob der Aufsichtsrat die Legalitätspflicht wahren muss. Die entscheidende Frage ist vielmehr, was die Aufsichtsratsmitglieder tun müssen, um die Legalitätspflicht einzuhalten.

Daher ist zu untersuchen, an welchen Punkten sich aus den unterschiedlichen Sorgfaltsmaßstäben der jeweiligen Organmitglieder Abweichungen hinsichtlich der Einholung einer organexternen Beratung durch den Aufsichtsrat ggü. der durch den Vorstand ergeben.

aa. Der abweichende Sorgfaltsmaßstab des Aufsichtsrats bei der Hinzuziehung eines organexternen Dritten

Anders als dem Vorstand wird dem Aufsichtsrat zuzubilligen sein, dass er nicht erst dann einen Berater hinzuziehen darf, wenn seine Sachkunde nicht ausreicht. Vielmehr ist dem Aufsichtsrat die Hinzuziehung eines Beraters auch unter Berücksichtigung des Unternehmensinteresses für eingegrenzte Fragestellungen bzw. Projekte bereits dann zu gestatten, wenn er dies nach vernünftiger Abwägung für angemessen hält.[1003]

Dies folgt zunächst daraus, dass die Mitglieder des Aufsichtsrats lediglich nebenamtlich tätig werden. Zudem spricht hierfür ein Erst-recht-Schluss. Wenn dies unbestritten dem Aufsichtsrat bereits in seinem Kernaufgabenbereich der *„Überwachung"* des Vorstands im Rahmen des gesetzlich geregelten Falls des § 111 Abs. 1 S. 2 zugestanden wird, so muss dies erst recht für Fälle gelten, die dem Randgebiet der Tätigkeit des Aufsichtsrats zuzuordnen sind. Auch aus dem Grundsatz der Pflicht zur persönlichen Amtsführung ergeben sich insoweit keine Begrenzungen. Dieser wird durch die punktuelle Einschaltung eines Beraters gerade nicht verletzt.[1004]

bb. Die Auswahl des Beraters durch den Aufsichtsrat

Bei der Auswahl des Beraters ergeben sich hingegen keine Unterschiede. Die Kriterien der persönlichen und sachlichen Geeignetheit des Beraters sollen abstrakt die Belastbarkeit des zu erteilenden Rats absichern. Die hierfür erforderlichen Voraussetzungen sind ohne Weiteres auch für einen Aufsichtsrat ohne immensen Zeitaufwand zu erfüllen. Insoweit ist nämlich zu beachten, dass es sich bei den Mitgliedern des Aufsichtsrats gerade nicht um geschäftlich unerfahrene Personen handelt. Von diesen kann und muss daher verlangt werden, zumindest abstrakt die

---

[1002] So aber *Cahn*, WM 2013, S. 1293 (1302).
[1003] MüKo/*Habersack*, AktG, § 111, Rn. 76, für den Anwendungsbereich des § 111 Abs. 2 S. 2; *Witte/Indenhuck*, BB 2014, S. 2563 (2568); a.A.: *Schlitt*, DB 2005, S. 2007 (2009), der eine Beratung nur in Ausnahmefällen für zulässig erachtet, wenn eine organinterne Klärung nicht möglich ist.
[1004] BGH, NJW 1983, S. 991 (992).

Eignung eines Beraters für die entsprechende Fragestellung ggf. durch gewisse Nachforschungen[1005] abzuschätzen.

Auch sprechen die unterschiedlichen Tätigkeitsbereiche nicht dagegen, dieselben strengen Maßstäbe hinsichtlich der Auswahl des Beraters auch an den Aufsichtsrat zu stellen. Die Mitglieder des Aufsichtsrats dürfen den Berater hier gerade zu ihrer – auch zeitlichen – Entlastung hinzuziehen. Insoweit ist von ihnen dann aber auch zu verlangen, dass sie sich notwendigerweise über die abstrakte Geeignetheit des Beraters informieren und ggf. Erkundigungen einholen.

cc. Die Unterrichtung und Überprüfung des Beraters

Auch ist es selbstverständlich, dass der Aufsichtsrat dem Berater nach besten Kräften den Sachverhalt sowie die notwendigen Informationen zur Verfügung stellt.

Verfehlt wäre es aber, vom Aufsichtsrat zu verlangen, dass dieser dafür Sorge zu tragen hat, dass der Berater diesen Sachverhalt gänzlich erfasst bzw. sämtliche notwendige Unterlagen erhalten hat. Es ist zunächst zu berücksichtigen, dass der Aufsichtsrat anders als der Vorstand, auf Grund seiner fehlenden eigenen Infrastruktur bzw. Weisungsbefugnisse innerhalb der Gesellschaft, oftmals gar nicht in der Lage sein wird, alle erheblichen Unterlagen von sich aus zu beschaffen bzw. an den Berater weiterzuleiten. Zudem wird der Berater noch stärker als im Verhältnis zum Vorstand, gegenüber dem Aufsichtsrat als Fachmann auf dem fraglichen Gebiet anzusehen sein. Der Berater wird daher einen noch besseren Überblick über die Sachlage bzw. Wissensüberschuss gegenüber dem nebenamtlich tätigen und mit der Sachlage weniger vertrauten Aufsichtsrat haben. Insoweit kann und muss der Berater daher deutlich besser umreißen können, welche Informationen bzw. Unterlagen er ggf. noch benötigt und dann von sich aus auf den Aufsichtsrat zugehen.

Auch kann von dem Aufsichtsrat eine Plausibilitätsprüfung, in der Form der umfassenden Informationsauswertung nicht verlangt werden. Eine derartige Überprüfung würde die Sorgfaltspflichten eines Aufsichtsrats unverhältnismäßig überspannen. Hier ist gleichfalls zu berücksichtigen, dass der Aufsichtsrat gerade mangels Weisungsbefugnissen gegenüber nachgeordneten Ebenen der Aktiengesellschaft gerade nicht die Möglichkeit der Delegation bzw. Hinzuziehung gesellschaftsinterner Experten hat.

Auch ist die Nebenamtlichkeit des Aufsichtsratsmandats zu beachten. Insoweit kann gerade nicht verlangt werden, dass sich der Aufsichtsrat *en detail* mit einem Expertengutachten auseinandersetzt. Insoweit muss nämlich der Grund für die den Aufsichtsrat treffenden Pflichten berücksichtigt werden. Der Aufsichtsrat soll – möglichst wirksam – die Tätigkeit des Vorstands kontrollieren. Eine effektivere Kontrolle als durch einen ausgewiesenen und unabhängigen Experten auf dem jeweiligen Gebiet kann aber auch von einem Aufsichtsrat nicht gefordert werden.

[1005] Vgl. B.III.3.

Es ist von dem Aufsichtsrat daher nur zu verlangen, dass er den erteilten Rat sorgsam liest und nach Kräften nachvollzieht.

Liegen dem Aufsichtsrat dann nach der sorgfältigen und gewissenhaften Auswahl des Beraters sowie Zurverfügungstellung der Sachverhaltsunterlagen und -schilderung keine Anhaltspunkte für Zweifel hinsichtlich der Objektivität des erteilten Ratschlags vor, so muss dies zur Erfüllung seiner Sorgfaltspflichten ausreichen. Eine darüberhinausgehende kritische Prüfung ist nicht sachgerecht.

Dem durch die Plausibilitätsprüfung zu sichernden Gedanken, dass der Beratene nur auf solch einen Rat vertrauen kann, den er kennt, wird dadurch ausreichend Rechnung getragen, dass der Aufsichtsrat verpflichtet ist, diesen Rat zur Kenntnis zu nehmen. Lediglich bei erkennbaren Ungereimtheiten des erteilten Rats, die auch ohne tiefergehende Fachkenntnisse seitens des Aufsichtsrats erkennbar sind, ist der Aufsichtsrat verpflichtet, beim Berater nachzufragen und die entsprechende Klärung herbeizuführen.

Insoweit besteht auch kein Widerspruch zu den gehobenen Anforderungen des Aufsichtsrats bei Hinzuziehung eines besonderen Sachverständigen nach § 111 Abs. 2 S. 2, die gerade die kritische Überprüfung der Sachverhaltserfassung durch den Berater als auch dessen erteilten Rats erfordern.[1006] Dies betrifft gerade den Kernaufgabenbereich der Aufsichtsratstätigkeit. Diese hat der Aufsichtsrat von Gesetzes wegen gemäß § 111 Abs. 2 S. 1 im Grundsatz selbst durchzuführen. Insoweit erweitert § 111 Abs. 2 S. 2 nur die Möglichkeiten des Aufsichtsrats mit Blick auf die Effektivität der Kontrolle des Vorstands sowie der Nebentätigkeit des Aufsichtsrats.[1007]

Daher müssen die Fähigkeiten und Kenntnisse des Aufsichtsrats in diesem Bereich schon von Gesetzes wegen fundierter sein als zu Randthemen, bei denen sich der Aufsichtsrat durch einen organexternen besonderen Sachverständigen beraten lässt.

Weiter ist zu berücksichtigen, dass der Aufsichtsrat selbst grundsätzlich nicht unternehmerisch tätig wird. Insoweit werden die der Beratung zu Grunde liegenden Fragestellungen grundsätzlich im Bereich der Überprüfung von Maßnahmen bzw. Vorschlägen des Vorstands angesiedelt sein. Hierbei ist weniger die konzeptionelle Gestaltung von geplanten Maßnahmen betroffen. Daher besteht auch aus der Interessenlage des Beraters ein erheblich geringeres Risiko, dass es hier zu etwaigen missbräuchlichen Gutachten kommen wird. Der Berater des Aufsichtsrats wird nämlich in den aller meisten Fällen gerade nicht mit der Umsetzung der überprüften Maßnahme betraut. Der Berater des Aufsichtsrats wird daher auch kein verstärktes (eigenes) Interesse haben, diese Umsetzung durch ein entsprechendes Gutachten mittelbar zu ermöglichen.

[1006] Vgl. hierzu Semler/v.Schenck/*Schütz*, Der Aufsichtsrat, § 111 AktG, Rn. 413ff.
[1007] MüKo/*Habersack*, AktG, § 111, Rn. 76.

Auch hierin besteht ein maßgeblicher Unterschied zur Hinzuziehung seitens des Vorstands. Anders als der Vorstand trifft der Aufsichtsrat im Rahmen der Kontrolle des Vorstands gerade keine eigene Entscheidung. Er bedient sich vielmehr einer sachkundigeren Person bei seiner ihm obliegenden Aufgabenwahrnehmung. Durch die höhere Sachkunde des Beraters wird die Qualität der Kontrolle gestärkt und kommt dies somit gerade der Gesellschaft zugute. Daher ist es gerade nicht gerechtfertigt, überbordende Anforderungen an die Auswertung der Beratung durch den Aufsichtsrat zu stellen.

Auch ist der Mehrwehrt einer solchen aktiven kritischen Überprüfung durch die Mitglieder des Aufsichtsrats selbst fraglich. Der inhaltlich uninformierte Aufsichtsrat wird nur bedingt in der Lage sein, sich kritisch mit dem Inhalt des entsprechenden Rats zu einem hochkomplexen Sachverhalt auseinanderzusetzen und so etwaige Lücken bzw. Schwachpunkte in dem erteilten Rat zu erkennen. Ist der Mehrwert einer solchen kritischen Prüfung jedoch überschaubar, rechtfertigt dies nicht, den mit der Prüfung einhergehende Zeitverlust sowie die hieraus resultierenden Haftungsrisiken den Mitgliedern des Aufsichtsrats aufzubürden.

Eine Haftung des Aufsichtsrats muss daher bereits dann mangels Verschulden ausscheiden, wenn die Mitglieder des Aufsichtsrats einen Berater ordnungsgemäß hinzuziehen und diesen Rat zur Kenntnis nehmen. Beinhaltet dieser Rat keine offensichtlichen Ungereimtheiten, so kann der Aufsichtsrat hierauf vertrauen. Eine Haftung der Mietglieder des Aufsichtsrats scheidet dann mangels Verschuldens aus.

Hierdurch wird das Risiko der Fehlentscheidung auch nicht unbillig auf die Aktiengesellschaft verlagert. Dieser bleibt nämlich in solchen Fällen stets der Rückgriff auf den Vorstand, soweit dieser sich nicht entlasten kann.

D. Schluss

1. Die ordnungsgemäße Einholung eines belastbaren Rats eines organexternen Dritten lässt ggf. das Verschulden – nicht aber die entsprechende Pflichtverletzung – der Mitglieder des Organs der Aktiengesellschaft entfallen, wenn sich dieser eingeholte Rat (im Nachhinein) als unzutreffend herausstellt.[1008]

2. Mitglieder des Vorstands verletzten ihre Sorgfaltspflicht nicht, wenn sie einen Berater mit der (Rechtmäßigkeits-)Prüfung einer konkreten Maßnahme beauftragen. Das Kriterium der Unabhängigkeit des Beraters verlangt nicht, dass die Berater stets nur im Rahmen einer offenen Fragestellung hinzugezogen werden dürfen. Vielmehr können sich die Mitglieder des Vorstands auch (enthaftend) auf einen erteilen Rat berufen, wenn dieser im Rahmen der Prüfung einer konkreten Maßnahme erfolgt ist.[1009]

3. Auch unternehmensinterne Mitarbeiter weisen grundsätzlich die erforderliche Unabhängigkeit auf, um einen für die Mitglieder der Organe einer Aktiengesellschaft enthaftenden Rat erteilen zu können. Insoweit obliegt es aber den Mitgliedern des Vorstands, durch entsprechende Compliance-Maßnahmen sicherzustellen, dass die unternehmensinternen Mitarbeiter ihre Beratung an der tatsächlichen Sach- und Rechtslage ausrichten und nicht auf Grund falsch verstandener Loyalität einen unzutreffenden Rat erteilen.[1010]

4. Trotz der grundsätzlichen Unabhängigkeit von unternehmensinternen Mitarbeitern kann die den Vorstandsmitgliedern obliegende Sorgfalt verlangen, dass sie bei besonders weitreichenden Entscheidungen für die Gesellschaft in Abhängigkeit von der Größe und vorhandenen Expertise im Unternehmen gehalten sind, (zusätzlich) einen externen Berater hinzuzuziehen.[1011]

5. Der Vorstand einer Aktiengesellschaft kann im Rahmen einer zweistufigen Beratung – Konzipierung und anschließender Prüfung des Konzepts grundsätzlich denselben Berater hinzuziehen, ohne hierdurch gegen die ihm obliegenden Sorgfaltspflichten zu verstoßen. Insbesondere gewährleistet ein mit der Konzipierung (vorbefasster) Berater auch im Rahmen der Prüfung des Konzepts grundsätzlich die ausreichende Unabhängigkeit, damit sich der Vorstand ggf. hierauf später enthaftend berufen kann.[1012]

6. Der Umfang der erforderlichen Plausibilitätsprüfung des erteilten Rats durch den Vorstand wird durch die sorgsame und ordnungsgemäße Auswahl sowie

---

[1008] Vgl. hierzu B.III.3.c.ff.
[1009] Vgl. hierzu B.III.5.a.bb.ddd.
[1010] Vgl. hierzu B.III.5.a.bb.eee.
[1011] Vgl. hierzu B.III.5.a.bb.eee.
[1012] Vgl. hierzu B.III.5.a.bb.fff.

Instruktion des Beraters begrenzt. Hierdurch schafft der Vorstand einen Anknüpfungspunkt für einen Vertrauenstatbestand, so dass er auf den erteilten Rat des Beraters grundsätzlich vertrauen darf. Insoweit ist von den Mitgliedern des Vorstands im Rahmen der erforderlichen Plausibilitätsprüfung (lediglich) zu verlangen, dass sie den erteilten Rat zur Kenntnis nehmen, nachvollziehen und darauf prüfen, ob dieser keinen offensichtlichen Widersprüchen unterliegt und – soweit für die Vorstandsmitglieder erkennbar – sämtliche relevante Sachverhaltsinformationen berücksichtigt.[1013]

7. Die Mitglieder eines Gesamtorgans können auch im Rahmen von Leitungsentscheidungen sowohl die Einholung einer organexternen Beratung als auch die Auswertung dieses Rats grundsätzlich auf ein einzelnes Mitglied des Gesamtorgans delegieren. Die übrigen Mitglieder des Vorstands verlieren hierdurch nicht die Möglichkeit, sich hierauf später (enthaftend) zu berufen. Hierbei handelt es sich gerade nicht um einem dem Gesamtorgan zugewiesene Maßnahme der Leistungsentscheidung.[1014]

8. Wird die Einholung organexterner Beratung auf einzelne Mitglieder des Kollegialorgans delegiert, wandeln sich die Pflichten der übrigen Mitglieder des Kollegialorgans in entsprechende Überwachungspflichten.[1015]

9. Die an die Mitglieder der Organe einer Aktiengesellschaft zu stellenden Sorgfaltspflichten im Rahmen der Hinzuziehung eines organexternen Beraters sind identisch, gleich ob die Beratung zu einer gesetzlich gebundenen Entscheidung oder einer unternehmerischen Entscheidung i.S.d. § 93 Abs. 1. S. 2 eingeholt wird.[1016]

10. Die Sorgfaltspflichten der Mitglieder eines Aufsichtsrats sind gegenüber denen der Mitglieder des Vorstands einer Aktiengesellschaft hinsichtlich der Einholung einer externen Beratung insbesondere wegen ihrer nebenamtlichen Tätigkeit herabgesenkt.[1017]

***

[1013] Vgl. hierzu B.III.5.c.bb.
[1014] Vgl. hierzu B.IV.1.
[1015] Vgl. hierzu B.IV.1.a.
[1016] Vgl. hierzu B.5.
[1017] Vgl. hierzu C.4.

Inhaltsverzeichnis

Autor   **Titel**

Ackermann, Ulrich   „Ratingverfahren aus Emittentensicht", in: BB 2006,
Jäckle, Joachim   S. 878 - 884.

Altmeppen, Holger   Anmerkung zu: BGH Urteil von 14.05.2007 – II Zr
                         48/06, in: NJW 2007, S. 2121.

Angerer, Lutz   Wertpapiererwerbs- und Übernahmegesetz (WpÜG) –
Geibel, Stephan   Kommentar, 3. Auflage, München, 2017.
Süßmann, Rainer

Assmann, Heinz-   Wertpapierhandelsgesetz – Kommentar, 7. Auflage,
Dieter   Köln, 2019.
Schneider, Uwe H.

Balthasar, Stephan   „Finanzkrise und Vorstandshaftung nach § 93 Abs. 2
Hamelmann, Uwe   AktG: Grenzen der Justiziabilität unternehmerischer
                         Entscheidungen", in: WM 2010, S. 589 - 594.

Bassenge, Peter   Palandt - Bürgerliches Gesetzbuch, 80. Auflage, Mün-
Brudermüller, Gerd   chen 2021.
Grüneberg, Christian

Baumbach, Adolf   Beck´scher Kurz-Kommentar Aktiengesetz, 13. Auf-
Hueck, Alfred   lage, München, 1968
Hueck, Götz

Baumbach, Adolf   Beck´sche Kurz-Kommentar Gesetz betreffend die Ge-
Hueck, Alfred   sellschaft mit beschränkter Haftung, 22. Auflage, Mün-
                         chen, 2019.

Baums, Theodor   „Der Aufsichtsrat – Aufgaben und Reformfragen", in:
                         ZIP 1995, S. 11 - 18.

ders.   „Haftung wegen Falschinformation des Sekundärmark-
                         tes", in: ZHR 167 (2003), S. 139 - 192.

Bayer, Walter	„Legalitätspflicht der Unternehmensleitung, nützliche Gesetzesverstöße und Regress bei verhängten Sanktionen – dargestellt am Beispiel von Kartellrechtsverstößen", in: Festschrift K. Schmidt S. 85 - 103, Köln, 2009.
ders.	„Vorstandshaftung in der AG de lege lata und de lege ferenda", in: NJW 2014, S. 2546 - 2550.
Berrisch, Georg M.	Anmerkung zu EuGH, Urteil vom 14.9.2010 – C-550/07 in: EuZW 2010, S. 786 - 788.
Bicker, Eike	„Legalitätspflicht des Vorstands – ohne Wenn und Aber?", in: AG 2014, S. 8 - 14.
Binder, Hinrich	„Geschäftsleiterhaftung und fachkundiger Rat", in: AG 2008, S. 274 - 287.
ders.	„Mittelbare Einbringung eigener Aktien als Sacheinlage und Informationsgrundlagen von Finanzierungsentscheidungen in Vorstand und Aufsichtsrat – Zugleich Besprechung von BGH ZIP 2011, 2097 (ISION)", in: ZGR 2012, S. 757 - 775.
ders.	„Anforderungen an Organentscheidungsprozesse in der neueren höchstrichterlichen Rechtsprechung – Grundlagen einer körperschaftsrechtlichen Entscheidungslehre?", in: AG 2012, S. 885 - 898.
Bitter, Georg Schneider, Uwe H. Westermann, Harm Peter	Scholz – Kommentar zum GmbH-Gesetz, II Band §§ 35 - 52, 12. Auflage, Köln, 2018.
Blank, Hubert	Anmerkung zu: BGH Urteil vom 25.10.2006 – VIII ZR 102/06, LMK 2007, 208173.
Blaurock, Uwe	Verantwortlichkeit von Ratingagenturen – Steuerung durch Privat – oder Aufsichtsrecht", in: ZGR 2007, S. 603 - 653.

Blöse, Jochen	„Der GmbHR-Kommentar zu BGH, Urteil vom 27.3.2012 – II ZR 171/10", in: GmbHR 2012, S. 748 - 750.
Bork, Reinhard Schäfer, Carsten	GmbHG – Kommentar zum GmbHG, 4. Auflage, Köln, 2019.
Bosch, Nikolaus Lange, Werner	„Unternehmerischer Handlungsspielraum des Vorstands zwischen zivilrechtlicher Verantwortung und strafrechtlicher Sanktion", in: JZ 2009, S. 225 - 237.
Brömmelmeyer, Christoph	„Neue Regeln für die Binnenhaftung des Vorstands – Ein Beitrag zur Konkretisierung der Business Judgement Rule", in: WM 2005, S. 2065 - 2070.
Brüning, Janique Samson, Erich	„Bankenkrise und strafrechtliche Haftung wegen Untreue gem. § 266 StGB", in: ZIP 2009, S. 1089 - 1094.
Buck-Heeb, Petra	„Vertrauen auf den Rechtsrat Dritter und Wissenszurechnung bei der Anlageberatung", in: BKR 2011, S. 441 - 449.
Büdenbender, Ulrich	„Wechselwirkung zwischen Vorteilsausgleichung und Drittschadensliquidation", in: JZ 1995, S. 920 - 928.
Bürgers, Tobias Körber, Torsten	Aktiengesetz, 5. Auflage, Heidelberg, 2021.
Cahn, Andreas	„Aufsichtsrat und Business Judgment Rule", WM 2013, S. 1293 - 1305.
Claussen, Carsten P. Florian, Ulrich	„Der Emittentenleitfaden", in: AG 2005, S. 745 - 765.
Dauner-Lieb, Barbara	„Unternehmerische Tätigkeit zwischen Kontrolle und Kreativität", in: Festschrift Röhricht, 2005, S. 83 - 103.
Deutsch, Erwin	Allgemeines Haftungsrecht, 2. Auflage, Köln,1996.
Dreher, Meinrad	„Die kartellrechtliche Bußgeldverantwortlichkeit von Vorstandsmitgliedern – Vorstandshandeln zwischen aktienrechtlichem Legalitätsprinzip und kartellrechtlicher

Unsicherheit", in: Festschrift Konzen , S. 85 - 107, Tübingen 2006.

Dreher, Meinrad
Schaaf, Martin

„Versicherungsunternehmensrecht und Risikomanagement – Gesamtverantwortung der Geschäftsleitung, Outsourcing des Risikomanagements und konzernweites versicherungsrechtliches Risikomanagement", in WM 2008, S. 1765 - 1774.

Druey, Jean Nicolas

„Verantwortlichkeit aus Leitung", in: Festschrift Zöllner, Band I, 1998, S. 129 - 141.

Eisenberg, Melvin
Aron

„Die Sorgfaltspflicht im amerikanischen Gesellschaftsrecht", in: Der Konzern 2004, S. 386 - 405.

Eser, Albin
Perron, Walter
Eisele, Jörg
Hecker, Bernd
Heine, Günte
Sternberg-Lieben,
Detlev
Bosch, Nicklaus
Kinzig, Jörg

Schönke/Schröder Strafgesetzbuch Kommentar, 30. Auflage, München, 2019.

Essler, Wolfgang
Lobe, Sebastian
Rödder, Klaus

Fairness Opinion - Grundlagen und Anwendung, Stuttgart 2008.

Fest, Timo

„Darlegungs- und Beweislast bei Prognoseentscheidungen im Rahmen der Business Judgment Rule", in: NZG 2011, S. 540 - 542.

Fischer, Thomas

Strafgesetzbuch und Nebengesetze, 68. Auflage, München, 2021.

Fleischer, Holger

„Die „Business Judgement Rule" im Spiegel von Rechtsvergleichung und Rechtsökonomie", in: Festschrift Wiedemann, München, 2002.

ders.

„Zur Leitungsaufgabe des Vorstands im Aktienrecht", in: ZIP 2003, S. 1 - 11.

174

ders.   „Zum Grundsatz der Gesamtverantwortung im Aktien-
                 recht", in: NZG 2003, S. 449 - 459.

ders.   „Zur organschaftlichen Treuepflicht der Geschäftsleiter
                 im Aktien- und GmbH-Recht", in: WM 2003, S. 1045 -
                 1058.

ders.   „Die ‚Business Judgement Rule": Vom Richterrecht zur
                 Kodifizierung", in: ZIP 2004, S. 685 - 692.

ders.   „Aktienrechtliche Legalitätspflicht und „nützliche"
                 Pflichtverletzung von Vorstandsmitgliedern", in: ZIP
                 2005, S. 141 - 152.

ders.   „Das Gesetz zur Unternehmensintegrität und Moderni-
                 sierung des Anfechtungsrechts", in: NJW 2005, 3525 -
                 3530.

ders.   Handbuch des Vorstandsrecht, 2. Auflage, München,
                 2019.

ders.   „Rechtsrat und Organwalterhaftung im Gesellschafts-
                 und Kapitalmarktrecht", in Festschrift Hüffer, S. 187 -
                 203, München, 2010.

ders.   „Ad-hoc-Publizität beim einvernehmlichen vorzeitigen
                 Ausscheiden des Vorstandsvorsitzenden – Der Daim-
                 lerChrysler-Musterbescheid des OLG Stuttgart", in:
                 NZG 2007, S. 401 - 407.

ders.   „Kartellrechtsverstöße und Vorstandsrecht", in: BB
                 2008, S. 1070 - 1076.

ders.   „Haftung des herrschenden Unternehmens im faktischen
                 Konzern und unternehmerisches Ermessen (§§ 317 II,
                 93 I AktG)", in: NZG 2008, S. 371 - 373.

ders.   „Der Zusammenschluss von Unternehmen im Aktien-
                 recht", in: ZHR 172, (2008), S. 538 - 571.

ders. „Rechtsverlust nach § 28 WpHG und entschuldbarer Rechtsirrtum des Meldepflichtigen", in: DB 2009, S. 1335 - 1341.

ders. „Vertrauen von Geschäftsleitern und Aufsichtsratsmitgliedern auf Informationen Dritter", in: ZIP 2009, S. 1397 - 1406.

ders. „Aktuelle Entwicklung der Managerhaftung", in: NJW 2009, S. 2337 - 2343.

ders. „Kodifikation und Derogation von Richterrecht", in: AcP, Bd. 209 (2009), S. 597 - 627.

ders. „Kompetenzüberschreitung von Geschäftsleitern im Personen- und Kapitalgesellschaftsrecht", in: DStR 2009, S. 1204 - 1209.

ders. „Vorstandshaftung und Vertrauen auf anwaltlichen Rat", in: NZG 2010, S. 121 - 125.

ders. „Verantwortlichkeit von Bankgeschäftsleitern und Finanzmarktkrise", in: NJW 2010, S. 1504 - 1505.

ders. „Zur rechtlichen Bedeutung der Fairness Opinion im deutschen Aktien- und Übernahmerecht", in: ZIP 2011, S. 201 - 211.

ders. „Verbotsirrtum und Vertrauen auf Rechtsrat im europäischen Wettbewerbsrecht", in: EuZW 2013, S. 326 - 332.

ders. „Expertenrat und Organhaftung", in: KsZW 2013, S. 3 - 9.

Florstedt, Tim „Zur organhaftungsrechtlichen Aufarbeitung der Finanzmarktkrise", in: AG 2010, S. 315 - 323.

ders. „Cum/ex-Geschäfte und Vorstandshaftung - Zur Reichweite des Vertrauensschutzes beim Rechtsirrtum", in: NZG 2017, S. 601 - 610.

Freitag, Robert Korch, Stefan	„Die Angemessenheit der Information im Rahmen der Business Judgement Rule (§ 93 Abs. 1 Satz 2 AktG)", in: ZIP 2012, S. 2281 - 2286.
Frels, Harro	„Die Geschäftsverteilung im Vorstand der Aktiengesellschaft", in: ZHR 122 (1959), S. 8 - 43.
Freund, Steffen	„Konturierung der Organpflichten von Geschäftsführern und Vorständen", in: GmbHR 2011, S. 238 - 243.
Geßler, Ernst	„Der Betriebsführungsvertrag im Licht der aktienrechtlichen Zuständigkeitsordnung", in: Festschrift Hefermehl 1976, S. 263 - 282.
Geßler, Ernst Hefermehl, Wolfgang Eckardt, Ulrich Kropff, Bruno	Aktiengesetz, Band II, §§ 76 - 147, München, 1974.
Goette, Wulf	„Leitung, Aufsicht, Haftung – zur Rolle der Rechtsprechung bei der Sicherung einer modernen Unternehmensführung", in: Festschrift aus Anlass des fünfzigjährigen Bestehens von Bundesgerichtshof, Bundesanwaltschaft und Rechtsanwaltschaft beim Bundesgerichtshof, Köln, 2000, S. 123 - 142.
ders.	„Organisation und Zuständigkeit im Konzern", in: AG 2006, S. 522 - 527.
ders.	Anmerkung zum Urteil vom 11.12.2006 – II ZR 243/05 in: DStR 2007, S. 1176 - 1177.
ders.	„Grundsätzliche Verfolgungspflichten des Aufsichtsrats bei sorgfaltswidrig schädigendem Verhalten im AG-Vorstand", in: ZHR 176 (2012), S. 588 - 616.
Goette, Wulf Habersack, Mathias Kalss, Susanne	Münchener Kommentar zum Aktiengesetz, Band 2, §§ 76 - 117, MitbestG, DrittelbG, 5. Auflage, München, 2019.

dies.   Münchener Kommentar zum Aktiengesetz, Band 3, §§118 - 178, 5. Auflage, München, 2019.

Götz, Jürgen   „Gesamtverantwortung des Vorstands bei vorschriftswidriger Unterbesetzung", in: ZIP 2002, S. 1745 - 151.

Grundei, Jens
v. Werder, Axel   „Die Angemessenheit der Informationsgrundlage als Anwendungsvoraussetzung der Business Judgment Rule", in: AG 2005, S. 825 - 834

Habbe, Sophia
Köster, Anna-Elisabeth   „Neue Anforderungen an Vorstand und Aufsichtsrat von Finanzinstituten", in: BB 2011, S. 265 – 268.

Habersack, Mathias   „Gesteigerte Überwachungspflichten des Leiters eines „sachnahen", Vorstandsressorts", in: WM 2005, S. 2360 - 2364.

ders.   Münchener Kommentar zum Bürgerlichen Gesetzbuch Band 5 Schuldrecht Besonderer Teil III §§ 705 - 853 Partnerschaftsgesellschaftsgesetz, Produkthaftungsgesetz, 7. Auflage, München, 2017.

ders.   „Enthaftung des Vorstandsmitglieds qua Anstellungsvertrag?", in: NZG 2015, S. 1297 - 1300.

Hager, Johannes   J. von Staudinger Kommentar zum Bürgerlichen Gesetzbuch mit Einführungsgesetz und Nebengesetz Buch 2 Recht der Schuldverhältnisse §§ 830 - 838 (Unerlaubte Handlungen 3), Berlin, 2012.

Hahn, Christopher
Naumann, Daniel   „Organhaftung trotz sachverständiger Beratung – Entscheidungskonflikte zwischen dem „„Gebot des sichersten Weges" und unternehmerischer Wagnis", in: CCZ 2013, S. 156 - 164.

Hanau, Peter   „Zur Zuständigkeit des Arbeitsdirektors (§ 33 MitbestG) für leitende Angestellt und Unternehmenssparten", in: ZGR 1983, S. 347 - 375.

Hassler, Thyl

„Informationsquellen des Aufsichtsrats bei der Ermittlung haftungsrelevanter Sorgfaltspflichtverletzungen des Vorstands", in: BB 2017, S. 1603 - 1608.

Harnos, Rafael

„Rechtsirrtum über Aufklärungspflichten beim Vertrieb von Finanzinstrumenten", in: BKR 2009, S. 316 - 323.

Hasselbach, Kai

„Überwachungs- und Beratungspflichten des Aufsichtsrats in der Krise", in: NZG 2012, S. 41- 48.

Hegnon, Oliver

„Aufsicht als Leitungspflicht", in: CCZ 2009, S. 57 - 62.

Heintschel-Heinegg, Bernd

Münchener Kommentar zum Strafgesetzbuch, Band 1 §§ 1- 37 StGB, 3. Auflage, München, 2017.

Hennrichs, Joachim

„Haftungsrechtliche Aspekte des Ratings", in: Festschrift Hadding, 2004, S. 875 - 891.

Henssler, Martin
Strohn, Lutz

Beck'scher Kurzkommentar Band 62 Gesellschaftsrecht, 4. Auflage, München, 2019.

Henze, Hartwig

„Prüfungs- und Kontrollaufgaben des Aufsichtsrats in der Aktiengesellschaft – Die Entscheidungspraxis des Bundesgerichtshofes", in: NJW 1998, S. 3309 - 3312.

ders.

„Leistungsverantwortung des Vorstands – Überwachungspflicht des Aufsichtsrats", in: BB 2000, S. 209 - 216.

ders.

Aktienrecht – Höchstrichterliche Rechtsprechung, 6. Auflage, Köln, 2015.

Hirte, Heribert

Kapitalgesellschaftsrecht, 9. Auflage, Köln, 2021.

Hoffmann, Gunther M.

„Existenzvernichtende Haftung von Vorständen und Aufsichtsräten?", in, NJW 2012, S. 1394 - 1399.

Hoffmann-Becking; Michael

„Zur rechtlichen Organisation der Zusammenarbeit im Vorstand der AG", in: ZGR 1998, S. 497 - 519.

ders.   „Vorstandsvorsitzender oder CEO", in: NZG 2003, S. 745 - 750.

ders.   Münchener Handbuch des Gesellschaftsrechts, Band 4 Aktiengesellschaft, 4. Auflage, München, 2015.

ders.   „Das Recht des Aufsichtsrats zur Prüfung durch Sachverständige nach § 111 Abs. 2 Satz 2 AktG", in: ZGR 2011, S. 136 - 154.

Holle, Maximilian   „Rechtsbindung und Business Judgement Rule", in: AG 2011, S. 778 - 786.

Hölters, Wolfgang   Aktiengesetz Kommentar, 3. Auflage, München, 2017.

Hommelhoff, Peter   Die Konzernleitung, Köln, 1982.

Hopt, Klaus   Aktiengesetz – Großkommentar, Dritter Band §§ 76 -
Wiedemann, Herbert   94, 5. Auflage, Berlin, 2015.

dies.   Aktiengesetz – Großkommentar, Fünfter Band, Mitbestimmungsgesetz; §§ 118 - 149, 5. Auflage, Berlin, 2015.

Hopt, Klaus   Der Aufsichtsrat: Aktienrecht und Corporate Gover-
Roth, Markus   nance, Berlin, 2019,

Horn, Norbert   „Die Haftung des Vorstands der AG nach § 93 AktG und die Pflichten des Aufsichtsrats", in: ZIP 1997, S. 1129 - 1139.

Hüffer, Uwe   „Das Leitungsermessen des Vorstands in der Aktiengesellschaft", in: Festschrift Raiser, Berlin, 2005.

Hüffer, Uwe   Becker'scher Kurzkommentar Aktiengesetz, 15. Auf-
Koch, Jens   lage, München, 2021.

Ihrig, Hans-Chris-   „Reformbedarf beim Haftungstatbestand des § 93
toph   AktG", in: WM 2004, S. 2098 - 2107.

Jensen, Michael C.
Meckling, William
H.
„Theory of the firm: Managerial behavior, agency costs and ownership structure",, Journal of Financial Economics 1976, S. 305 - 360.

Jung, Hans
Allgemeine Betriebswirtschaftslehre, 13. Auflage, 2016.

Junker, Claudia
Biederbick, Jörn
„Die Unabhängigkeit des Unternehmensjuristen - Dürfen Organmitglieder auf den Rat der Rechtsabteilung hören?" in: AG 2012, S. 898 - 906.

Kiefner, Alexander
Krämer, Lutz
„Geschäftsleiterhaftung nach ISION und das Vertrauendürfen auf Rechtsrat" in: AG 2012, S. 498 - 502.

Kindhäuser, Urs
Neumann, Ulfrid
Paeffgen, Hans-Ullrich
NomosKommentar Strafgesetzbuch, Band 1, 8. Auflage, Baden-Baden, 2019.

Kindler, Peter
Koch, Jens
Ulmer, Peter
Winter, Martin
Festschrift für Uwe Hüffer zum 70. Geburtstag, München, 2010.

Kirch-Heim, Claudio
Samson, Erich
„Vermeidung der Strafbarkeit durch Einholung juristischer Gutachten", in: wistra 2008, S. 81 - 88.

Kirschner, Oliver
„Unterlassene Meldung einer Umfirmierung als Verstoß gegen § 21 Abs. 1 Satz 1 WpHG", in: DB 2008, S. 623 - 625.

Klausing, Friedrich
Gesetz über Aktiengesellschaften und Kommanditgesellschaften auf Aktien (Aktien-Gesetz) nebst Einführungsgesetz und „„Amtlicher Begründung", Berlin, 1937.

Klindt, Thomas
Pelz, Christian
Theusinger, Ingo
„Compliance im Spiegel der Rechtsprechung", in: NJW 2010, S. 2385 - 2391.

Klöhn, Lars „Geschäftsleiterhaftung und unternehmensinterner Rechtsrat – Wie unabhängig sind Unternehmensjuristen?", in: DB 2013, S. 1535 - 1540.

Koch, Jens „Das Gesetz zur Unternehmensintegrität und Modernisierung des Anfechtungsrechts (UMAG)", in: ZGR 2006, S. 769 - 804.

Krause, Nils „Managerhaftung und Strategie zur Haftungsvermeidung", in: BB 2009, S. 1370 - 1375.

Krause, Rüdiger „Nützliche Rechtsverstöße im Unternehmen – Verteilung finanzieller Lasten und Sanktionen", in: BB-Spezial 8/2007, S. 2 - 16.

Krüger, Wolfgang Münchener Kommentar zum Bürgerlichen Gesetzbuch Band 2 Schuldrecht Allgemeiner Teil §§ 241 - 432, 8. Auflage, München, 2020.

Kocher, Dirk „Zur Reichweite der Business Judgement Rule", in: CCZ 2009, S. 215 - 221.

Kock, Martin Dinkel, Renate „Die zivilrechtliche Haftung von Vorständen für unternehmerische Entscheidungen", in: NZG 2004, S. 441 - 448.

Kremer, Thomas van Vormizeele, Voet „Neues Rollenverständnis für Syndikusanwälte und das Anwaltsprivileg – Eine rechtspolitisch Einordnung des EuGH-Urteils „Akzo/Akcros" (EuGH, Urteil vom 14.9.2010 – Rs. C-550/07 P) in: AG 2010, S. 245 - 254.

Krieger, Gerd „Wie viele Rechtsberater braucht ein Geschäftsleiter?", in: ZGR 2012, S. 496 - 504

Krieger, Gerd Schneider, Uwe H. Handbuch Managerhaftung, 3. Auflage, Köln, 2017.

Kubis, Dietmar Semler, Johannes Peltzer, Martin Arbeitshandbuch für Vorstandsmitglieder, 2. Auflage, München, 2015.

Kunz, Karl-Ludwig	„Strafausschluß oder -milderung bei Tatveranlassung durch falsche Rechtsauskunft?", in: GA 1883, S. 457 - 471.
Lang, Volker Balzer, Peter	„Handeln auf angemessener Informationsgrundlage – zum Haftungsregime von Vorstand und Aufsichtsrat von Kreditinstituten", in: WM 2012, S. 1167 - 1174.
Langenbucher, Katja	„Vorstandshandeln und Kontrolle – Zu einigen Neuerungen durch das UMAG", in: DStR 2005, S. 2083 - 2090.
Larenz, Karl	Lehrbuch des Schuldrechts Erster Band Allgemeiner Teil, 14, Auflage, München, 1987.
Laufhütte, Heinrich Wilhelm Rissing-van Saan, Ruth Tiedemann, Klaus	Strafgesetzbuch Leipziger Kommentar, 12. Auflage, Berlin, 2006.
Loth, Kai Sofia	Die Haftung der Organe einer Aktiengesellschaft bei Entscheidungen unter Rechtsunsicherheit, Köln, 2015.
Löw, Christine	Die Erkundigungspflicht beim Verbotsirrtum nach § 17 StGB, Bern, 2002.
Löwisch, Manfred	J. von Staudingers Kommentar zum Bürgerlichen Gesetzbuch mit Einführungsgesetz und Nebengesetzen Zweites Buch Recht der Schuldverhältnisse §§ 255-304, Berlin, 2009.
Lutter, Marcus	„Gefahren persönlicher Haftung für Gesellschafter und Geschäftsführer einer GmbH", in: DB 1994, S. 129 - 135.
ders.	„Die Business Jugdment Rule und ihre praktische Anwendung", in: ZIP 2007, S. 841 - 848.
Lutter, Marcus Krieger, Gerd	Rechte und Pflichten des Aufsichtsrats, 7. Auflage, Köln, 2020.

Verse, Dirk

Mann, Marius

„Anwaltsprivileg und Zeugnisverweigerungsrecht des unternehmensinternen Syndikus", in: DB 2011, S. 978 - 984.

Martens, Klaus-Peter

„Der Grundsatz gemeinsamer Vorstandsverantwortung", in: Festschrift Fleck, S. 191 - 208, Berlin, 1988.

Martinek, Michael

J. von Staudingers Kommentar zum Bürgerlichen Gesetzbuch mit Einführungsgesetz und Nebengesetzen Buch 2 Recht der Schuldverhältnisse §§ 249 - 254, Berlin, 2005.

Merkt, Hanno
Mylich, Falk

„Einlage eigener Aktien und Rechtsrat durch den Aufsichtsrat", in: NZG 2012, S. 525 - 530.

Mertens, Hans-
Joachim
Cahn, Andreas

Kölner Kommentar zum Aktiengesetz Band 2/1, 4. Auflage, Köln, 2020.

Meyer, Andreas

„Finanzmarktkrise und Organhaftung", in: CCZ 2011, S. 41 - 47.

Michalski, Lutz
Heidinger, Andreas
Leible, Stefan
Schmidt, Jessica

Kommentar zum Gesetz betreffend die Gesellschaften mit beschränkter Haftung (GmbH-Gesetz), Band II §§ 35 - 85 GmbHG §§ 1-4 EGGmbHG, 3. Auflage. München, 2017.

Möller, Thomas M.J.

„Regulierung von Ratingagenturen", in JZ 2009, S. 861 - 871.

Mülbert, Peter O.

„Empfiehlt es sich, im Interesse des Anlegerschutzes und zur Förderung des Finanzplatzes Deutschland das Kapitalmarkt- und Börsenrecht neu zu regeln?", in: JZ 2002, S. 826 - 837.

Müller, Hans-Friedrich

„Geschäftsleiterhaftung wegen Insolvenzverschleppung und fachkundige Berater", in: NZG 2012, S. 981 - 983.

Müller, Welf
Rödder, Thomas

Beck`sches Handbuch der AG, 3. Auflage, München. 2018.

Mutter, Stefan	„Unternehmerische Entscheidungen und Haftung des Aufsichtsrats der Aktiengesellschaft", Köln, 1994.
Oetker, Hartmut	Kommentar zum Handelsgesetzbuch (HGB), 7. Auflage, München, 2021.
Oltmanns, Martin	Geschäftsleiterhaftung und unternehmerisches Ermessen, Bern, 2001.
Paefgen, Walter G.	„Die Inanspruchnahme pflichtvergessener Vorstandsmitglieder als unternehmerische Ermessensentscheidung des Aufsichtsrats", in: AG 2008, S. 761 - 769.
Peters, Kai	„Angemessene Informationsbasis als Voraussetzung pflichtgemäßen Vorstandshandelns", in: AG 2010, S. 811 - 817.
Preußner, Joachim Zimmermann, Dörte	„Risikomanagement als Gesamtaufgabe des Vorstandes", in: AG 2002, S. 657 - 662.
Primaczenko, Vladimir	„BGH: Eigene Aktien der Gesellschaft können nicht als Sacheinlage eingebracht werden", in: GWR 2011, S. 518.
Raiser, Thomas Veil, Rüdiger	Recht der Kapitalgesellschaften – Ein Handbuch für Praxis und Wissenschaft, 6. Auflage, München, 2015.
Rebmann, Kurt Säcker, Franz Jürgen	Münchener Kommentar zum Bürgerlichen Gesetzbuch, Band 2a Schuldrecht Allgemeiner Teil §§ 241 - 432, 8. Auflage, München, 2019.
Redeke, Julian	„Zur gerichtlichen Kontrolle der Angemessenheit der Informationsgrundlage im Rahmen der Business Judgement Rule nach § 93 Abs.1 S. 2 AktG", in: ZIP 2011, S. 59 - 64.
Richter, Rudolf Furuboth, Eirik G.	Neue Institutionsökonomie, 4. Auflage, Tübingen 2010.
Rittner, Fritz	„Rechtswissen und Rechtsirrtum im Zivilrecht", in: Festschrift v. Hippel, Tübingen, 1967.

Röhricht, Volker v. Westphalen, Friedrich	Kommentar zu Handelsstand, Handelsgesellschaften, Handelsgeschäften und besonderen Handelsverträgen, 5. Auflage, Köln, 2019.
Roth, Günter H.	„Das Treuhandmodell des Investmentrechts – Eine Alternative zur Aktiengesellschaft?", Frankfurt am Main, 1972.
Rottnauer, Achim E.	„Konstituierung der HV durch einen „unterbesetzten Vorstand", in: AG 2000, S. 414 - 418.
Rowedder, Heinz Schmidt-Leithoff, Christian	Gesetz betreffend die Gesellschaften mit beschränkter Haftung (GmbHG) Kommentar, 5. Auflage, München, 2013.
Roxin, Claus	Strafrecht Allgemeine Teil, Band I, 4. Auflage, München, 2006.
Rudolphi, Hans-Joachim	Unrechtsbewusstsein, Verbotsirrtum und Vermeidbarkeit des Verbotsirrtums, Göttingen, 1969
ders.	Anmerkung zum Urteil des KG v. 24.3.1977 – (2) Ss 442/76 (9/77) in: JR 1977, S. 380 - 382.
Säcker, Franz Jürgen Rehm, Christian	„Grenzen der Mitwirkung des Aufsichtsrats an unternehmerischen Entscheidungen in der Aktiengesellschaft", in: DB 2008, S. 2814 - 2821.
Säcker, Franz Jürgen Rixecker, Roland Oetker, Hartmut	Müchener Kommentar zum Bürgerlichen Gesetzbuch Band 2 Schuldrecht Allgemeiner Teil, 8. Auflage, München, 2019.
Schäfer, Carsten	„Die Binnenhaftung von Vorstand und Aufsichtsrat nach der Renovierung durch das UMAG", in: ZIP 2005, S. 1253 - 1259.
Scheffler, Bruno	„Der Aufsichtsrat – nützlich oder überflüssig?", in: ZGR 1993, S. 63 - 76.

Schiessl, Maximilian „Gesellschafts- und mitbestimmungsrechtliche Probleme der Spartenorganisation (Divisionalisierung)", in: ZGR 1992, S. 64- 86.

ders.   „ECLR Fairness Opinion im Übernahme und Gesellschaftsrecht – Zugleich ein Beitrag zur Organverantwortung in der AG", in: ZGR 2003, S. 814 - 852.

Schimansky, Herbert   Bankrechts-Handbuch, Band II, 5. Auflage, München,
Bunter, Hermann-Jo-   2017.
sef
Lwowski, Hans-Jür-
gen

Schlegelberger,   Aktiengesetz – Kommentar – 3. Auflage, Berlin, 1939.
Franz
Quassowski, Leo u.a.

Schlitt, Christian   „Der aktive Aufsichtsratsvorsitzende", in: DB 2005, S. 2007 - 2013.

Schmidt, Karsten   Münchener Kommentar zum Handelsgesetzbuch, Band 5, §§ 343 - 406 HGB, 4. Auflage, München, 2018.

Schmidt, Karsten   Aktiengesetz Kommentar, I. Band, §§ 1- 149, 2. Auf-
Lutter, Marcus   lage Köln, 2010.

Schmidt, Walter u.a. Aktiengesetz Großkommentar, Erster Band §§ 1- 144, 2. Auflage, Berlin 1961.

Schneider, Sven H.   „Unternehmerische Entscheidung" als Anwendungsvoraussetzung für die Business Judgment Rule", in: DB 2005, S. 707 - 712.

Schneider, Sven H.   „Der Rechtsverlust gemäß § 28 WpHG bei Verletzung
Schneider, Uwe H.   der kapitalmarktrechtlichen Meldepflicht – zugleich eine Untersuchung zu § 20 Abs. 7 AktG und § 59 WpÜG", in: ZIP 2006, S. 493 - 500.

dies.   „Der Aufsichtsrat der Kreditinstitute zwischen gesellschaftsrechtlichen Vorgaben und aufsichtsrechtlichen Anforderungen", in: NZG 2016, S. 41 - 47.

dies.	„Anwaltlicher Rat zu unternehmerischen Entscheidungen bei Rechtsunsicherheit – Ein Beitrag zum Management der Organhaftung", in: DB 2011, S. 99 - 103.
Scholz, Kai-Steffen	„Verlust von Aktionärsrechten gem. § 28 WpHG", in: AG 2009, S. 313 - 321.
Scholz, Philipp	„Haftungsprivileg, safe habor oder verbindliche Konkretisierung des allgemeinen Sorgfaltsmaßstabs? – Zur zivilrechtlichen Erfassung der deutschen Business Judgement Rule (§ 93 Abs. 1 Satz 2 AtkG)", in: AG 2018, S. 173 - 185.
Schwark, Eberhard	„Zum Haftungsmaßstab der Aufsichtsratsmitglieder einer AG", in: Festschrift Werner, 1984, S. 841 - 854.
Schröder, Christian	„GmbHR-Kommentar zu BGH, Urteil vom 14.5.2007 – II ZR 48/06 in: GmbHR 2007, S. 759 - 762.
Schubert, Werner	Akademie für Deutsches Recht 1933-1945 Protokolle der Ausschüsse Band I, Ausschuss für Aktienrecht, Berlin, 1986.
Segna, Ulrich	„Irrungen und Wirrungen im Umgang mit den §§ 21 ff. WpHG und § 255 AktG", in: AG 2008, S. 311 - 316.
Seibt, Christoph	„20 Thesen zur Binnenverantwortung im Unternehmen im Lichte des reformierten Kapitalmarktrechts", in: NZG 2016, S. 1097 -1103.
Seitz, Claudia	„Ein Schritt vor und zwei zurück? – Zum letzten Stand des Anwaltsgeheimnisses für Unternehmensanwälte im Europäischen Kartellverfahren", in: EuZW 2010, S. 524 - 526.
Selter, Wolfgang	„Haftungsrisiken von Vorstandsmitgliedern bei fehlendem und von Aufsichtsratsmitgliedern bei vorhandenem Fachwissen", in: AG 2012, S. 11 - 20.
v. Schenck, Kersten	Der Aufsichtsrat §§ 95 - 116, 161, 170-172, 394 und 395 AktG, München 2015.

Semmler, Johannes   „Die Unternehmensplanung in der Aktiengesellschaft –
                     eine Betrachtung unter rechtlichen Aspekten", in: ZGR
                     1983, S. 1 - 33.

ders.   Leitung und Überwachung der Aktiengesellschaft, 2.
                     Auflage, Köln, 1996.

Semmler, Johannes   Arbeitshandbuch für Aufsichtsratsmitglieder, 4. Auf-
v. Schenck, Kersten lage, München 2013.

Siepelt, Stefan   „Die Compliance-Verantwortung des Aufsichtsrats", in:
Pütz, Lasse   CCZ 2018, S. 78 - 84.

Spindler, Gerald   „Prognosen im Unternehmensrecht", in: AG 2006, S.
                     677 - 689.

ders.   „Die Haftung von Vorstand und Aufsichtsrat für fehler-
                     hafte Auslegung von Rechtsbegriffen", in Festschrift
                     Canaris, Band II, S. 403 - 428, München, 2007.

ders.   „Sonderprüfung und Pflichten eines Bankvorstands in
                     der Finanzmarktkrise", in: NZG 2010, S. 281 - 285.

ders.   „Organhaftung in der AG – Reformbedarf aus wissen-
                     schaftlicher Perspektive", in: AG 2013, S. 889 - 904.

Spindler, Gerald   Kommentar zum Aktiengesetz, Band 1, §§ 1 - 149, 4.
Stilz, Eberhard   Auflage, München, 2019.

Steinbeck, Claudia   „Überwachungspflicht und Einwirkungsmöglichkeiten
                     des Aufsichtsrats in der Aktiengesellschaft", Berlin,
                     1992.

Strohn, Lutz   „Beratung der Geschäftsleitung durch Spezialisten als
                     Ausweg aus der Haftung", in: ZHR 176 (2012), S. 137 -
                     143.

ders.   „Pflichtenmaßstab und Verschulden von Organen einer
                     Kapitalgesellschaft", in CCZ 2013, S. 177 - 184.

Strunz-Happe, Anne   „Externe Ratingagenturen – Marktregulierung durch Ba-
                     sel II – Vorgaben zur Anerkennung als ECAI und die

aufsichtsrechtliche Behandlung von externen Ratings",
in: WM 2004, S. 115 - 120.

Sünner, Eckart   „Diversity bei den Organen einer Aktiengesellschaft",
in: CCZ 2009, S. 185 - 190.

Thole, Christoph   „Managerhaftung für Gesetzesverstöße – Die Legalitätspflicht des Vorstands gegenüber seiner Aktiengesell-
schaft", in: ZHR 173, (2009), S. 504 - 535.

Tieves, Johannes   „Der Unternehmensgegenstand der Kapitalgesellschaft",
Köln, 1998.

Thümmel, Roderich C.   „Organhaftung nach dem Referentenentwurf des Gesetzes zur Unternehmensintegrität und Modernisierung des
Anfechtungsrechts (UMAG) – Neue Risiken für Mana-
ger?", in: DB 2004, S. 471 - 474.

ders.   Persönliche Haftung von Managern und Aufsichtsräten,
5. Auflage, Stuttgart, 2016.

Turiaux, Andrè
Knigge, Dagmar   „Vorstandshaftung ohne Grenzen? – Rechtssichere Vor-
stands- und Unternehmensorganisation als Instrument
der Risikominimierung", in: DB 2004, S. 2199 - 2207.

Ulmer, Peter
Habersack, Mathias
Winter, Martin   Gesetz betreffend die Gesellschaften mit beschränkter
Haftung (GmbHG) Großkommentar, Band II §§ 29 bis
52; Tübingen, 2006.

v. Hein, Jan   „Vom Vorstandsvorsitzenden zum CEO" in: ZHR 166
(2002), S. 464 - 502.

v. Werder, Axel   „Organisation der Unternehmensleitung und Haftung
des Top-Managements", in: DB 1987, S. 2265 - 2273.

v. Werder, Axel
Wieczorek, Bernd J.   „Anforderungen an Aufsichtsratsmitglieder und ihre
Nominierung", in: DB 2007, S. 297 - 303.

Verse, Dirk   „Organhaftung bei unklarer Rechtslage – Raum für eine
Legal Judgment Rule?", in: ZGR 2017, S. 174 - 195.

Wachter, Thomas	AktG – Kommentar zum Aktiengesetz, 2. Auflage, Köln, 2014.
Wackerbarth, Ulrich	„Kurzkommentar zu BGH, Urteil vom 27.3.2012", in: EWiR 2012, S. 457 - 458.
Wagner, Jens	„Internal Investigations" und ihre Verankerung im Recht der AG", in: CCZ 2009, S. 8 - 17.
ders.	„Die Rolle der Rechtsabteilung bei fehlenden Rechtskenntnissen der Mitglieder von Vorstand und Geschäftsführung", in: BB 2012, S. 651 - 658.
Wank, Rolf Hirte, Heribert Frey, Kaspar Fleischer, Holger Thüsing, Gregor	Festschrift für Herbert Wiedemann zum 70. Geburtstag, München, 2002.
Weiss, Susanne Buchner, Markus	„Wird das UMAG die Haftung und Inanspruchnahme der Unternehmensleiter verändern?", in: WM 2005, S. 162 - 171.
Westermann, Harm Peter	Erman Bürgerliches Gesetzbuch, Band I, 12. Auflage, Köln, 2008.
Wettich, Carsten	Vorstandsorganisation in der Aktiengesellschaft, Köln, 2008.
Weyland, Peter	„Rechtsirrtum und Delegation durch den Vorstand", in: NZG 2019, S. 1041 - 1045.
Wilsing, Hans-Ulrich	„Neuerungen des UMAG für die aktienrechtliche Beratungspraxis" in: ZIP 2004, S. 1082 - 1091.
Wirth, Gerhard	„Anforderungsprofil und Inkompatibilität für Aufsichtsratsmitglieder", in: ZGR 2005, S. 327 - 347.

Witte, Jürgen J. Indenhuck, Moritz	„Wege aus der Haftung – die Beauftragung externer Berater durch den Aufsichtsrat", in: BB 2014, S. 2563 - 2569.
Wöhe, Ulrich	Einführung in die Allgemeine Betriebswirtschaftslehre, 2010.
Wolters, Jürgen	„Schuldhafte Verletzung einer Erkundigungspflicht, Typisierung beim Vermeidbarkeitsurteil und qualifizierte Fahrlässigkeit beim Verbotsirrtum – OLG Celle, NJW 1977, 1644", in: JuS 1979, S. 482 - 488.

Appendix I: Verzeichnis der zitierten Gerichtsentscheidungen

Rechtsprechung

EuGH	Urteil vom 14.9.2010 – C-550/07 P
EuGH	Urteil vom 18. 6. 2013 – C-681/11
BVerfG	Beschluss vom 20.09.1999 – 1 BvR 636/95
RGZ	Urteil vom 28.02.1940 – II 115/39

Zivilgerichte

BGH	Urteil vom 31. März 1954 – II ZR 57/53
BGH	Urteil vom 21.04.1954 – VI ZR 55/53
BGH	Urteil vom 27.09.1956 – II ZR 144/55
BGH	Urteil vom 31.10.1967 – VI ZR 31/66
BGH	Urteil vom 30.09.1969 – VI ZR 254/67
BGH	Urteil vom 17.12.1969 – VIII ZR 10/68
BGH	Urteil vom 28.10.1971 – II ZR 49/70
BGH	Urteil vom 7.03.1972 – VI ZR 169/70
BGH	Urteil vom 8.02.1974 – V ZR 21/72
BGH	Urteil vom 18.4.1974 – KZR 6/73
BGH	Urteil vom 27.02.1975 – II ZR 112/72
BGH	Urteil vom 5.06.1975 – II ZR 156/73
BGH	Urteil vom 15.5.1979 – VI ZR 230/76
BGH	Urteil vom 8.01.1981 – IVa ZR 60/80
BGH	Urteil vom 15.11.1982 – II ZR 27/82
BGH	Urteil vom 14.03.1983 – II Zr 194/82 (KG)
BGH	Urteil vom 11.01.1984 – VIII ZR 255/82
BGH	Urteil vom 08.07.1985 – II ZR 198/84
BGH	Urteil vom 09. 10.1986 – I ZR 138/84
BGH	Urteil vom 16.12.1986 – KZR 36/85

BGH	Urteil vom 01.03.1988 – VI ZR 190/87
BGH	Urteil vom 25.03.1991 – II ZR 188/89
BGH	Urteil vom 06.06.1994 – II ZR 292/91
BGH	Urteil vom 14.06.1994 – XI ZR 210/93
BGH	Urteil vom 07.11.1994 – II ZR 270/93
BGH	Urteil vom 20.2.1995 – II ZR 143/93
BGH	Urteil vom 26.06.1995 – II ZR 109/94
BGH	Urteil vom 15.10.1996 – VI ZR 319/95
BGH	Urteil vom 21.04.1997 – II ZR 175/95
BGH	Urteil vom 04.07.2001 – VIII ZR 279/00
BGH	Urteil vom 12.11.2001 – II ZR 225/99
BGH	Urteil vom 04.11.2002 – II ZR 224/00
BGH	Urteil vom 10.07.2003 – VII ZR 329/02
BGH	Urteil vom 12.7.2006 – X ZR 157/05
BGH	Urteil vom 25.10.2006 – VIII ZR 102/06
BGH	Urteil vom 11.12.2006 – II ZR 243/05
BGH	Urteil vom 14.05.2007 – II ZR 48/06
BGH	Beschluss vom 16.07.2007 – II ZR 226/06
BGH	Beschluss vom 25.2.2008 – II ZB 9/07
BGH	Urteil vom 03.03.2008 – II ZR 124/06
BGH	Urteil vom 05.05.2008 – II ZR 108/07
BGH	Beschluss vom 14.07.2008 –II ZR 202/07
BGH	Beschluss vom 03.11.2008 – II ZR 236/07
BGH	Urteil vom 20.09.2011 – II ZR 243/09
BGH	Urteil vom 27.03.2012 – II ZR 171/10
BGH	Urteil vom 28.4.2015 – II ZR 63/14
BGH	Urteil vom 14.1.2016 – VII ZR 271/14

Strafgerichte

BGH	Beschluss vom 18.03.1952 g.H. GSSt. 2/51
BGH	Urteil vom 24.09.1953 g.T. 5 StR 225/53
BGH	Beschluss 4.11. 1957 g.G. GSSt 1/57
BGH	Kartellsenat. Beschluss vom 27. 01.1966 g.R. u.a. KRB 2/65.
BGH	Urteil vom 10. 7. 1963 - VIII ZR 204/61
BGH	Kartellsenat. Beschluss vom 01.12.1981 g.P. u.a. KRB 5/79
BGH	Beschluss vom 06.10.1988 – 1 StR 395/88
BGH	Urteil vom 08.11.1989 – 3 StR 239/89
BGH	Urteil vom 13.09. 1994 – 1 StR 357/94
BGH	Beschluss vom 02.02.2000 – 1 StR 597/99
BGH	Urteil vom 22.02.2000 – 4 StR 664/99
BGH	Urteil vom 16.05.2000 – Stb St (R) 2/00
BGH	Urteil vom 06.12.2001 – 1 StR 215/01

Arbeitsgerichte

BAG	Urteil vom 16.12.1986 – 3 AZR 198/85
BAG	Urteil vom 13.6.2002 – 2 AZR 391/01

Finanzgerichte

BFH	Urteil vom 26.4.1984 – V R 128/79
BFH	Urteil vom 4.03.1986 – VII S 33/85

Reichsgericht

RG	Urteil vom 17.04.1920 – I 238/19

Instanzengerichte

KG	Urteil vom 30.06.1977 – (2) Ss 43/77 (29/77)
BayObLG	Urteil vom 17.12.1964 – Rreg 4a St 231/64
BayObLG	Beschluss vom 27.02.1992 – 3 Ob OWi 11/92
BayObLG	Beschluss vom 22.05.2002 – 3 ObOWi 22/2002
OLG Braunschweig	Beschluss vom 25.02.1998 - Ss 9/98
OLG Bremen	Beschluss vom 02.03.1981 – Ss (B) 120/80
OLG Celle	Urteil vom 28.05.2008 – 9 U 184/07
OLG Düsseldorf	Beschluss vom 6.9.1983 – 5 Ss (oWi) 307/83 – 275/83 I
OLG Düsseldorf	Urteil vom 31.03.1999 – 12 U 176/97
OLG Düsseldorf	Urteil vom 23.06.2008 – I-9 22/08
OLG Düsseldorf	Beschluss vom 9.12.2009 – I-6 W 45/09 (IKB Deutsche Industriebank AG)
OLG Frankfurt a.M.	Beschluss vom 7.07.1981 – 20 W 267/81
OLG Frankfurt a.M.	Beschluss vom 14.09.1984 – 5 Ws 2/84
OLG Frankfurt a.M.	Urteil vom 14.07.2003 – 3 Ss 114/03
OLG Hamburg	Urteil vom 12.10.1966 – 1 Ss 46/66
OLG Hamburg	Urteil vom 18.09.2009 – 11 U 183/07
OLG Hamm	Urteil vom 09.12.1981 – 7 Ss 1584/81
OLG Hamm	Urteil vom 24.4.1991- 8 U 188/90
OLG Hamm	Urteil vom 28.9.2000 – 10 U 133/99
OLG Hamm	Urteil vom 03.03.2010 – 31 U 106/08
ThürOLG Jena	Urteil vom 8.8.2000 – 8 U 1387/98
OLG Karlsruhe	Urteil vom 28.02.2002 – 7 U 137/01
OLG Karlsruhe	Urteil vom 22.9.2004 – 14 U 173/03
OLG Koblenz	Urteil vom 10.06.1991 – 6 U 1650/89
OLG Köln	Urteil vom 30.10.1997 – 12 U 29/97

OLG Köln	Urteil vom 26.08.1999 – 1 U 43/99
OLG Saarbrücken	Urteil vom 22.1.2014 – 2 U 69/13
OLG Schleswig-Holstein	Urteil vom 11.2.2010 – 5 U 60/09
OLG Stuttgart	Urteil vom 22.04.1977 – 3 Ss (8) 88/77
OLG Stuttgart	Urteil vom 27.02.1979 – 12 U 171/77
OLG Stuttgart	Urteil vom 28.10.1997 – 12 U 83/97
OLG Stuttgart	Urteil vom 26.06.2006 – 1 Ss 296/05
OLG Stuttgart	Urteil vom 25.11.2009 – 20 U 5/09
OLG Stuttgart	Urteil vom 29.02.2012 – 20 U 3/11
OLG Stuttgart	Beschluss vom 19.06.2012 – 20 W 1/12
OLG Zweibrücken	Beschluss vom 26.07.1991 – 1 Ss 248/90
OLG Zweibrücken	Urteil vom 22.12.1998 – 8 U 98/98
LG Bochum	Urteil vom 27.06.1989 – 12 O 133/88
LG Düsseldorf	Urteil vom 15.09.1995 – 40 O 226/94
LG Hamburg	Urteil vom 16.12.1980 – 8 O 229/79
LG Karlsruhe	Urteil vom 22.3.1990 – 5 S 563/89

Neue Juristische Beiträge

herausgegeben von
Prof. Dr. Klaus-Dieter Drüen (Ludwig-Maximilians-Universität München)
Prof. Dr. Georg Steinberg (Universität Potsdam)
Prof. Dr. Fabian Wittreck (Westfälische Wilhelms-Universität Münster)

nach dem TRIPS und der Vereinbarkeit von Plain-packaging-Vorschriften für Tabakwaren mit dem WTO-Recht
2018 · 312 Seiten · ISBN 978-3-8316-4670-8

Band 119: Sarah Krampitz: **Das allgemeine Persönlichkeitsrecht von Sportvereinen**
2017 · 342 Seiten · ISBN 978-3-8316-4666-1

Band 118: Nana K. A. Baidoo: **Die dienstliche Beurteilung und ihre Kontrolle durch Gerichte** ·
Anmerkungen zur Verbesserung der Personalauswahl im öffentlichen Dienst
2018 · 234 Seiten · ISBN 978-3-8316-4661-6

Band 117: Hannah Rehage: **Der Einsatz deutscher Streitkräfte** · Unter besonderer Berücksichtigung der
verfassungsmäßigen Prüfung innerstaatlicher Verwendungen bei terroristischen Angriffen
2018 · 162 Seiten · ISBN 978-3-8316-4653-1

Band 116: David Chrobok: **Zur Strafbarkeit nach dem Anti-Doping-Gesetz**
2017 · 264 Seiten · ISBN 978-3-8316-4648-7

Band 115: Florian Keller: **Das Finanzamt als Partner des Steuerpflichtigen** · Dargestellt am Beispiel der
Korrekturvorschrift des § 173 Abs. 1 Nr. 1 AO
2017 · 280 Seiten · ISBN 978-3-8316-4627-2

Band 114: Johanna Küpper: **Personenbezug von Gruppendaten?** · Eine Untersuchung am Beispiel von
Scoring- und Geo-Gruppendaten
2016 · 222 Seiten · ISBN 978-3-8316-4597-8

Band 113: Christine Lanwehr: **Faktische Selbstveranlagung und Fehlerkorrektur im
Besteuerungsverfahren von Arbeitnehmern**
2016 · 320 Seiten · ISBN 978-3-8316-4545-9

Band 112: Sonja Dudek: **Auskunfts- und Urkundenvorlageersuchen von Finanzbehörden an
Kreditinstitute**
2016 · 214 Seiten · ISBN 978-3-8316-4527-5

Band 111: Janina Fellmeth: **Das lohnsteuerrechtliche Abgrenzungsmerkmal des ganz überwiegend
eigenbetrieblichen Arbeitgeberinteresses** · Bestandsaufnahme und Neuorientierung
2015 · 232 Seiten · ISBN 978-3-8316-4526-8

Band 110: Barbara Thiemann: **Kooperation und Verfassungsvorbehalte im Ausgleich** · Anleihen aus dem
europäischen Verfassungsgerichtsverbund für eine Kooperation des EuGH mit den WTO-
Rechtsprechungsorganen
2016 · 488 Seiten · ISBN 978-3-8316-4560-2

Band 109: Franziska Dauter: **Beweisverwertungsverbote und ihre Drittwirkung**
2015 · 302 Seiten · ISBN 978-3-8316-4479-7

Band 108: Florian Eder: **Beweisverbote und Beweislast im Strafprozess**
2015 · 396 Seiten · ISBN 978-3-8316-4469-8

Band 107: Martina Achzet: **Sanierung von Krisenunternehmen** · Ablauf und Personalentwicklung in
Unternehmenssanierungen unter Konkursordnung, Vergleichsordnung und Insolvenzordnung
2015 · 304 Seiten · ISBN 978-3-8316-4467-4

Erhältlich im Buchhandel oder direkt beim Verlag:
utzverlag GmbH, München
089-277791-00 · info@utzverlag.de

Gesamtverzeichnis mit mehr als 3000 lieferbaren Titeln: www.utzverlag.de